DER ANGLIZISMEN-INDEX

Folgeausgabe 2013
Herausgeber Gerhard H. Junker und Myriam Grobe
in Verbindung mit dem
Verein Deutsche Sprache,
dem Sprachkreis Deutsch, Bern und
dem Verein Muttersprache, Wien

IFB VERLAG DEUTSCHE SPRACHE

Bibliographische Information der Deutschen Bibliothek: Die Deutsche Bibliothek verzeichnet diese Publikation in der Deutschen Nationalbibliographie: detaillierte bibliographische Daten sind im Internet über http://dnb.ddb.de abrufbar.

Erste Auflage: März 2013
IFB Verlag Deutsche Sprache GmbH
Schulze-Delitzsch-Straße 40, D-33100 Paderborn
Alle Rechte vorbehalten
Nachdruck – auch auszugsweise –
nur mit Genehmigung des Verlages.
Druck: Janus Druck, Borchen
Idee: Gerhard H. Junker
ISBN 978-3-942409-30-8

Der Anglizismen-INDEX

ist ein Nachschlagewerk für Anglizismen, die in der deutschen Allgemeinsprache verwendet werden; er benennt Synonyme oder liefert Vorschläge für deutsche Entsprechungen. Er wird laufend aktualisiert und weist gegenwärtig rund 7.500 Einträge auf.

Der Anglizismen-INDEX
ist eine Orientierungshilfe für alle, die in deutschen Texten englische oder pseudoenglische Ausdrücken vermeiden wollen (s. Kapitel „Konzept"), sie nicht verstehen oder ablehnen.

Der Anglizismen-INDEX
setzt einem Anglizismus eine deutschsprachige Entsprechung entgegen, und zwar so früh wie möglich und unabhängig von der Häufigkeit seines Auftretens. Damit begegnet er entbehrlichen Anglizismen schon im Anfangsstadium ihres Erscheinens. Er ist somit ein aktuelles Nachschlagewerk und unterscheidet sich mit diesem Ansatz von beschreibenden und beobachtenden Betrachtungsweisen und Haltungen zu unserer Muttersprache.

Inhaltsübersicht

1	Anwendungshinweise	5
1.1	Konzept	5
1.2	Umfang	6
1.3	Einordnung	7
1.4	Statistik	8
1.5	Legende	8
2	Autoren und Quellen	10
3	Der INDEX	13
4	Textbeiträge	273
4.1	Anglizismen, die in die Irre führen (G. H. Junker)	273
4.2	Schluss mit der Engländerei! (P. Keck)	278
4.3	Die Suche nach dem deutschen Wort (H. Klatte)	283
4.4	Über die Sprachloyalität der Deutschen (H.-G. Schmitz)	290
4.5	Die Anglomanie und die Sprachwissenschaft (F. Stark)	296

Eine Netzfassung des **Anglizismen-INDEX** kann am Netzstandort des Vereins Deutsche Sprache unter

> http://vds-ev.de/anglizismenindex
oder
>http://www.anglizismenindex.de<

bzw. am Netzstandort des Sprachkreises Deutsch

>http://www.sprachkreis-deutsch.ch<

aufgerufen werden. Bis zur nächsten Aktualisierung kann es zu Abweichungen zwischen der Netz- und der Buchausgabe kommen, denn die Buchausgabe wird nur einmal im Jahr, die Netzausgabe jedoch laufend aktualisiert. Sie enthält dafür ein Eingabefenster, über das der Nutzer eigene Ergänzungs- und Verbesserungsvorschläge einsenden kann.

1. Anwendungshinweise
1.1 Konzept

> **Der Anglizismen-INDEX ist ein Verzeichnis von Anglizismen der deutschen Allgemeinsprache.**

Er will anregen, statt Anglizismen deutsche Ausdrücke zu verwenden, wo immer dies aus inhaltlicher und sprachästhetischer Sicht sinnvoll erscheint. Entscheidend für die Aufnahme eines Anglizismus in den INDEX ist dabei nicht die Häufigkeit seines Auftretens. Vielmehr will er jedem neuen Anglizismus so früh wie möglich eine deutschsprachige Alternative gegenüberstellen. Auch will der INDEX jenen helfen, die sich bemühen, ihren Gedanken ohne modische Anglizismen Ausdruck zu verleihen. Zudem kann der INDEX deutsche Besucher englischsprachiger Länder vor der Peinlichkeit bewahren, Pseudoanglizismen zu verwenden, die im Original-Englisch nicht vorkommen oder eine völlig andere Bedeutung haben.

> **Der Anglizismen-INDEX bietet für jeden Anglizismus mindestens eine deutsche Entsprechung an.**

Für Anglizismen mit nur einer Bedeutung (monoseme Anglizismen) gibt der INDEX im Idealfall auch nur eine deutsche Entsprechung an, z. B. für *air bag* nur "Prallkissen" und für *computer* nur "Rechner". Für Anglizismen mit mehreren Bedeutungen (polyseme Anglizismen) wie *event* und *ticket* werden hingegen Entsprechungen für die unterschiedlichen Bedeutungsvarianten aufgelistet. Der Nutzer kann danach – je nach Sachverhalt – die aus seiner Sicht treffendste Entsprechung auswählen.

> **Der Anglizismen-INDEX ist weder puristisch noch fremdwortfeindlich.**

Der INDEX ordnet die rund 7.500 aufgeführten Anglizismen zu 3% als den deutschen Wortschatz ergänzend ein; 18% differenzieren ihn zumindest, während 79% der Anglizismen des INDEX existierende, voll funktionsfähige und verständliche Wörter aus der deutschen Sprache verdrängen oder zu verdrängen drohen.

> **Der Anglizismen-INDEX ist interaktiv.**

Das heißt, der INDEX ist ein lernoffenes System; alle Nutzer können über das Eingabefenster mit Ergänzungs- und Verbesserungsvorschlägen seine Aktualisierung ständig vorantreiben.

1.2 Umfang

Der INDEX enthält nur solche Anglizismen, die nachweislich in der deutschen **Allgemeinsprache** vorkommen. Fachausdrücke sind nur dann aufgenommen, wenn sie auch in der „Allgemeinsprache" verwendet werden (siehe Schnittmengenmodell). Die Entscheidung darüber ist von Fall zu Fall schwierig und oft nur subjektiv zu treffen, denn die Grenzen zwischen der Allgemeinsprache und den Fachsprachen sind grundsätzlich offen. Für die verschiedenen Domänen (Kommunikationsbereiche) werden die folgenden Abkürzungen in Spalte 4 des INDEX verwendet:

- **A**llgemeinsprache
- **G**esellschaft, Kultur, Politik
- **I**nformatik
- **P**opkultur und Szene
- **R**eklame, Werbung
- **S**port
- **T**echnik, Wissenschaft
- **W**irtschaft

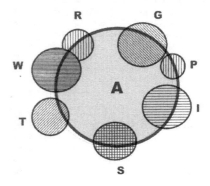

Schnittmengenmodell

Nicht aufgenommen in den INDEX sind außerdem:
- Vulgäre und obszöne Wörter,
- Lehnwörter, die längst assimiliert sind und deren Herkunft aus dem Englischen nicht oder kaum noch erkennbar ist (Beispiele: Keks, Partner, Sport, Streik).

1.3 Einordnung

Im INDEX sind die Anglizismen in 3 Klassen geordnet, anhand derer erkennbar ist, welche Wirkung sie nach Einschätzung der Autoren auf den Wortschatz der deutschen Sprache haben oder haben können; diese Einordnung unterliegt jedoch keinen objektiven Kriterien. Jeder Nutzer des INDEX mag sie im Einzelfall für sich selbst bestimmen. Anregungen dazu sind willkommen und können über das Eingabefenster der Netzversion gemacht werden.

1 »ERGÄNZEND«
sind Anglizismen, die eine Wortlücke schließen und dadurch neue Ausdrucksmöglichkeiten eröffnen, darunter auch solche, deren Status bereits dem von Lehnwörtern gleichkommt, obwohl sie phonetisch und grammatisch (noch) nicht voll assimiliert sind. Wie in Fremdwörterbüchern werden für sie Synonyme angeboten.

Beispiele: Baby, Boiler, Clown, fair, Interview, Sport.

2 »DIFFERENZIEREND«
gegenüber existierenden deutschen Wörtern sind Anglizismen, die einen neuen Sachverhalt bezeichnen, für den eine deutsche Bezeichnung noch zu bilden und/oder wieder einzuführen ist. Vorschläge für deutsche Entsprechungen werden dazu angeboten.

Beispiele: E-Post für e-mail, Prallkissen für air bag, (geschichtliche Vorbilder:) Bahnsteig für Perron, Bürgersteig für Trottoir, Hubschrauber für Helicopter.

3 »VERDRÄNGEND«
wirken Anglizismen, die statt existierender, voll funktionsfähiger und jedermann verständlicher deutscher Wörter und Wortfelder in zunehmendem Maße verwendet werden, dadurch die Verständigung erschweren und den sprachlichen Ausdruck verflachen, oder deren Verwendung für moderne Sachverhalte das Entstehen einer deutschen Bezeichnung und dadurch die Weiterentwicklung der deutschen Sprache verhindern.

Beispiele: keeper (Torwart), shop (Laden), slow motion (Zeitlupe), ticket (Fahr-, Eintritts-, Theater-, Kino-, Flugkarte, Strafzettel) bzw. all-inclusive (Pauschalangebot), bad bank (Auffangbank).

1.4 Statistik

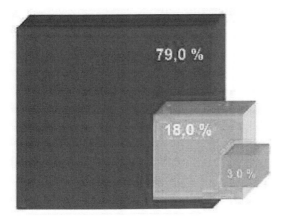

Von den rund 7.500 Anglizismen des INDEX sind
 3% als 1 - Ergänzend,
18% als 2 - Differenzierend und
79% als 3 - Verdrängend eingeordnet.

1.5 Legende

Die VDS-Anglizismenliste besteht aus vier Spalten.

Spalte 1

enthält die Anglizismen oder Amerikanismen, und zwar im Allgemeinen in Originalschreibweise, jedoch mit folgenden Ausnahmen:

- Englische Verben, die in der Umgangssprache häufig verwendet und dabei nach deutschen Regeln gebeugt werden, sind in der deutschen Infinitivform aufgeführt.

- Englische Substantive, die in die Gruppe „1, ergänzend" eingestuft sind, werden wie deutsche Substantive behandelt und groß geschrieben. Anglizismen, die im Englischen getrennt geschrieben werden, werden hier wie deutsche Komposita behandelt und als ein Wort geschrieben.

- Englisch-deutsche Mischsubstantive und Eigennamen werden unabhängig von ihrer Einstufung groß geschrieben.

Außerdem gelten folgende Regeln:

- Alle Einträge in dieser Spalte sind **fett** gesetzt.

- Abkürzungen sind als solche aufgeführt und als Abkürzung alphabetisch eingeordnet; in Spalte 3 wird der abgekürzte Ausdruck genannt.

- Hat ein Wort mehrere Bedeutungen, so ist das Wort in jeder Bedeutung einzeln aufgeführt und mit hochstehenden Zahlen indiziert.

- Komposita und Ableitungen sind eingerückt, die Ableitungsbasis bzw. das dominierende Kompositionsglied steht am Anfang, gefolgt von zusammengesetzten Ausdrücken, beide jeweils in alphabetischer Reihenfolge.

- Als Abkürzungen sind verwendet: (AE) für amerikanisches Englisch, (BE) für britisches Englisch, (d.A.) für deutsche Aussprache, (PA) für Pseudo- oder Scheinanglizismen, d. h. für anglisierende Wortbildungen oder englische Wörter, die als Anglizismen eine andere Bedeutung haben als im britischen oder amerikanischen Englisch, (EN) für Eigennamen.

Spalte 2

enthält, die Kennziffern für den Status der Anglizismen „1, ergänzend, 2, differenzierend, 3, verdrängend"; sie beziehen sich immer auf die Originalschreibung und Lautung des Anglizismus in Spalte 1, auch wenn in Spalte 3 eine eingedeutschte Version oder eine wegen lateinischen, französischen oder griechischen Ursprungs ähnlich klingende deutsche Entsprechung angegeben ist. Für Eigennamen (EN) wird keine Kennziffer angegeben.

Spalte 3

enthält eine deutsche Entsprechung in Normalschrift.
- Gewagte oder spöttische Übertragungen sind *kursiv* gesetzt (zur Diskussion gestellt).

- Mehrere deutsche Entsprechungen sind in einer Zeile im Allgemeinen alphabetisch geordnet; wenn eine Hauptbedeutung erkennbar ist, steht sie am Anfang, von den weiteren Bedeutungen durch einen senkrechten Strich (|) oder ein Semikolon getrennt. Entsprechungen können auch sonst, falls zweckmäßig, mit Hilfe von Semikola gruppiert werden.

- Verweise sind *kursiv* gesetzt.

- In Spalte 3 angeführte verwandte Anglizismen sind **fett** gedruckt.

- Übersetzungsunabhängige Erklärungen stehen in Klammern und sind *kursiv* gesetzt.

- Zur Übersetzung gehörende Ergänzungen stehen in Normalschrift in Klammern.

- Als Abkürzungen sind verwendet: (Abk.) für Abkürzung, (CH) für Ausdruck aus dem deutsch-schweizerischen Sprachraum, (A) für Ausdruck aus dem österreichischen Sprachraum, (EN) für Eigennamen.

Spalte 4

enthält die Kennbuchstaben für die Kommunikationsbereiche (Domänen).

2 Autoren und Quellen

Der Anglizismen-INDEX wurde unter Mitarbeit der INDEX-Arbeitsgruppe von seinem Leiter Gerhard H. Junker erarbeitet. Wesentlichen Anteil an Konzept und Gestaltung hatten in der Anfangsphase auch Klaus Däßler, Hermann H. Dieter und Hermann Zabel, später auch Rudolf Bartzsch †.

Aktive Mitarbeiter der Arbeitsgruppe sind zurzeit außer den Herausgebern Gerhard H. Junker und Myriam Grobe: Albrecht Balzer, Klaus Däßler, Hermann H. Dieter, Holger Klatte, Reiner Pogarell, Markus Schröder, Olaf Simon, Oswald Soukop (A), Werner Voigt, Heidi Wiesener, Peter Zbinden (CH) und Mitarbeiter des „Sprachkreises Deutsch", Bern.

Korrespondierende Mitarbeiter sind Josef Braun und Gerd Schrammen.

Autoren der Textbeiträge:

Anglizismen, die in die Irre führen
    Dipl.-Ing. Gerhard H. Junker
Schluss mit der Engländerei!
    Patrick Keck
Die Suche nach dem deutschen Wort
    Dr. Holger Klatte
Über die Sprachloyalität der Deutschen
    Prof. Dr. Heinz-Günter Schmitz
Die Anglomanie und die Sprachwissenschaft
    Dr. Franz Stark

Karikaturen: Bernd Andreas Garth, Ideenfabrik Berlin

Verwendete Quellen:

- GOOGLE-Suchmaschine >*http://www.google.de/*<
- Conscise Oxford English Dictionary COED
- Webster's unabridged dictionary
- Langenscheidts Fremdwörterbuch
  >*http://www.langenscheidt.aol.de*<
- LEO, Link Everything Online >*http://dict.leo.org*<
- dict.cc, Deutsch/Englisch-Wörterbuch, >http://www.dict.cc/<
- Marketing-Lexikon-online >*http://www.marketing-lexikon-online.de*<
- Wikipedia – die freie Enzyklopädie >http://de.wikipedia.org<

# 3 Die WÖRTERLISTE

A

a.a.:	3 *(Abk. für)* **author's alterations** *(siehe dort)*	A
abandonware:	3 Verwurfsprogramm, nicht mehr unterstütztes Rechnerprogramm	I
ab-:	*deutsche Vorsilbe „ab" in Hybridverbindungen*	
abcashen:	3 abkassieren	G
Abcasher:	3 *Abkassierer, Abzocker*	G
abchecken:	3 überprüfen, erklären, klären, prüfen	A
abgefuckt^1:	3 heruntergekommen, verwahrlost	A
abgefuckt^2:	3 lustlos, gelangweilt	A,P
abgespaced:	3 ausgeflippt, durchgeknallt, verrückt, weltfremd	A,P
abhotten:	2 abtanzen, tanzen	P
ablosen:	2 versagen	A
abmanagen:	3 abbrechen, abschließen, abstellen, aufgeben	A
absaven:	3 sichern, (ab-)speichern	I
abturn:	2 Unbefriedigendes, Enttäuschendes	P
abturnen:	3 ernüchtern, *s. a.* **anturnen**	A
abort^1:	3 abbrechen, Abbruch	A
abort^2:	3 Programmabbruch, Abbruch	I
about:	3 ungefähr, *s. a.* **roundabout^1**	A
above:	3 das Obenerwähnte, Obiges, über	A
absence:	3 Abwesenheit, Fehlen	A
absorber:	3 Absorber, Absorptionskühlschrank	T
abstract^1:	3 Inhaltsangabe, Abriss, Abstrakt, Kurzfassung, Zusammenfassung	A,T
abstract^2:	3 abstrakt, theoretisch	A
academy:	3 Akademie, Hochschule	A,T
accent:	3 Akzent, Ausdruck, Aussprache, Betonung, Stil, Ton	A
accept:	3 Annehmen	A
acceptable:	3 annehmbar	A

		1 ergänzend	2 differenzierend	**3 verdrängend**
access:		3	Zugriff *(auf Datenbanken, auf das Internet u. a., auch Name eines EDV-Programms)*	I
accessibility:		3	Barrierefreiheit, Erreichbarkeit, Zugänglichkeit	G,I
access-point:		3	Einwahlpunkt, zentraler Knotenpunkt (bei drahtlosen Netzwerken)	I
accessories:		3	Zubehör, Beiwerk	T
acclamation:		3	Beifall, Zustimmung	A
account¹:		3	Bericht	W
account²:		3	Zugangsberechtigung *(zu einem zugangsbeschränkten IT-System)*	I
account³:		3	Benutzerkonto, Konto, Rechnung	I,W
accountant:		3	Buchhalter, Rechnungsprüfer, Revisor	G,W
accountability:		3	Haftung, Rechenschaft	W
accounting:		3	Buchführung, Zählung, Rechnung, Berechnung	W
account executive:		3	Kundenbetreuer	W
account sales:		3	Rechnungslegung, Verkaufsrechnung	W
accuracy:		3	Genauigkeit, Präzision, Sorgfalt	A,T
acid¹:		3	abgefahren, geil, scharf, toll	A,P
acid²:		3	Säure, ätzend, Rauschmittel, LSD	A,T
acid trip:		3	Drogenrausch *(z. B. mit LSD)*	A,P
acknowledgment:		3	Anerkennung	A
acquisition:		3	Übernahme *(von Unternehmen bzw. Unternehmensteilen)*, Anheuer, Kundengewinnung, Kundenfang	W
across:		3	quer, quer durch, über	A
act¹:		3	Tat, Werk, Maßnahme	A
act²:		3	Auftritt	A,P
act³:		3	Gesetz, Verordnung	G
action¹:		3	Aktion, Bewegung	A
action²:		3	Sonderangebot, Verkaufsaktion	A
action³:		3	Handeln, Handlung, Bewegung, Umtrieb, Tat	A
Actionfilm:		2	Reißer	G
action figure:		3	Aktionspuppe	G
action getter:		3	Handlungsauslöser, Veranlasser	W
action item:		3	Aufgabe, Maßnahme	A,W
action news:		3	Sensationsnachrichten, unterhaltsame Nachrichten, *s. a.* **infotainment**	G
action painter:		3	Aktionsmaler, Spontanmaler	G

action painting:	3	Aktionsmalerei *(abstrakt-expressionistische Malerei in den USA)*	G
action story:	3	Reißer, reißerischer Bericht	G
action thriller:	3	Reißer *(aktionsbetont)*	G
action weekend:	3	Erlebniswochenende	A,G
active:	3	aktiv, handelnd, rührig, *auch falsch* **activ** *geschrieben*	A
activity:	3	Aktivität, Tätigkeit	A
actor:	3	Filmschauspieler, Filmdarsteller	A,G
actual:	3	tatsächlich, *nicht:* aktuell	A
actuality:	3	Wirklichkeit, Tatsachen, Realität	A
actuary:	3	Registrator, Versicherungsstatistiker, -mathematiker	W
ad:	3	siehe **advertisement**	R
adapt:	3	anpassen, angleichen, abgleichen	A
adapter:	3	Adapter, Anschluss, Zwischenstück	I,T
ad click:	2	Werbeklick *(eines Schaltknopfes oder Banners)*	W
ad click rate:	2	Bannerklickrate	R
add:	3	hinzufügen	A
adden:	3	hinzufügen *(soz. Netzwerke)*	A
add a card:	3	Anzeige mit Bestellkarte	W
added value:	3	Mehrwert, Zusatznutzen, Zusatzleistung *(Vermarktung)*	W
added value tax:	3	Mehrwertsteuer, MwSt.	W
add-in:	3	Ergänzung, *s. a.* **add-on**	A
additive:	3	Zusatz	T
add-on:	3	Ergänzung, *s. a.* **add-in**	A
address:	3	Adresse, anreden	A
address a problem:	3	ansprechen, Problem bearbeiten	A,G
address book:	3	Adressbuch	G,T,W
ad game:	2	Werbespiel *(im Internet)*	R
ad impression:	3	Werbeeindruck	R
ad mail:	2	Werbebrief *(im Internet)*	R
administration[1]:	3	Verwaltung	G
administration[2]:	3	(US-)Regierung	G
adult content:	2	jugendgefährdend, nicht jugendfrei	G
advance:	3	vorweg, im Vorhinein	A
advanced:	3	fortgeschritten, fortschrittlich	I

		1 ergänzend 2 differenzierend **3 verdrängend**	
advance booking:	3	Vorausbuchung, Vorbestellung, Vorverkauf	A,W
advance letter:	3	*Warmhaltebotschaft,* Werbebrief zur Aufmerksamkeitserregung	W
advance notice:	3	Voranzeige, Avis, Voranmeldung	A,W
advance payment:	3	Vorauszahlung	A,W
advantage:	3	Vorteil *(Tennis)*	S
adventure:	3	Abenteuer	A
adventure holidays:	3	Abenteuerurlaub	A
adverse selection:	3	negative (Risiko-)Auslese	W
advertainment:	3	Werbeunterhaltung, Unterhaltung durch Werbung, Spaßwerbung	R,W
advertise:	3	werben, inserieren	R,W
advertisement:	3	Werbung, Anzeige	R,W
advertising:	3	Werben, Werbung	R,W
advertising agency:	3	Werbeagentur	R,W
advertising letter:	3	Werbebrief	R
advertising manager:	3	Anzeigenbearbeiter, Anzeigenannahme	R,W
ad view:	2	Klickzahl	R
advisory board:	3	Beirat	W
adware:	2	(Anzeige-)Programm für Werbebanner und Werbefenster	I
aerobic:	2	Pop-, Tanzgymnastik, Gymnastik	G,S
aerospace:	2	Luft- und Raumfahrt	T
aerospace industry:	2	Luft- und Raumfahrtindustrie	T
affair¹:	3	Angelegenheit, Sache	A,G
affair²:	3	Affäre, Liebschaft	A
affect:	3	einwirken, wirken auf	A
Affiliate-Programm:	2	Partnerprogramm	W
afford:	3	leisten, sich etwas leisten	A
afresh:	3	erneut, gestärkt	A
afro look:	2	Afroschnitt, *Afroverschnitt,* Kraushaar	A,P
after:	3	hinter, nach	A

Der Anglizismen-INDEX 17

after-dinner drink:	3 Verdauungstrank	A,W
aftermarket:	3 Ersatzteilmarkt, Zubehörmarkt	W
after party, after hour party:	3 Nachfeier	A
after-sales:	3 Kundenbetreuung	W
after-sales management:	3 Maßnahmen nach Produktverkauf	W
after-sales marketing:	3 Vermarktung nach Produktverkauf	W
after-sales service:	3 Kundendienst	W
after-school party:	3 Schulfete *(nach Schulschluss)*, s. a. **school-out party**	A
after-shave balm:	3 Rasierbalsam	A,R
after-shave (lotion):	3 Rasierwasser, *s. a.* **pre-shave**	A,R
after-show-party:	3 Nachfeier	A,G
after-work club:	2 Feierabendtreff	G
after-work party:	3 Feierabendfete	A,G

AFTER-WORK-PARTY

		1 ergänzend **2** differenzierend **3** verdrängend	
age:	3	Alter, Zeitalter	A
ageism:	3	Altersdiskriminierung, *vgl.* **racism**, **sexism**	A,G
age explorer:	3	*Alterssimulator (zur Ermittlung des biologischen Alters)*	T
ageless:	3	zeitlos, alterslos	A
age scan:	2	Altersmessung	T
age test:	2	Altersprüfung	T
agency:	3	Agentur, Amt, Behörde, Organ, Vermittlung, Vertretung	A,W
agenda: *(englische Lautung)*	3	Agenda *(d.A.)*, Tagesordnung	G,T
agenda-setting:	3	Festlegung der Tagesordnung	G
agent¹: *(englische Lautung)*	3	Agent *(d.A.)*, Handelnder, Urheber	G
agent²: *(englische Lautung)*	3	Agens, Wirkstoff	T
agent³: *(englische Lautung)*	3	(Geheim-)Agent *(d.A.)*, Ermittler, FBI-Beamter	G
agent⁴:	3	Makler, Vermittler	G
agent⁵:	3	Kundenbetreuer, Kundenberater	W
agility:	3	Hundeparcours	S,G
agreement:	3	Abkommen, Absprache	A,W
aid:	3	Beistand, Hilfe, Unterstützung	A
aided recall:	3	gestützte Erinnerung	W
Aids:		(Akronym) **a**cquired **i**mmune **d**eficiency **s**yndrome = erworbenes Immunfehlsyndrom	G,T
air¹:	2	Luftsprung *beim* **snowboarden**	S
air²:	3	Luft	A
airing¹:	3	Lüftung	T
airing²:	3	senden *(über Radio/Fernsehen)*	T
airbag:	2	Prallkissen *(airbag ist eine irreführende Bezeichnung, da beim Aufprall in den **bag** nicht Luft, sondern ein Explosionsgas einschießt)*	A,T
air base:	3	Fliegerhorst, Militärflugplatz	T
air brake¹:	3	Bremsklappe *(am Flugzeug)*	T
air brake²:	3	Luftdruckbremse	T

airbrush:	2	luftpinseln, sprühmalen; Spritzpistole	T
air-condition:	3	Klimaanlage	T
air-conditioned:	3	(voll-)klimatisiert	T
air-conditioning:	3	Klimatechnik, Klimatisierung	T
aircraft:	3	Flugzeug, *s. a.* **airplane**	T
air crane:	3	Luftschiffkran, *siehe* **cargo lifter**	T
aircrew:	3	Flugzeugbesatzung	T,W
airfield:	3	Kleinflugplatz, Sportflugplatz	S,T
airflow:	3	Luftströmung	T
air force:	3	Luftwaffe, Luftstreitkräfte	G,T
airframe:	3	Flugzeugzelle	T
air guitare:	3	Luftgitarre	A
air hole:	3	Luftloch	T
airless[1]:	3	atemlos, stickig, windstill	A
airless[2]:	2	Vollgummireifen, Vollwandreifen	T
airline:	3	Fluggesellschaft, Fluglinie	W
airliner:	3	(Groß-)Flugzeug	T,W
airmail:	3	Luftpost, Luftpostbrief	T,W
air place:	3	Sendeplatz	T
airplane:	3	Flugzeug, *s. a.* **aircraft**	T
airplay:	3	Radio-, Fernsehausstrahlung	T
airport:	3	Flughafen	T,W
air safety:	3	Flugsicherheit	T,W
airship:	3	(Starr-)Luftschiff, Zeppelin, *s. a.* **blimp**[2]	T
air show:	3	Flugschau	R,T
airsick:	3	flugkrank, luftkrank	A
air terminal:	3	Abfertigungshalle, *s. a.* **terminal**[1]	W
air ticket:	3	Flugschein	W
airtime:	3	Gesprächsdauer, Sprechzeit *(z. B. Telefon)*	T
air traffic control:	3	Flugsicherung	T
aka *(Akronym für „also known as")*:	3	(auch) bekannt als	A,I
Aktiensplit:	3	Aktienteilung	W
alarm clock:	3	Wecker	A
alcopop:	2	alkoholhaltiges Mischgetränk	G
alert[1]:	3	agil, alert *(it., d.A.)*, aufgeweckt, flink, lebhaft, munter	A
alert[2]:	3	Alarm, Alarmbereitschaft, automatische Nachricht	A

	1 ergänzend	2 differenzierend	3 verdrängend
Alert-Dienst:	3	Info-Dienst	T
alert line:	3	Abgabedatum, Frist, Stichzeit	A,W
aliasing:	3	Treppeneffekt	T
alien:	3	Außerirdischer, Fremder, Fremdling	A
alive:	3	lebendig, munter	A
all:	3	alles	A
All-Age-Produkt:	3	Jedermannprodukt, Produkte für alle Altersstufen	W,
all included:	3	alles inbegriffen	A
all inclusive:	3	Gesamtangebot, Pauschalangebot, alles-inklusive	A
All-inclusive-Urlaub:	3	Pauschalurlaub	A
all in one:	3	alles in einem, Mehrzweck-..., Komplett-...	A
All-in-one-Gerät:	2	Verbundgerät, Kombigerät, Multifunktionsgerät (MFG), s. a. **multifunctional device**	T
All-in-one-Lösung:	2	Komplettlösung, Multifunktionslösung	W
All-in-one-Rechner:	2	Komplettrechner, s. a. **panel PC**	I
all over:	3	komplett, ganzflächig, überall, vollständig	A
allover look:	2	durchgängig (einheitlich) gestaltete Kleidung	A
all-purpose:	3	Allzweck-	A
all right:	3	alles klar, in Ordnung	A
all-stars:	3	Auswahlmannschaft, die Besten, Solistenvereinigung	G,S
all-star team:	3	Auswahlmannschaft, Bestenmannschaft	S
all-time favorite:	3	Dauerfavorit	S
all-time high:	3	Allzeithoch, absoluter Höchstkurs *(Börse)*	W
all-weather:	3	wetterfest	A
all you can eat:	3	Buffet, *Iss so viel Du kannst*	A,G
alliance:	3	Bündnis, Allianz, Verbindung	A,G
allround:	3	Allzweck..., Vielzweck..., Universal..., Rundum...	A
allrounder:	3	Alleskönner, Tausendsassa	A
Allround-Lösung:	3	Allzwecklösung, Universallösung	A,W
allround man:	3	Alleskönner, Rundumbegabter	A
Allround-Spieler:	3	Allesspieler *(kann in der Mannschaft überall spielen)*	S

a.m. (ante meridiem):	2 vormittags, *s. a.* p.m.	G
ambient intelligence:	3 Umgebungsintelligenz	T
ambitious:	3 ehrgeizig	A
ambulance:	3 Krankenwagen	W
American English, AE:	2 US-Englisch	E
American football:	2 (US-)Amerikanischer Fußball *(Kreuzung zwischen Fußball und Rugby), s. a.* **football**	S
American way of life:	2 (US-)Amerikanische Lebensart	G
amnesty:	3 Amnestie, Straferlass	G
amp:	3 Verstärker *(Kurzform von* **amplifier***)*	P
amplification:	3 Verstärkung, Erweiterung	T
amplifier:	3 Verstärker	T
amusement:	3 Vergnügung, Spaß, Unterhaltung, Zeitvertreib	A
amusing:	3 amüsant, nett, vergnüglich	A
analysis tool:	3 Analysehilfe, Auswertungshilfe, Untersuchungshilfe	T
analyst[1]:	2 Börsenfachmann, Börsenbeobachter	W
analyst[2]:	3 Analytiker	T
anchor:	3 Halt, Anker, Festpunkt	A,T
anchorman[1], -woman:	2 Hauptnachrichtensprecher(in)	G
anchorman[2]:	3 Schlüsselfigur	A
anclicken:	3 anklicken (Schaltfläche betätigen), *s. a.* **clicken**	I
andocken:	3 ankoppeln	A,T
and the winner (loser) is:	3 und der Gewinner (Verlierer) ist	A
angel:	3 Engel	A
angry:	3 ärgerlich, zornig	A
animal:	3 Tier	A,T
animal hording:	3 Tierhortung, Tiersammelsucht	A
animal print:	3 Tiermotivdruck *(Mode)*	G
anniversary:	3 Jahrestag	A
announce:	3 bekannt geben	A
announcement:	3 Ankündigung, Bekanntmachung	A,G

	1 ergänzend	**2** differenzierend	**3** verdrängend
annual¹:	3	jährlich	A
annual²:	3	Jahres-, *als Vorsilbe*	A
annually:	3	Jahr für Jahr, jährlich	A
annual fee:	3	Jahresbeitrag	W
annual financial statement:	3	Jahresabschluss, Geschäftsbericht	W
annual income:	3	Jahreseinkommen	W
annual meeting:	3	Jahreshauptversammlung	G,W
annual profit:	3	Jahresgewinn	W
annual report:	3	Jahresbericht, Geschäftsbericht	W
annual salary:	3	Jahreseinkommen, -gehalt	W
annual turnover:	3	Jahresumsatz	W
another:	3	noch ein, ein anderer	A
anpowern:	3	anspornen, antreiben, in Schwung bringen, sich ranhalten	A
ansurfen:	3	anwählen *(im Internet)*, *(einen Netzstandort)* besuchen	I
answering machine: (BE)	3	(Telefon-)Anrufbeantworter, *s. a.* **voice box**	T
anteasen:	3	ankündigen, anreißen	A
anthrax:	3	Milzbrand	G,T
anti-:	3	gegen, *als Vorsilbe in*	A
antiaging, antiage:	2	Alternshemmung	G
Antiagingcreme:	3	Antifaltencreme	W
antiaircraft:	3	Flugabwehrkanone, Flak	G,T
antialiasing:	3	Treppeneffektglättung	T
anticlimax:	3	Tiefstpunkt	T
Antidialer-Programm:	2	Rückwählerschutz	I
anti-dim glass:	3	Klarscheibe	T
antifouling:	2	Unterwasseranstrich	T
antifreeze:	3	Frostschutz, Frostschutzmittel	T
antiknock:	3	klopffest	T
anititrust act:	3	Kartellgesetz	W
antitrust:	3	Kartellverfahren	W
anturnen:	3	anregen, begeistern, erregen, in einen Rausch bringen, Interesse wecken, reizen, *s. a.* **abturnen**	A

any:	3 jede, jeder, jedes, *als Vorsilbe in*	A
anybody:	3 jedermann	A
anytime:	3 jederzeit	A
anyway:	3 jedenfalls, sowieso, wie auch immer	A
apartment: *(englische Lautung)*	3 Appartement *(d.A.)*, Kleinwohnung	A
apartment- sharing:	3 gemeinschaftliche Wohnungsnutzung *(z. B. für Urlaub)*	A
appeal[1]:	3 Anreiz, Anziehungskraft, Reiz, *vgl.* **sex appeal**	A
appealing:	3 anziehend, ansprechend, reizend	A
appeal[2]:	3 Appell, Aufruf, Berufung	A
appear:	3 erscheinen, auftauchen	A
appearance:	3 Erscheinungsbild, Auftreten	A
appeasement:	3 Beschwichtigung, Beschwichtigungspolitik	G
appetizer:	3 Appetitanreger, Appetithappen, Vorspeise	A
application[1]:	3 Anwendung, Programm	I
app:	2 App. *(d.A.)*	I
Applet:	1 kleines Anwendungsprogramm	I
application engineer:	3 Anwendungsingenieur	G,W
application[2]:	3 Anhängsel, Beifügung	A
application[3]:	3 Antrag(-stellung)	A
apply[1]:	3 anlegen, anwenden, gebrauchen	A
apply[2]:	3 beantragen	A
appointment:	3 Termin, Treffen, Verabredung, Ernennung	A
approach:	3 Annäherung, Ansatz, Herangehensweise	A,T
approval[1]:	3 Billigung, Genehmigung	T,W
approval[2]:	3 Freigabe, Zulassung	T,W
approvals manager:	3 Zulassungsleiter	T,W
aqua-:	3 Wasser-, *als Vorsilbe in*	A,T
aqua fitness:	3 Wassergymnastik	A,R
aqua jogging:	2 Wasserlaufen *(sportlich)*	A,S
aquaplaning:	2 Wasserglätte	T
aqua power[1]:	3 Wasserkraft	T
aqua power[2]:	3 Wasserkur, Kneippkur	A
AR:	3 *(Abk. für)* **augmented reality** *(siehe dort)*	G
arbitrator:	3 Schlichter, Schiedsgutachter, Schiedsmann	G
arc lighting:	3 Bogenlicht, Lichterbogen	T
area:	3 Bereich, Gebiet, Raum, Teil, *als Vorsilbe in*	A

| | 1 ergänzend | 2 differenzierend | **3 verdrängend** |

area sampling:	3	Flächenstichprobe	T
area studies:	3	Regionalstudien	A,G
arguliner:	3	Argumentationsempfehlung, -hilfe, -vorgabe	G
armchair shopping:	2	Fernseheinkauf *(Einkauf übers Fernsehen)*, vgl. **online shopping**	G
army:	3	Armee, Heer	G
around:	3	herum, ungefähr	A
arrange:	3	durchführen, veranstalten, bewerkstelligen	A
arrangement[1]:	3	Abkommen, Vereinbarung	A
arrangement[2]:	3	Anordnung, Gruppierung	A
array[1]:	3	*(räumliche)* Anordnung	T
array[2]:	2	Reihung, Feld *(indizierte Anordnung gleichartiger Datenelemente)*	I
arrival[1]:	3	Ankunft, Eintreffen	A
arrival[2]:	3	Ankunft(shalle) *(in Flughäfen)*	A
art:	3	Kunst	G
art department:	3	Kreativabteilung	G
art director, (AD):	3	leitender Grafiker, künstlerischer Leiter	G,P
arthouse:	3	Programmkino	G
artificial intelligence, AI:	3	Künstliche Intelligenz, KI	I,T
artless:	3	einfach, natürlich, unverschnörkelt	A
artwork:	3	Vorentwurf	A
asap *(Akronym für „as soon as possible")*:	3	baldmöglichst, schleunigst	A,G,W
asphalt cowboy:	3	Herumtreiber, Streuner *(im Englischen andere Bedeutung)*	A
assembler[1]:	3	Fließbandarbeiter	A
Assembler[2]:	1	Übersetzer aus symbolischem Elementarkode in Maschinenkode	I
Assembler[3]:	1	symbolischer Elementarkode eines Rechnertyps	I
assembling cooking:	2	Zusammenkochen, aus dem Baukasten kochen *(Zusammenführen von frischen, halbfertigen und fertigen Roherzeugnissen)*, vgl. **convenience food**	A
assembly line:	3	Fließband, Montagestraße	T
assessment[1]:	3	Bewertung, Einschätzung, Ermittlung, Feststellung	W

assessment center:	betriebliches Auswahlverfahren, Personalauswahlverfahren	W
assessment²:	Steuerveranlagung	W
asset:	Anlage, Sachwert, Vermögensgut	W
asset management:	Anlagenverwaltung	W
asset manager:	Anlagenverwalter	W
assist¹:	Punktvorbereitung,(Treffer-)Vorlage *(Sport)*	S
assist²:	unterstützen	A
assistant:	Assistent, Helfer	A,T
association:	Gesellschaft, Verband, Verbindung	G,W
assurance:	Versicherung	W
at its best, at his best:	in Bestform, vom Besten, vom Feinsten	A
atomizer:	Zerstäuber	A,T
atom power:	Atomkraft, Kernkraft *(Originalenglisch:* **nuclear power***)*	T
attach:	anfügen, anhängen, beipacken	A
attachment:	Anhang, Anlage, Beipack, Dateianhang *(z. B. bei E-Post)*	A,I
attendance:	Anwesenheit, Erscheinen	A
attention:	Aufmerksamkeit, Vorsicht	A
attest:	bescheinigen, bestätigen	A
attester:	Zeuge, *s. a.* **witness**	A
attract:	reizen, anziehen	A
attractive: *(englische Lautung)*	attraktiv *(d.A.)*, reizend, anziehend	A
auction: *(englische Lautung)*	Auktion	A
audience:	Publikum, Zuhörerschaft, Zuschauer	A
audience flow:	Zuschauerfluss *(während der Fernsehwerbeblöcke)*	G
audio-:	Hör-, *als Vorsilbe in*	G,T
audio book:	Hörbuch *(Buchhandel)*	G,W
audio clip:	(kurze) Hörsequenz	T
audioediting:	Schnitt; Schnittsystem *(für Video-Bearbeitung)*	T
audio (guide) system:	Audioführer *(z. B. in Museen)*	G
audioline:	Audioausgang, -leitung	G,T
audio loops:	Tonschleifen, Endlostöne	P,T

	1 ergänzend	2 differenzierend	3 verdrängend
audio room:	3	Aufnahmeraum, Hörraum, Tonraum	G,T
audio stream:	2	Audiotransfer, Musiktransfer *(im Netz)*	T
Audit[1]:	1	Überprüfung, Rechnungsprüfung, Revision,	T,W
auditieren:	2	(über-)prüfen	T,W
audition:	3	Vorsingen, Vorsprechen, Vorspielen, Vortanzen *(s. a. casting)*	G
auditor:	3	Rechnungsprüfer, Wirtschaftsprüfer, Qualitätsprüfer	G,W
audit manager:	3	Leiter (der) Qualitätsprüfung	G,W
audit[2]:	3	Anhörung	G
auf:		*deutsche Vorsilbe „aus" in Hybridverbindung*	
auffeaturn:	3	aufschneiden, hochjubeln	A
aufsplitten:	3	aufspalten, aufteilen	A
auftunen:	3	(Motor) aufmotzen, *s. a.* **tune**, **tunen**	T
augmented reality, AR:	3	erweiterte Wirklichkeit *(Filmtechnik)*	T
aus-:		*deutsche Vorsilbe „aus" in Verbindung mit englischen Verben, in*	
auschecken:	3	abfertigen, abmelden, ausbuchen, *s. a.* **einchecken**	A,T
ausgepowert:	3	ausgebrannt, ausgelaugt, erschöpft, fertig, kaputt, kraftlos, schlapp, verausgabt	A
ausknocken:	3	kampfunfähig machen, niederschlagen, ausschalten	A
ausleveln:	3	ausbalancieren, ausgleichen, einebnen	A
ausloggen (sich):	2	(sich) abmelden *(im Rechner, im Netz usw.)*, *s. a.* **log-out** und **einloggen**	I
auspowern:	3	verausgaben	A
austerity:	3	Sparzwang, spartanisches Verhalten	W
Australian football:	2	Australischer Fußball	S
Austria:	3	Österreich *(lat.)*	A
author:	3	Autor	A,G
authoring:	3	Genehmigung (von)	A,G
authoring-program:	3	Autorenprogramm	A,G
authoring software:	3	Redaktionsprogramm	I
authoring-system:	3	Redaktionssystem	I

author's alterations, a.a.:	3	Verbesserungen des Verfassers *(in Texten)*	A,G
authority:	3	Autorität, Behörde, Sachverständiger	G
auto-:	3	*Vorsilbe* selbst *in*	A,T
Autocross:	1	Geländerennen, Querfeldein-Autorennen	S
auto reply:	3	Autoantwort, automatische Beantwortung *(von E-Post)*	A,I
auto responder:	3	Autobeantworter *(von E-Post)*	A,I,W
auto reverse:	3	Bandumkehr, Selbstrücklauf, Selbstrückspulen	T
autorun:	3	Autostart	I
Autoscooter:	1	Rempelauto, *Autoskuter, s. a.* **bumperboat**	A,G
Autostopp:	2	(per) Anhalter	A
auto zoom:	3	automatische Ausschnittswahl *(autom. Brennweiteneinstellung bei Kameras)*	T
available:	3	erhältlich, verfügbar, zugänglich	A
average:	3	Durchschnitt, durchschnittlich, Mittel, mittlere Größe, Mittelwert	A,T
award:	3	Auszeichnung, Preis	G
awareness:	3	Bewusstsein, Gespür, Wachheit	A
away shirt:	3	Gastspielhemd, Auswärtshemd, Auswärtsspielkleidung *(Fußball)*	S

1 ergänzend   **2** differenzierend   **3** verdrängend

B

babe:	3	Kosewort, *Variation von* **baby**	A
Baby:	1	Säugling, Kleinkind	A
Baby an Bord:	2	Kind im Auto	A
baby blues:	2	*Heultage*, Wochenbettdepression	A,T
babybody: (PA)	3	Strampel(anzug), Bed. im Englischen: Kinderleiche	R
baby bonds:	2	Kleinschuldverschreibungen, s. a. **bond**	W
baby boom:	2	Geburtenwelle	A,G
babydoll:	3	Mininachthemd	G
baby face:	3	Milchgesicht	A
babylifting:	2	(zweifelhafte) Adoptionspraxis	G
baby on board:	3	Baby im Auto	A
baby shooting:	3	Kinder fotografieren	W
Babyphon:	1	telefonischer Babywächter, Säuglingsfon	A
babysitten, baby-sitting:	1	Kinder hüten, - beaufsichtigen, - betreuen	A
Babysitter(in):	1	Kinderhüter(in), -betreuer(in)	A
Bachelor¹:	2	Bakkalaureus *(akademischer Grad)*	T
bachelor²:	3	Junggeselle	A
bachelorette:	3	Junggesellin	G
back:	3	hinten, zurück, gegen	A
back again:	3	wieder da	A
backbencher:	3	Hinterbänkler	A
backbone¹:	3	Rückgrat	W
backbone²:	3	Basisnetz, Kernleitung, Kernnetz	I
backdoor:	3	Hintertür, Hinterausgang, Hintereingang	A
backend:	2	*(finale)* Verarbeitungskomponente *(eines Rechnerprogramms)*, s. a. **frontend**	I
backfire:	3	Fehlzündung, Gegenschlag, zurückschlagen	G
backfire bomber:		(EN) *bedeutet (sowjetischer)* Überschallbomber	A,G
backflip:	3	Rückwärtssalto *(z. B. beim Eiskunstlauf)*	S
background:	3	Hintergrund, Herkunft	A
background music:	3	Hintergrundmusik	G
background rendering:	3	Hintergrundberechnung *(von 3D-Grafiken)*	I,T

Background-sänger(in):	Chorsänger(in), Hintergrundsänger(in)	G
backhand:	Rückhand *(Tennis)*	S
backlash:	Gegenbewegung, Gegenschlag	G
backlights:	beiderseits beleuchtete Werbeflächen	W
backlink:	Rückverweis	I
backlist:	Altbestand *(d. h. früher herausgegebene Bücher)*, Lieferliste, Verlagskatalog	W
backlog:	(Liefer-)Rückstand	W
back office, backoffice:	Innendienst, Personalbereich, interne Infrastruktur, *vgl.* **front office**	G,W

backout:	Rückzug, sich zurückziehen	G
backpack:	Rucksack, *s. a.* **bagpack**	A,S
backpacker:	Rucksacktourist, *s. a.* **bagpacker**	A,S
backroom:	Hinterstübchen	A
backslash:	Rückstrich, Gegenschrägstrich *(gespiegelter Schrägstrich, siehe* **slash**	I
backspace:	Rücktaste	I

	1 ergänzend	2 differenzierend	3 verdrängend
backstage:	3	hinter der Bühne, hinter den Kulissen	A
backstory:	3	Hintergrund(-geschichte)	A
back to school:	3	Schulanfang	A,G
back to the roots:	3	zurück zu den Wurzeln, den Anfängen, den Ursprüngen	A
backup¹:	3	Datensicherung, Sicherheitskopie	I
backup²:	3	Reserve, Vertreter	W
backwoodsman:	3	Hinterwäldler	A
backronym:	2	Fakronym (verfremdete Abkürzung, Beispiel: BSE = **B**ad **S**imple **E**nglish)	G
Backshop:	3	Bäckerei, Backwarenladen	A,W
bacon:	3	Schinken, Speck	A
bad:	3	schlecht, böse	A
bad bank:	3	Auffangbank	W
bad girl:	3	freches Mädchen, Schlampe	A
bad simple English, BSE:	2	Rumpfenglisch	G
badge:	3	Abzeichen, Anstecker, Anstecknadel, Ausweis-, Namensschild	A
Badminton:		(EN) Federball *(als Leistungssport)*	S
bag:	3	Beutel, (Einkaufs-)Tasche	A
bagpack:	3	Rucksack, *s. a.* **backpack**	A,S
bagpacker:	3	Rucksacktourist, *s. a.* **backpacker**	A,S
bagel:	3	Ringsemmel, Bagel *(d.A., ursprünglich jiddisch)*	G
baggy jeans:	3	Hängejeans, *s. a.* **baggy pants**	A,P
baggy pants:	3	Hängehosen, *s. a.* **baggy jeans**	A,P
Bahncard, BahnCard:		(EN) Bahnkarte, Bahnpass	W
bail-out:	3	Schuldenübernahme und Tilgung durch Dritte	W,G
balance:	3	Gleichgewicht, Ausgleich *(eigentlich französisch)*	A,T
balance of power:	3	Kräfteausgleich, Machtausgleich	G
balanced scorecard:	3	ausgewogene Bewertung	W
ballooning:	3	Ballonfahren, *auch in* **hot-air ballooning**	S
ballroom:	3	Ballsaal, Tanzsaal	G
ballyhoo:	3	Reklamerummel	R,W
balm:	3	Balsam	A
Band:	1	Kapelle, Musikgruppe	G

bandleader:	3	Kapellmeister, (musikalischer) Leiter	G,P
bandanna:	3	Kopftuch, Seeräubertuch	A,P
Bandwagoneffekt:	3	Mitläufereffekt	W
bank: *(englische Lautung)*	3	Bank *(d.A.)*	W
bankable:	2	bankfähig, diskontfähig, diskontierbar	W
banker:	2	*Bänker*	W
banking:	2	*bankieren, fernbankieren, als Substantiv:* Bankgeschäfte, Bankwesen, Kreditwesen, *s. a.* **telebanking**	W
bank holiday:	3	Bankfeiertag, gesetzlicher Feiertag	W
bankrupt:	3	bankrott, pleite, zahlungsunfähig	W
bankster:	2	kriminelle Banker	W
banner¹:	3	Banner, Flagge	A
banner²:	2	Werbebalken, Alarmbalken *(auf dem Grafikbildschirm)*	I
barbecue¹:	3	Grill, Bratrost	A
barbecue²:	3	Grillen	A
bar¹:	3	Balken, Stab	A
bar code:	3	Balkenkode, Strichkode, Streifenkennung	T,W
Bar²	1	Gaststätte, Nachtlokal	A
barkeeper: (PA)	1	Barkeeper, *Bez. im Englischen: bartender*	A,G
bartender:	3	Büffetkellner	A,G
barefootjumping:	3	Barfußwasserspringen *(Sport)*	S
bargaining:	3	Verhandeln, Vertragsabschluss	A,W
Barrel:		(EN) Raummaß = 159 Liter	T,W
Bartergeschäft:	2	Kompensationsgeschäft, Tauschgeschäft	W
bartering:	3	*tauschhandeln*	W
base:	3	Basis, Stützpunkt	A,T
base camp:	3	Basislager	A
Baseball:		(EN) Schlagballspiel	S
basecap:	3	Schirmmütze *(Kurzform von „baseball cap")*	A,S
base jumping:	2	Objektspringen *(Fallschirmspringen von Objekten aus)*	S
basement:	3	Keller, Tiefgeschoss, Tiefparterre, Untergeschoss	A,T
bashing:	2	(öffentliche) Abwatschung, Beschimpfung, Verunglimpfung *(Beispiel:* **German bashing** = Deutschen-Abwatschung*)*	A
basic:	3	grundlegend	A,T

		1 ergänzend 2 differenzierend 3 verdrängend	
basics:	3	Grundlagen, Grundkenntnisse, Grundwissen	A,T
basket:	3	Korb, Aktienkorb *(Börse)*	W
Basketball:		(EN) Korbballspiel	S
basket warrant:	2	Korboptionsschein, Optionsschein auf einen Aktienkorb	W
batch:	3	Haufen, Los, Stapel	T
batch capturing:	3	mehrfaches Überspielen, Stapelüberspielung	T
Batchdatei:	2	Kommandodatei, Stapeldatei	I
batch processing:	3	Stapelbetrieb, Stapelverarbeitung	I
batch sampling:	3	Stichprobennahme	T
battle:	3	Kampf, Schlacht, Wettstreit	G
batteln:	3	streiten	G
battle zone:	3	Schlachtfeld, Kampfgebiet	G
bay watch:	3	Strandwache	A
b&b:	3	*(Abk. für)* **bed and breakfast** *(siehe dort)*	G
B2B:	3	*(Abk. für)* **business-to-business** *(siehe dort)*	W
B2C:	3	*(Abk. für)* **business-to-customer** *(siehe dort)*	W
BCC:	3	*(Abk. für)* **blind carbon copy** *(siehe dort)*	T
beach:	3	Strand	A,W
beachbag:	3	Strandbeutel	A
beach party:	3	*Strandfete*, Strandfest	A,G,W
beach soccer:	2	Sandfußball, Strandfußball	S
beach volleyball:	2	Strandvolleyball *(s. a. **Volleyball**)*	S
beachwear:	3	Strandmode	G
beam:	3	Strahl, strahlen	T
beamen¹:	3	glänzen, strahlen	T
beamen²:	2	entmaterialisieren, materialisieren, teletransportieren *(in Zukunftsfilmen)*	G,T
beamer: (PA)	2	Videoprojektor, *Bed. im amerik. Englischen:* BMW-Auto	T
Beamantenne:	3	Richtantenne	T
bear:	3	Bär	A
bear market:	2	Kursrückgänge *(Börse mit rückläufigen Kursen)*, abbröckelnder Markt, Baisse (-markt), *Bärenmarkt*, schwacher Markt, Verkäufermarkt	W

beat:	3	Rhythmus, Schlag	P
Beat:	1	eine Kategorie von Unterhaltungsmusik	G,P
beats per minute, bpm:	3	Taktschläge je Minute	T
beatnik:	2	Nonkonformist	P
beautiful:	3	(wunder-)schön	A
beauty:	3	Schönheit, Augenweide	A
beauty case:	3	Kosmetik-, Schmink-, Schönheitskoffer	A,R
beauty center:	3	Kosmetikabteilung, -laden, -salon	A,R
beauty contest:	3	Schönheitswettbewerb	G
beauty farm: (PA)	2	Schönheitsklinik, Kurhotel, *Bez. im Englischen:* **spa**, *PA existiert im Englischen nicht*	A,R
beauty fluids:	3	Schönheitselixiere, Schönheitsmittelchen	A,R
beauty parlor:	3	Schönheitssalon	A
beauty queen:	3	Schönheitskönigin	A
be Berlin:	3	Sei Berlin	R
bed and breakfast, b&b:	3	Zimmer mit Frühstück, ZF	A
bedside teaching:	3	Unterricht am Krankenbett *(vornehmlich bei klinischer Visite)*	T
beef:	3	Rindfleisch	A
beef jerky:	2	Rind-Dörrfleisch, Rind-Trockenfleisch	A
Beefsteak:	1	Frikadelle, Rindslende, Rindsstück	A
beep:	3	Piepser, Piepton, Signalton, Warnton	A
beeper:	3	Piepser	W
beer:	3	Bier	A
beetle:	3	Käfer	A,T
before-dinner-drink:	3	Aperitif, Vorgetränk, *s. a.* **after-dinner drink**	A,G
be-in:	3	drin sein, *wörtlich: Dabeisein*	A,G
believer:	3	Gläubiger *(religiös)*, Leichtgläubiger *(weltlich)*	A,W
below:	3	unten, unter, hinab	A
belt:	3	Gurt, Gürtel, Riemen *(auch symbolisch)*	A
benchmark	3	(Maßstab für) Leistungsvergleich, Vergleichsindex (Börse), Messlatte	T,W
benchmark test:	3	vergleichender Leistungstest	T,W
benefit:	3	Nutzen, Vorteil *(eines beworbenen Erzeugnisses)*, Vorzug, *s. a.*	W
benefiting:	3	vorteilhaft, lohnend	W

	1 ergänzend	2 differenzierend	**3 verdrängend**
bermudas:	2	Bermudahosen	G
best:	3	beste(r,s), bestmöglich, am meisten, meist-	A
best ager:	2	Jungsenioren	A
best case:	3	bester Fall, bestenfalls	A,W
best choice:	3	erste Wahl	A,W
best man:	3	Trauzeuge	A
bestpricing:	3	Bestauspreisen	I
best of:	3	das Beste von ..., Höhepunkte, Glanzlichter	A
best practice:	3	Erfolgsmethode *(wörtlich: bestes Verfahren, freies Erfolgsrezept)*	W
bestseller:	2	Erfolgsbuch, Verkaufsschlager	G,W
Bestellhotline:	3	Bestelltelefon, *s. a.* **hotline**	A,W
bet:	3	Wette, wetten	G,P,W
beyblades:	3	Wettkampfkreisel	A
bias:	3	Verzerrung, Abweichung, Unschärfe	T
bias(s)ed:	3	parteiisch, voreingenommen, *s. a.* **unbias(s)ed**	G
bidirectional:	3	ambivalent, in zwei Richtungen gehend	T
Bi-Fuel-Fahrzeug:	3	Zweikraftstoff-Fahrzeug	T
big:	3	groß, mächtig	A
big band:	2	Großkapelle, Tanzorchester	G
big bang[1]:	3	Urknall	T
big bang[2]:	3	großer Wurf, Knalleffekt	A,W
big bang[3]:	3	Börsenkrach	A,W
big biggies:	3	die Allergrößten	A
big book:	3	Jahreskatalog	R,W
big boss:	3	Chef, Bonze, Vorgesetzter	A,W
big brother:	2	Großer Bruder *(Überwachungsstaat, zentrales staatliches Überwachungssystem)*	G
big business:	3	das große Geschäft, Großindustrie	W
Bigfoot:	2	Phantomwesen	G
bigger than life:	3	besser als echt, schöner als in Wirklichkeit, zu schön um wahr zu sein	A
Big Mac:		(EN) Doppeldecker, Hamburger *(amerikanisches Schnellgericht)*, *s. a.* **hamburger**, **burger**	A,G
big pack:	3	Großpack, Großpackung	A
big points:	3	Gewinnpunkte, entscheidende Punkte *(Sport)*	S

big science:	3	Großforschung *(große wissenschaftliche Unternehmung, staatlich oder privat)*	T
bike:	3	Fahrrad, Motorrad, Velo (CH)	A,S
biken:	3	Motorrad fahren, radeln, Rad fahren	A,S
biker:	3	Motorradfahrer, Radfahrer *(Schwerpunkt: Motorradfahrer)*	A,S
biking, biken:	3	Motorrad fahren, radeln, Rad fahren	A,S
bikercross:	3	Geländeradfahren	A,S
bike park:	3	Fahrradparkhaus, -platz	A
biketights:	3	Radlerhose	A
bikewear:	3	Motorradbekleidung, Zweiradbekleidung, Zweiradkluft *(Fahrrad, Motorrad)*	A,S
billboard	3	(große) Werbetafel	R
billing:	3	Abrechnung, Fakturierung, Gebührenerfassung, Rechnungslegung	W
Billing-System:	3	Abrechnungsprogramm, Gebührenabrechnungssystem, Zahlungssystem *(jeglicher Art)*	I,W
billion:	3	Milliarde *(nicht Billion, häufiger Irrtum)*	A,T
binary:	3	Binärdatei	I
binge:	3	exzessiv, bis zum Rand	G
binge drinking:	3	Kampftrinken *(Saufen bis zum Umfallen)*	G
binge eating:	3	Essstörung, Fresssucht	G
binge tanning	3	übermäßiges Sonnen(baden), *Krankbräunen*	G
bingo:	2	alles klar, du sagst es, genau, Volltreffer	A
bio:		*Abkürzung für* biologisch	A
Biochip:	1	Molekülplättchen	T
biofeedback:	2	Körperreaktion *(Medizin)*, vgl. **feedback**^{2}	T
bio food:	3	Bionahrung, Biofutter, Biokost	G,T,W
biofood project:	3	Projekt Bionahrung	T
biopic:	3	Filmbiographie, biographischer Film	G
biotech:	3	Biotechnik, Gentechnik *(im Sinne von Wissenschaft und Lehre)*	T
birthday:	3	Geburtstag, s. a. **happy birthday**	A,G
bit^1**:**	2	*Schrauberaufsatz*	T
Bit^2 **(binary digit):**	1	Binärziffer | Maßeinheit für Datenmenge, Information, s.a. **byte**	I
bits and pieces:	3	dies und das, Krempel, Krimskrams	G
bitch:	3	Hündin, Hure, Schlampe *(Schimpfwort)*, s. a. **son of a bitch**	G
bitchy:	3	gemein, gehässig, ordinär	A

	1 ergänzend	2 differenzierend	3 verdrängend
bitter lemon:	2	Bitterlimonade, Tonictischwasser *(chininhaltiges Getränk aus Zitronensaft)*, vgl. **tonic water**	A
black:	3	schwarz	A
blackboard:	3	(Wand-)Tafel	A
black box:	2	Flugschreiber, Fahrtenschreiber	T
black box test:	2	funktionsorientierte (Programm-)Prüfung	I
Black Jack		(EN) *bedeutet:* (Karten-) Glücksspiel *(in Spielcasinos, ähnlich 17+4)*	A
blacklist:	3	schwarze Liste	A,W
blackmail:	3	Erpressung, erpressen	A
blackout^1:	3	Aussetzer	A
blackout^2:	3	Stromausfall, Verdunkelung	T
blade^1:	3	Klinge	T
blade(s)^2:	3	Einspurrollschuh(e), Rollschuh(e), Kufenrollschuh(e)	T
blader:	3	Rollschuhläufer	S
blade night:	3	Rollschuhnacht	G,S
blank:	3	Leerstelle, Leerzeichen, Zwischenraum	A,I
blank book:	3	Einschreibbuch, Haushaltsbuch	A
Blazer:	1	Jacke	A
bleaching:	3	Bleichen *(z. B. der Zähne)*	W
blend:	3	Gemisch, Mischung *(z. B. Tee, Tabak, auch von Wörtern)*	A
blended learning:	3	integriertes Lernen	G,T
blimp^1:	3	Schallschutzgehäuse, -haube	T
Blimp^2:	2	Prallluftschiff *s. a.* **airship**	T
blind carbon copy, BCC:	3	Blinddurchschlag	W
blind copy:	2	*Blindkopie,* verdeckte Kopie, nicht ausgewiesene Kopie	W
blind date:	2	Erstbegegnung, Verabredung mit Unbekannt	A,G
blister^1:	2	Sichtverpackung, *s. a.* **Skinverpackung**	T
blister^2:	2	Halbspinnaker *(großes Vorsegel)*	S
blizzard:	3	Schneesturm	A
blobbing:	2	Wasserkissenspringen	S
blockbuster:	3	Straßenfeger, Kassenschlager, *Bed. im Englischen (auch) Wohnblockknacker = Luftmine*	A,G
Blog:	1	(digitales) Netztagebuch, *s. a.* **weblog**	G,I
bloggen, blogging:	1	Verfassen, Anlegen eines Netztagebuches, *s. a.* **web-logging**	G,I

Blogger:	1	Verfasser eines Netztagebuches	G,I
bloody:	3	blutig, blutbefleckt, blutdürstig, mörderisch, grausam, verdammt; mordsmäßig	A
blowjob:	3	einen blasen, Oralverkehr	A
blowout:	3	Ausbruch	T
blowup¹:	3	(Bild-)Vergrößerung *(Fotografie)*	T
blowup²:	3	Explosion	T
blowup³:	3	Großreklame	R
blue:	3	blau, *symbolisch auch:* traurig	A
blue box:	3	Blauer Hintergrund, Kunsthintergrund, künstlich projizierter Hintergrund *(Filmtechnik)*	T
bluebug:	2	Blauwanze	I,T
blue chip:	2	Erfolgsaktie, erstklassige Aktie, ertragsstarke Aktie, hochwertige Aktie, Spitzenwertpapier, Unternehmen mit hoher Marktkapitalisierung	W
blue hour:	3	Dämmerstunde	A
Bluejeans:	1	Nietenhose	A
blue movie:	3	Sexfilm, Erotikfilm	G
blueprint:	3	Blaupause, technische Zeichnung, Zeichnungskopie	T
blue screen:	3	Blauschirm, *bei einem Rechnerabsturz*	I
blues¹:	3	*(schwermütiges)* Volkslied *(nordamerikanischer Schwarzer)*	G
blues²:	3	Trübsinn, Schwermut	G
bluetooth:	2	*Blaufunk* (kurzreichweitiger hochfrequenter Gerätefunk)	I
bluff: *(englische Lautung)*	3	*Bluff (d.A.)*, Hochstapelei, Irreführung, List, Täuschung, Tücke	A
bluffen: *(englische Lautung)*	3	*bluffen (d.A.)*, blenden, irreführen, täuschen	A
blurb:	3	Klappentext, Werbetext	A
B-movie:	3	B-Film, zweitklassiger Film, Billigfilm	A,G
BMX:	2	(Abk. für) **Bicycle MotoCross**	S,W
BMX-Rad:	2	Geländerad	S,W
board¹:	3	Bord, Brett, Tafel, *s. a.* **blackboard**	T
boarder cross:	2	Querfeldein-Skibrettlauf	S
board²:	3	Leiterplatte, Platine	I
board³:	3	Ausschuss, Direktion, Gremium, Vorstand	W
board level:	3	(auf) Vorstandsebene	W

		1 ergänzend 2 differenzierend **3 verdrängend**	
board meeting:	3	Aufsichtsratssitzung, Ausschusssitzung	W
board⁴:	3	(an) Bord	A,W
boarding:	3	an Bord gehen, Einsteigen, Einstiegsverfahren	A,W
boarding card, board card:	2	Bordkarte, Einstiegskarte *(z. B. ins Flugzeug)*	W
boarding pass:	3	Bordkarte	W
boarding-house:	3	Pension	W
boarding time:	3	Einstiegszeitpunkt *(bei Flugzeugen, Schiffen, etc.)*	W
boardcase:	2	Bordgepäck, Bordkoffer *(im Flugzeug)*, s. a. **Bordcase**, **suitcase**	A,W
board movie:	3	Bordfilm, Film an Bord *(Filmvorführung im Flugzeug)*	W
board⁵:	3	beköstigen, Kost	A
boarding school:	3	Internatsschule	G
boat people:	3	Bootsflüchtlinge	G
bob(sleigh):	3	Bobschlitten	S
Bobby Car:		(EN) Laufauto für Kinder	G
body¹:	3	Leib, Körper, Leiche, Gehäuse	A
bodyart:	3	Körpergestaltung, Körperkunst, Kunst am Körper	A,G,P
body bag: (PA)	3	Tragtasche, Umhängetasche, *Bed. im Englischen: Leichensack*	A
bodyball:	3	Ballgymnastik. *(mit)* Gymnastikball	S,T
bodybuilder:	2	Körperbildner	S
bodybuilding:	2	Körperbildung, Körperkultur, s. a. **bodyforming**	S
body check:	2	Rempler, Anschlag *(Sport)*, Körperstoß, s. a. **check²**	S
bodyforming:	2	Körperformung, Körperbildung, s. a. **bodybuilding**	S
bodyguard:	3	Leibwächter	A,G
body kit:	2	Karosserieaufmotzsatz	T
body leasing:	3	Arbeitskräfteverleih	W
body lotion:	3	Hautemulsion, Körpermilch	A
body-milk:	3	Körpermilch	A,R
body-powder:	3	Körperpuder	A,R
bodypainting:	3	Körperbemalung	P

bodypiercing:	3	*siehe* **piercing**	P
body scanner:	2	Körper(ab)taster, *s. a.* **Nacktscanner**	A,P
bodyshaped:	3	körpergeformt	A
bodyshaper:	3	Fitnessgerät	S
Body Shop (the):		(EN) *(englische)* Drogerie-Kette	A,R
body stocking:	2	*(eng anliegende weibliche)* Unterbekleidung, *vgl.* **catsuit**, **body suit**	G
body styling:	3	Körperpflege	A,R
body suit:	3	*(eng anliegende einteilige weibliche)* Unterbekleidung, *vgl.* **catsuit**, **body stocking**	G
bodywear:	3	Unterwäsche	A,R
body²:	2	einteilige Unterwäsche	A,R
Boiler:	1	Heißwasserbereiter	A,T
bold:	3	(halb-)fett *(Schriftschnitt in der Typografie)*	T
bombast:	3	Schwulst, Wortschwall	A
bond:	2	Festzinsschuldverschreibung, Anleihe, festverzinsliches Wertpapier, Obligation, Pfandbrief, Schuldschein	W
bonus track:	3	Zugabe	G,P,T
boobs, boobies:	3	*(derb für:)* Busen, *Titten*	A
book:	3	Buch	A
bookbuilding¹:	2	(Festlegung der) Emissionspreisspanne *(im Vorfeld eines Börsengangs)*	W
bookbuilding²:	2	*(endgültige Festlegung des)* Emissionspreis*(es)* *(Börse)*	W
book corner:	3	Buchabteilung, Bücherecke	G,W
book crossing:	2	*(organisierte)* Buchweitergabe, Buchtausch	A
booking:	3	Buchung, Reservierung	W
booklet:	3	Broschüre, Werbebroschüre, Beiheft *(zur CD)*, Heft	A
bookmark:	3	Lesezeichen, Merker	T
book on demand:	3	Buch bei Bedarf, Buch auf Abruf, *s. a.* **print(ing) on demand**	W
book shop, book store:	3	Buchhandlung, Buchladen	G,W
Boom:	1	Aufschwung	W
boomen:	2	blühen, *brummen,* gedeihen, sich ausdehnen, stark wachsen	W
boomtown:	2	Hochkonjunkturstadt, Stadt im Aufschwung	W
boomer:	3	Tonassistent	T
boost:	3	anschieben, verstärken, ausdehnen, ausweiten	T

	1 ergänzend	2 differenzierend	3 verdrängend
booster:	3	Hilfstriebwerk, Zusatzrakete, Zusatzverstärker *(Musikanlagen)*	T
boot¹:	3	Stiefel, (hoher) Schuh	A
boot cut:	3	Stiefelschnitt	R
boot²:	3	hochfahren, Starten eines Rechners *oder* komplexen Programms, *s. a.* **bootstrap**	I
booten:	3	(Rechner, Programm) hochfahren, in Gang setzen, starten	I
boot camp:	3	Drilllager	G
bootleg, bootlegging:	3	Raubpressung *(einer Schallplatte)*	T
bootstrap:	2	Selbstaufbau, Selbstübersetzung	I
boot-up:	3	Systemstart	I
Bordcase:	2	Bordkoffer, *s. a.* **boardcase, suitcase**	A,W
bordercrossing:	3	grenzüberschreitend *(auch symbolisch)*	A
borderline:	3	Grenzlinie, Grenzverlauf	A,T
borderliner:	3	Grenzgänger	G
Borderline-Syndrom:	2	(emotional instabile) Persönlichkeitsstörung	T
bore out:	3	Langeweile am Arbeitsplatz	G
Börsencrash:	3	Börsenkrach, Börsenzusammenbruch, Kurssturz	W
Boss:	1	Chef, Vorgesetzter	A,G,W
bossing:	2	herumkommandieren, hinausekeln *(durch den Chef)*, *s. a.* **mobbing**, *vgl.* **bullying**	A
bot:	2	Agentenprogramm	I
botnet, Botnetz:	2	Agentennetz	I
bottle:	3	Flasche	A
bottleneck:	3	Flaschenhals, *(symbolisch:)* Engpass, Nadelöhr	A
bottle party:	2	*Flaschenfete,* Trinkgelage *(zu dem jeder ein Getränk mitbringt)*	A
bottom:	3	Boden, Unterseite	A
bottom line:	3	unterm Strich, das Entscheidende, Endeffekt, Schlussfolgerung, das Wesentliche	A,W
bottom-up:	3	aufwärts	W
bottom up:	3	von unten her, *s. a.* **top down**	A,T
bottom-up-communication:	3	Aufwärtskommunikation	T,W
Boulderwand:	3	Kletterwand, (künstliche) Felswand, seilfreie Kletterwand	S

bowle:	3	Bowle *(d.A., nicht wie* **bowl** *im Englischen)*	A
bowler:	3	Melone, *Herrenhut*	A
bowling:	2	Zehnholz-Kegeln, amerikanisches Kegeln	S
Box^1:	1	Kasten, Kiste, Packung, Schachtel, Karton	A
box^2:	3	Postfach, *auch:* **post office box** = **PO box**	A
Box^3:	1	Pferdestand, Stall	A
Box^4:	1	Garage, Montageplatz, Stand	S,T
Boxenstopp:	1	Zwischenhalt *(bei Autorennen)*	S
box^5:	2	Lautsprecher	T
boxen^6:	1	Faustkämpfen	S
Boxer-Shorts:	1	halblange Unterhose	G
boy^1:	3	Junge, Knabe	A
boyfriend:	3	*(fester)* Freund, Liebhaber, *im Gegensatz zu* **a friend of mine** *(ein Freund von mir), s. a.* **girlfriend**	A,G
boygroup:	3	Jungenpopgruppe, *s. a.* **girliegroup**	A
Boy Scout:	3	Pfadfinder, *vgl.* **Girl Scout**	A
Boy^2:	1	Diener, Lakai	A,W
boycott: *englische Schreibung*	3	Boykott, *(wirtschaftliche, politische oder soziale)* Ächtung, Ausschluss	W
boykottieren:	1	ächten, ausschließen, verhindern	W
bpm:	3	*(Abk. für)* **beats per minute** *(siehe dort)*	T
BPW:	3	*(Abk. für)* **business and professional women** *(siehe dort)*	G
bracket:	3	Klammer, *meist:* Eckklammer, eckige Klammer	A
brain:	3	Gehirn, Vordenker	A
brainie:	3	Hirnmensch, kluger Kopf, Kopfmensch	A
brain drain:	2	Talentflucht, Wissensabwanderung *(Abwanderung von Wissenschaftlern)*	T
brain factory:	3	Denkfabrik, Ideenlabor	W
brainfood:	2	*Gehirnfutter,* Hirnnahrung	A
brainjogging:	3	Gehirnakrobatik, Gehirntraining	A
brainpower:	3	*(besondere)* Geisteskraft	A
brainraising:	3	Wissensvermittlung	A,T
brainstorm:	2	Gedankenkonferenz	T
brainstormen:	2	angestrengt nachdenken, brüten, Ideen sammeln	T
brainstorming:	2	Denkrunde, Ideensammlung	T
brain trust:	3	Beratungsausschuss, Beratungsgremium	T,W

	1 ergänzend	2 differenzierend	3 verdrängend
brainwash, brainwashing:	3	Gehirnwäsche	A
brainwork:	3	Kopfarbeit	A
brainy:	3	gescheit	W
branch:	3	Zweig, Zweigstelle, Abteilung, Niederlassung	A
branch office:	3	Zweigniederlassung, Zweigstelle	W
brand: *(englische Lautung)*	3	Brand *(d.A.)*, Marke	W
brand awareness:	3	Markenbekanntheit; Markenbewusstsein	W
brand loyalty:	3	Markentreue	W
brand name:	3	Markenname	W
brand-new:	3	nagelneu, brandneu, funkelnagelneu, nigelnagelneu *(CH)*	A
branding¹:	3	Brandmarkung, Brandzeichnung *(auf der Haut)*, Malbrennung	R,W
branding²:	3	Namensprägung *(gezielte Erfindung eines Markennamens)*	W
branding³:	3	Markenbildung	W
brandy:	3	Branntwein, Weinbrand	W
brass band:	3	Blaskapelle, Blechbläserkapelle	G
breadcrumb navigation:	3	Spurenfolge	T
break¹:	3	Pause, Unterbrechung	A
breakdance:	2	Akrobatiktanz, Tanz mit akrobatischen Einlagen	G
breakdown:	3	Zusammenbruch	A
break-even (point), Break-even-Punkt:	3	Gewinnschwelle, Kostendeckungspunkt, Wirtschaftlichkeitsschwelle	W
breakfast:	3	Frühstück	A
breaking news:	3	Eilmeldung	A,G
break out:	3	ausbrechen, aussteigen	A
breakpoint:	3	Haltepunkt, Unterbrechung *(Programmfehlersuche)*	I
break-through:	3	Durchbruch, entscheidender Fortschritt	A
break²:	3	Werbeeinblendung, Werbeunterbrechung	A
break³:	2	Spielgewinn gegen den aufschlagenden Gegner *(Tennis, s. a. **tiebreak**)*	S
breeches:	3	Reithosen	S
bridge¹:	3	Brücke	I,T

bridging, Bridge-System:	2	Brückensystem *(Wechsel in den vorgezogenen Ruhestand)*	G,W
bridge²:	2	Übergang *(bei Musikstücken)*	G
Bridge³:		(EN) Kartenspiel	G
briefen:	3	einweisen, instruieren, unterrichten	T,W
briefing:	3	Einweisung, Einsatzbesprechung, Instruktion	T,W
bright:	3	hell	A
brighten:	3	aufhellen	A
bring:	3	bringen, herbringen	A
bring down:	3	herabsetzen, herunterbringen	A
bring home:	3	überzeugen	A
bring-in service:	2	Stützpunkt-Kundendienst	T,W
bring out:	3	deutlich machen, herausbekommen, veröffentlichen	A
broad:	3	breit, offenkundig, weit	A
broadcast¹, broadcasting:	3	Funkübertragung, Rundfunksendung, übertragen	T
broadcast²:	3	Meldung *(an alle Benutzer eines Subnetzes/Rechners)*	I,T
broadside:	3	Breitseite	A
Broiler:	1	Grillhähnchen	A,G
broken windows:	3	Null-Toleranz-Prinzip, *s. a.* **zero tolerance**	G
broker:	3	Aktienhändler, Börsenhändler, Makler, Wertpapierhändler	W
brokerage, broking¹:	3	Wertpapiergeschäft *(von Privatanlegern)*, Maklergeschäft	W
brokerage²:	3	Makleranteil, Maklergebühr, Maklerprovision	W
browse¹:	3	blättern, schmökern, stöbern, sich umsehen	A
browse²:	2	navigieren, stöbern *(u.a. im Netz)*	A,I
browsen:	2	navigieren, stöbern	A,I
browser:	2	Navigator (Internet)	I
Brunch:	1	Frühstück & Mittagessen in einem	A
brush up:	3	*(Kenntnisse)* auffrischen	A
bubble:	3	Blase	A
bubble economy:	2	Scheinblüte, Luftblasenwirtschaft, wirtschaftliche Luftschlösser	W
bubblegum:	3	Kaugummi (mit Blasenbildung) *im Gegensatz zum* **chewing gum**	A
bubblesort:	3	Blasensortierung	I

		1 ergänzend 2 differenzierend **3 verdrängend**	
bubble tea:	3	Perltee, Schaumtee	A
buddy:	3	Kumpel, Freund, Kumpan	A,G
buddy movie:	3	Kumpelfilm	A,G
budget manager:	3	Leiter (der) Budgetierung	G,W
buffer:	3	Puffer(-speicher)	I
bug[1]:	3	(Programm-)Fehler, Kodierfehler, s. a. **debugger[2]**	I
bugfix:	3	Ausbesserung, Fehlerbehebung *(in einer Anwendung)*	G,I
bug[2]:	3	Abhörwanze	T
bug[3]:	3	Käfer, Wanze	A
Buggy:	1	Minikinderwagen	A
build:	3	Auslieferungsstand	I
building:	3	Gebäude	A
build-upper:	3	Werbeleiter	W
built-in:	3	eingebaut, integriert	I
bulk:	3	(große) Masse, lose Ware	AW
bulk carrier:	3	Massengutfrachter	T,W
bulk e-mail:	2	Massen-Netzpost, Massenversand von Netzpost, s. a. **e-mail spam**	I
bull[1]:	3	Bulle	A
bulldog:	2	Schlepper, Traktor, Trecker	T
bulldozer:	3	Planierraupe, Großräumpflug, Raupe, Schubraupe	T
bull market:	2	Kursanstieg *(Börse mit stetig steigenden Kursen)*, Bullenmarkt, freundliche Börse, Hausse(-markt), Käufermarkt	W
bullriding:	3	Bullenreiten	A
bullshit:	3	Bockmist	A
bull[2]:	3	Börsenspekulant, Hausspekulant	W
bulletin board:	3	Notizbrett, Notizdatei im Betriebssystem/Netz, Schwarzes Brett	I
bully:	3	Anspiel *(Sport)*	S
bullying:	3	Schulhofterror, schulische Gewalt, *vgl.* **mobbing** *und* **bossing**	G
bumperboat:	2	Rempelboot, s. a. **autoscooter**	G
bundle:	3	Bündel, Paket	A
bundling:	3	Paket, Koppelangebot, Warenpaket	R
bungalow: *(englische Lautung)*	3	Bungalow *(d.A.)*, *Datsche*, Ferienhaus, Flachdachhaus, (einstöckiges) Landhaus	A
bungee jumping:	2	Sprung am Gummiseil, *(Freizeitsportart)*	S

bungee running:	2	Gummiseillaufen *(Sportart)*	S
bunny:	2	Häschen, *auch symbolisch für Sexgespielin in der* **Playboy**-*Szene*	A
burger: *(englische Lautung)*	3	Burger *(d.A.)*, *(Abk. von)* **hamburger**, *ähnlich einem* Hackfleischbrötchen	A
burn:	3	brennen	A
burner¹:	3	Brenner	T
burner²:	3	Macher, Talent	G
burning-mouth syndrom:	3	Zunge-Mund-Brennen	T
burnout¹:	3	Erschöpfung, Ausgebranntsein, ausbrennen	A
burnout syndrome:	2	Ausgebranntsein	A,W
burnout²:	3	Brennschluss *(Raumfahrt)*	A
bus: *(englische Lautung)*	3	Bus *(d.A.) (Datenverteilungseinheit im Rechner)*	I
business:	3	Geschäft, Geschäftsleben, Angelegenheit, Betrieb, Gewerbe, Sache, Unternehmen	W
business administration, BA:	3	Betriebswirtschaftslehre, BWL	T
Business and Professional Women, BPW:		(EN) Netzwerk berufstätiger Frauen	G
business angel:	3	Unternehmensengel, *Starthelfer (bei Firmengründungen)*	W
business area:	3	Geschäftsbereich, Geschäftsfeld	W
business as usual:	2	alles wie immer, weitermachen wie bisher	W
business breakfast:	3	Geschäftsfrühstück	W
business card:	3	Geschäftskarte, Visitenkarte	W
business case:	3	Geschäftsmodell	W
business class:	2	Geschäftsklasse	W
business developer:	3	Geschäftsentwickler	W
business executive:	3	Geschäftsführer	W
business idea:	3	Geschäftsidee	W

	1 ergänzend	2 differenzierend	3 verdrängend
business improvement district, BID:	2	zu förderndes Einzelhandels- und Dienstleistungszentrum *(vornehmlich in Innenstädten)*	W
business intelligence:	2	Geschäftsanalyse	IW
business jet:	3	Firmenflugzeug, Geschäftsflug	W
business lounge:	2	Aufenthalts-, Warteraum für Geschäftsreisende *(mit Arbeitsmöglichkeiten)*	W
businessman:	3	Geschäftsmann	W
business model:	3	Geschäftsmodell	W
business outfit:	3	Geschäftsanzug, Geschäftskleidung	G
business plan:	3	Geschäftsplan	W
business process outsourcing, BPO:	3	Auslagerung von Geschäftsprozessen	W
business seats:	3	Prominentenplätze, Vorzugsplätze *(im Stadion)*	S
business television:	3	Firmenfernsehen *(zur Mitarbeiterschulung)*	W
business-to-business, B2B:	3	*Interfirmengeschäft*, Geschäfte zwischen Unternehmen	W
business-to-customer, B2C:	3	Endkundengeschäft, Geschäfte mit Endverbrauchern	W
business trip:	3	Geschäftsreise	W
business unit manager:	3	Geschäftsbereichsleiter	G,W
businesswoman:	3	Geschäftsfrau	W
business world:	3	Geschäftswelt	W
bus-Marshal:	3	Bus-Polizist	G
bust^1:	3	Großaufnahme, Nahaufnahme	T
bust^2:	3	Bankrott, geplatztes Geschäft, Pleite	W
busy:	3	arbeitsam, belebt, beschäftigt, fleißig, verkehrsreich	A
busybody:	3	Wichtigtuer	A
butler:	2	(Edel-)Diener *(in einem vornehmen Haus)*	G
butterfly:	3	Schmetterling	A
butterfly knife:	3	Doppelgriffmesser, Klappmesser	A
Butterflystil:	3	Schmetterlingsstil, -schwimmen	S
button^1:	3	Druckknopf, Knopf	A,I

Button-down-Hemd:	2	Knopfkragenhemd *(Hemd mit anknöpfbaren Kragenecken)*	A
button²:	3	Abzeichen, Anstecker, Anstecknadel	A
button³:	3	Schaltknopf, Schaltfläche	A,I
buy:	3	kaufen, erwerben	A
buyer:	3	Käufer	W
buyer's market:	3	Verbrauchermarkt	W
buyaholic:	3	Kaufsüchtiger, *s. a.* **credit junkie**	A
buy out:	3	aufkaufen, freikaufen, *s. a.* **management buyout**	W
buzzer:	3	Drücker *(bei Spiel-Sendungen)*, Taste, Taster	G
buzzword:	3	Schlagwort, Modewort	G
by:	3	an, bei, durch, mittels, neben, mit	A
bypass:	3	Beipass, Nebenleitung, Umleitung, *(hauptsächlich als medizinischer Begriff)*	T
by the way:	3	apropos, übrigens	A
bye-bye:	3	auf Wiedersehen, Servus, Tschüss	A
Byte:		(EN) Mengenbegriff, Maßeinheit in der Informatik	I

C

cab:	3 Taxi	A
cabby:	3 Taxifahrer	A
cabin:	3 Kabine, Kajüte, Zelle	A
cable:	3 Kabel, (Draht-)Seil, Leitung	T
cablecar:	3 (Draht-)Seilbahn *(hier nicht: die in San Francisco schienengeführte, mit Drahtseil gezogene Straßenbahn)*	T,W
cableliner:	3 Standseilbahn	T
cache:	2 Vorratsspeicher, Pufferspeicher, *(schneller)* Zwischenspeicher	I
CAD:	2 *(Abk. für)* **computer-aided design** *(siehe dort)*	T
caddie¹:	3 Einkaufswagen, Transportwagen *(in Druckern usw.)*	A
caddie²:	2 Golfkarre, *Golfsherpa*	S
cake:	3 Kuchen, Plätzchen, Torte	A
call¹:	3 Anruf, Ruf	T
callen, calling:	3 anrufen, rufen	A
call a bike:	3 Mietfahrrad	A
Callagent:	3 Telefonist, Sachbearbeiter	W
callback:	2 Rückmeldung *(eines Dienstes beim Klienten)*	I
Callback-Funktion:	3 Rückruffunktion, s. a. **Callback-Verfahren**	T
Callback-Verfahren:	3 Rückrufverfahren *(bei fehlerhaften Erzeugnissen)*	W
call box:	3 Telefonzelle, Notrufsäule	T
call boy:	2 Gigolo, Lustknabe, Prostituierter, *vgl.* **call girl**	P,W
call by call:	2 Sparvorwahl	T
Call-by-call-Anbieter:	3 Sparvorwahlanbieter, Einzelgesprächsanbieter	T
call center:	2 Anrufzentrale, Telefonkundendienst	T
call center agent:	3 Telefonberater(in)	A,T
call girl:	2 Prostituierte, *Bestellnutte*, Edelhure, *vgl.* **call boy**	A,G
Call-in-Sendung, call-in show:	3 Einwählsendung, Mitmachsendung, interaktive Sendung, Reinrufsendung	G

call shop:	3 Telefonladen	G
Call-through-Verfahren:	3 Durchwahlverfahren	T
call²:	3 Kaufoption	W
calls:	2 Optionspapiere *(auf steigende Aktien)*	W
call sheet:	3 Tagesdisposition, Tagesplan	W
call³:	3 Berufung	T
call for:	3 anfragen, bitten um	W
call for papers:	3 Beitragsabruf *(z. B. für eine Tagung)*	T
call for tenders:	3 Ausschreibung	G,W
calm down:	3 sich beruhigen	A
CAM:	2 *(Abk. für)* **computer-aided manufacturing** *(siehe dort)*	T
camcopter:	2 fliegende Kamera	T
camcorder:	2 Kamkorder *(d.A.) (Videokamera mit eingebautem Rekorder)*	T
cameo appearance:	3 *(kurzer)* Gastauftritt *(eines Prominenten)*	A,G
camp¹:	2 (Zelt-, Ferien-)Lager	A
camping:	2 kampieren, zelten	A
camper¹:	2 Zelter	A
camper²:	2 (kleines) Wohnmobil	A
camp²:	3 Stützpunkt, Kaserne	G
campaign:	3 Kampagne, Aktion, Werbefeldzug	R
campus:	3 *Campus (d.A.)*, Universitätsgelände	G
canceln:	3 absagen, streichen, stornieren	A
cancelling¹:	3 Kündigung, Entwertung	A,W
cancelling²:	3 Abbruch	A,W
cancer:	3 Krebs *(Medizin)*	A,T
candlelight:	3 Kerzenlicht, Kerzenschein	A
Candlelight-dinner:	3 Mahl bei Kerzenschein	G,R
candy:	3 Zucker, Süßigkeit, *oft im Sinne von* süß, niedlich	A
candy colours:	3 Bonbonfarben	A
candy storm:	3 Zuspruchswelle, -woge	G
canvas:	3 Leinwand	W
canvassing:	3 *Klinkenputzen (der Politiker im Wahlkampf)*	G
canyon:	3 Schlucht	A
canyoning:	2 schluchteln, schluchfahren *s. a.* **rafting, river-rafting**	S

| | 1 ergänzend | 2 differenzierend | 3 verdrängend |

cap¹:	3 Kappe, Mütze	A
cap²:	3 Deckel, (Verschluss-, Abdeck-)Kappe	A
capability:	3 Fähigkeit, Begabung, Möglichkeit	A
capable:	3 fähig, geeignet	A
capacitance:	3 (Energie-)Speichervermögen	T
capacity:	3 Kapazität, Stellung, Umfang, (geistiges) Vermögen	T
capacity building:	3 Kapazitätsaufbau, Kompetenzerweiterung	T
cap-and-trade:	3 Deckeln und Handeln, Emissionsrechtehandel	T,W
Cape:	1 Umhang	A
capital¹:	3 Kapital, Geld	W
capital investment:	3 Kapitalanlage	W
capital²:	3 Hauptstadt	A
capital³:	3 Großbuchstabe	A
capital⁴:	3 Kapital-, ... *in*	W
capital crime:	3 Kapitalverbrechen	G
capital error:	3 Kapitalfehler, Riesenfehler	A
captain:	3 Hauptmann, Kapitän	G
capturen:	3 aufnehmen, einspielen, überspielen	A,T
capture tool:	3 Überspielhilfe, Überspielwerkzeug	A,T
car:	3 Auto, Kfz, Wagen	T
car cocooning:	2 Autolagerung *(durch Einschweißen in Schutzhüllen)*	T
car ferry:	3 Autofähre	T,W
car flag:	3 Autofähnchen	G
Car-Hifi-Anlage:	3 *(Hochleistungs-)*Autoradio	A,T
carjacking:	2 Autoraub	A
car napping:	3 Autoklau, Fahrzeugdiebstahl	A
car pool:	3 Fahrbereitschaft, Fahrgemeinschaft	A,T
carport:	2 Autounterstand, *Autolaube*, überdachter Stellplatz	G,T
car rig:	3 Autostativ	T
car sharing:	3 Gemeinschaftsauto, *s. a.* **road sharing**	A
car wash:	3 Autowäsche, Waschstraße	A,T
caravan:	3 Wohnwagen	T
caravan(n)ing:	2 Wohnwagentouristik	A
carbon copy, CC:	3 Kopie	W
carbon footprint:	3 CO_2-Fußabdruck	T

card:	2	(Plastik-)Karte	A
cardigan:	3	Strickjacke, Strickweste	W
care:	3	Hilfe, Pflege	A,G,T
caregiver:	3	Pfleger(in)	G,T
care of, c/o:	3	bei, über, wohnhaft bei ..., z. Hd. von ...	A
CARE-Paket:		(EN) Hilfspaket, *(ursprünglich von der Hilfsorganisation CARE)*	G
careteams:	3	Katastrophenhelfer	G,T
career:	3	Karriere, Beruf, Laufbahn	A
career service:	3	Berufsberatung	A
cargo:	3	Fracht, Ladung	W
cargo checker:	3	Lademeister, Tallymann	W
cargo handling:	3	Frachtumschlag	W
cargo hold:	3	Laderaum	W
Cargohose:	3	Mehrtaschenhose	A
cargo insurance:	3	Frachtversicherung	W
cargo lifter:	2	Frachtluftschiff	T
cargo plane:	3	Fracht-, Transportflugzeug	T,W
cargo ship:	3	Frachtschiff	T,W
cargo tram:	2	Güterstraßenbahn	W
carrel:	3	Lesenische (*in einer Bibliothek*)	G
carriage:	3	Beförderung, Fracht, Frachtkosten	W
carriage return:	3	Wagenrücklauf	I
carry:	3	tragen	A
carrier:	3	Träger, Transporter	A,W
carry away:	3	zum Mitnehmen	A,W
carrybag:	3	Tragetasche	A,W
carry home:	3	Abholmarkt, Mitnehmmarkt	W
carry on:	3	weitermachen	A
cartoon:	2	*(satirische oder komische)* Bildergeschichte	A,G
cartoonist:	3	Karikaturist, Witzzeichner	A,G
cartridge:	3	Patrone, Kassette, Kartusche	I,T
carve:	3	schnitzen, einritzen, einschneiden	A
carver:	2	*Kantenfahrer, Kantenkurver*	S
carving:	2	*Kantenkurven, siehe* **Carvingski**	S
Carvingski:	2	Taillenski	S
case^1:	3	Behälter, Tasche, *siehe* **suitcase** *und* **Bordcase**	A
case^2:	3	Fall	A,W

		1 ergänzend	2 differenzierend	3 verdrängend
case-by-case:	3	von Fall zu Fall		T,W
case history:	3	Fallstudie		W
case management:	3	Patientenbetreuung		T
case manager:	3	Patientenbetreuer		T
case of conflict:	3	Konfliktfall		W
case³ (upper, lower):	3	Groß- *bzw.* Kleinschreibung		A
cash¹:	3	Bargeld, Bares, Barzahlung, Kleingeld		A,W
cashable:	3	einlösbar		A
cash²:	3	bar, bar bezahlen		W
cash advance:	3	Barvorschuss		W
cash-and-carry:	3	Abholmarkt *(im Groß- und Einzelhandel)*		G,W
cash audit:	3	Kassenprüfung		W
cash-burn rate:	3	Anlagevernichtungszeit, Zeitraum zum Vernichten von Anlegerkapital		W
cash counter:	3	Barkasse		W
cash cow:	2	Geldkuh, Goldesel		A,W
cash desk:	3	Kasse *(in Warenhäusern)*		W
cash-flow:	3	Kapitalfluss		W
cash in advance:	3	Vorauszahlung		W
cash pool:	3	Bankenverbund		W
cash turnover:	3	Barumsatz		W
cash pooling:	2	Risiko-Gemeinschaftskasse		W
cash trap:	3	Geldfalle *(am Geldautomaten)*		A
cash value:	3	Barwert, Kapitalwert, Kurswert *(meist einfach nur „Wert")*		W
cash³:	2	*(von Fonds)* zeitweise nicht angelegtes Kapital *(Börse)*		W
cast:	3	(schauspielerische) Besetzung		A,G
casting:	3	Darstellerauswahl *(s. a. **audition**)*		G
casting show:	3	Auswahlschau		G
casting vote:	3	Entscheidungsstimme, Zünglein an der Waage		G
casual:	3	salopp, sportlich		A
casual outfit, casualwear:	3	Freizeitkleidung, lässige Kleidung		A,R
cat:	3	Katze		A
catsitting:	3	Katzenbetreuung, Katzenpension, Katzenhort		A

catsuit:	2	Sporteinteiler (*für Frauen*), *vgl.* **body stocking**, **body suit**	R
catwalk:	3	Laufsteg	A
catwalk beauty:	3	Laufstegschönheit	A
catch:	3	Fang, fangen	A
catchen:	2	kämpfen, schauringen	S
Catcher:	2	Schauringer	S
Catch-all-Postfach:	3	Auffangpostfach, Sammelpostfach	I,T
catch-as-catch-can:	2	Schauringen, *Haudrauferei, allgemein auch* Ellenbogenmentalität	S
catchline:	3	Schlagzeile	G
catchup:	3	*siehe* **ketchup**	A
catchy:	3	einprägsam, eingängig	A
catchy slogans:	3	kesse Sprüche, Blickfänger, Schlagwörter	AW
category management:	3	Warengruppenverwaltung	W
caterer:	2	Verpfleger, Verpflegungsunternehmen	W
catering, catering service:	3	Verpflegungsdienst, Bewirtung	W
caution:	3	Vorsicht, Achtung	A
cavity:	3	Hohlraum	T
CBT:	3	(Abk. für) **computer-based training** *(siehe dort)*	S
CC:	3	(Abk. für) **carbon copy** *(siehe dort)*	W
CD-player:	3	CD-Spieler	T
celebrate:	3	zelebrieren, feierlich begehen	A
celebration:	3	Feiern *(eines Festes)*	G
celebrity:	3	Berühmtheit, Prominente(r), Promi	A,G
center¹ (AE), centre: (BE)	3	Zentrum, Mitte, Mittelpunkt	A
center court:	2	Hauptplatz, Haupt(tennis)platz	S
Centerfiliale:	3	Mittelpunktfiliale (Post)	T,W
center policy:	3	Hauptrichtlinie, zentrale Richtlinie	W
center²:	2	Einkaufsmarkt, Einkaufszentrum *s. a.* **mall**	A,W
central:	3	mittig, innen, zentral	A
central business district:	3	Geschäftsviertel	W

	1 ergänzend	2 differenzierend	3 verdrängend
central processing unit, CPU:	3	Hauptprozessor *(des Rechners)*	I
CEO:	3	*(Abk. für)* **chief executive officer** *(siehe dort)*	W
cereal:	3	Getreide; Zerealie	A
certificate:	3	Zertifikat *(d.A.)*	W
chair:	3	Stuhl, Sessel	A
chairman:	3	Vorsitzender	G,W
chairmanship:	3	Vorsitz	G,W
chairperson:	3	*politisch korrekt für:* **chairman**	G,W
chairwoman:	3	Vorsitzende	G,W
challenge:	3	Herausforderung, Anreiz, Ansporn	A,G
challenger:	3	Herausforderer	A
challenge tour:	3	Herausforderungsreise, Streifzug	A
champion, champ:	3	Bester, Meister, Sieger	A,S
championship:	3	Meisterschaft	S
champions league:	2	Meisterliga, Königsklasse	S
chance:	3	Chance, Gelegenheit, Möglichkeit, Wahrscheinlichkeit	A
change^1:	3	Tausch, tauschen, Wechsel, wechseln	A
changer:	3	Wechsler *(von Schallplatten, CDs...)*	T
changelog:	3	Änderungsprotokoll	I
change management:	3	Wechseldurchführung	W
change request:	3	Änderungsanforderung	W
change^2:	3	Geldwechsel, Kleingeld, Wechselgeld	W
change^3:	3	Wechselstube	W
channel:	3	Kanal, Programm	T
channel hopping:	3	(Fernseh-) Senderspringen, *s. a.* **zappen**	T
chanten:	3	*(spirituelles)* singen	G
character^1:	3	Charakter	A
character^2:	3	Zeichen, Buchstabe, Schriftzeichen	I,T
character code:	3	Zeichensatz	I,T
charge:	3	*u.a.:* belasten, Belastung, Gebühr, Honorar, Kosten	W
Chargekarte:	2	Kreditkarte	W
charity:	3	Wohltätigkeit, Nächstenliebe	G

Charitybewusstsein:	3 Gemeinsinn	G
charity event:	3 Benefiz-, Wohltätigkeitsveranstaltung	G
charming:	3 bezaubernd, charmant, reizend	A
charming loser:	3 sympathischer Verlierer	A
chart:	3 Diagramm, Rangliste, Schaubild, Statistik, Kursverlauf *(Börse)*, vgl. **charts²**	A,G,W
chart breaker:	3 Listenstürmer, *s. a.* **Chartstürmer**	G
Chartstürmer:	3 Listenstürmer, *s. a.* **chart breaker**	G
Charter:	1 Transportmittelvermietung	W
chartern:	1 anmieten, heuern, mieten, *s. a.* **verchartern**	W
charter cab:	3 Sammeltaxi	A,G
Charterflug: *(englische Lautung)*	1 Charterflug *(d.A.)*, Bedarfsflug, Mietflug	W
charts¹:	3 Auflistungen, Tabellen	G
charts²:	1 Rangliste, *s. a.* **chart**, **chartbreaker** *und* **chartstürmer**	G
charts topper:	2 Listenstürmer	G
Chat:	1 (Netz-)Schwatz, Netzplauderei	A,I
chatten:	2 *(netz)*schwatzen	A,I
chatter:	2 (Netz-)schwatzpartner, Netzplauderer	A,I
chat café:	2 Plaudercafé *(im Internet)*, *s. a.* **chat room**	A,I
Chatforum:	2 Treffpunkt *(sachlich begrenzt, im Internet)*	A,I
chat group:	2 Netz(plauder)gruppe	A,I
chatiquette:	2 Diskussionsbenehmen, -gebaren, -verhalten *(im Netz)*, *s. a.* **netiquette**	I
chat'n chuck cell phone:	3 Wegwerfhändi, *s. a.* **phone card phone**	T
chat room:	3 Quasselforum, *s. a.* **chat café**	A
cheater:	3 Betrüger, Schwindler	A
check¹:	2 Kontrolle, Probe, Prüfung	A
check-back:	3 Rückfrage	A
checkbox:	3 Kontrollkästchen	I
check-in:	2 Einbuchung, Passagierabfertigung *(an Flughäfen)* vgl. **einchecken**	A,W
check-in-check-out-system:	3 Zugangskontrollsystem	I
Checkliste:	2 Abhak-, Kontroll-, Merk-, Prüfliste	T

	1 ergänzend	2 differenzierend	3 verdrängend
checkout, check-out:	2	Ausbuchung *(des Gastes bei Abreise im Hotel)*	A,W
checkpoint:	3	Kontrollpunkt	G
checkup:	3	Prüfung, Untersuchung, Vorsorgeuntersuchung	A
check²:	3	Rempler	S
checken¹:	3	abfragen, ansehen, kontrollieren, nachprüfen	A
checken²:	3	begreifen, durchschauen, raffen, schnallen *(Jugendsprache)*, verstehen	A
checker:	3	Schürzenjäger	G
cheek:	3	Backe, Wange	A
cheek-to-cheek:	3	Wange an Wange	A
cheerio:	3	Prost, zum Wohle	A
cheerleader:	2	Jubeltruppe, Einheizer	G,S
cheers:	3	Prosit, zum Wohl	A
cheese¹:	3	Käse	A
cheeseburger:	2	Käsehamburger. s. a. **hamburger**, **burger**	A
cheese²:	3	bitte lächeln, bitte recht freundlich *(Fotografie)*	A
chemical engineer:	3	Chemieingenieur *(Anlagenbau und chemische Prozesse)*	G,W
Cherrytomate, Cherry-Tomate:	3	Kirschtomate, Minitomate	A
chest pain unit:	3	Herznotfallstation, Herzzentrum	T
chewing gum:	3	Kaugummi (ohne Blasenbildung) *im Gegensatz zum* **bubblegum**	A
chicken:	3	Hähnchen, Huhn	A
Chicken-Kebap:	3	Hähnchenkebap	A
chicken nugget:	3	Hühnerhappen	A
chicken wings:	3	Hähnchenflügel	A
chief:	3	Haupt- *in*	A,W
chief administrative officer, CAO:	3	Personalchef	W
chief engineer:	3	Chefingenieur	G,W
chief executive committee:	3	Geschäftsführung, Vorstand	W
chief executive officer, CEO:	3	(Haupt-)Geschäftsführer, Vorstandsvorsitzender (VV)	W

chief financial officer, CFO:	3 Finanzvorstand, Leiter der Finanzabteilung, Leiter des Finanzwesens	W
children's corner:	3 Kinderecke, Spielecke *(z. B. in Restaurants, Geschäften usw.)*, s. a. **kids' corner**	G
children-TV:	3 Kinderfernsehen	G
chillen:	3 abschalten, faulenzen	A
chill out:	3 ausklingen lassen, (sich) abkühlen	A,P
chillig:	3 angenehm, entspannend; nervenkitzelnd *(Gänsehaut erzeugend)*, vgl. **chill out**	A
chill area:	3 Ruhezone, Ruheraum	G
chill-out room:	3 Entspannungs-, Erholungs-, Ruheraum	G
chinacracker:	3 Knallkörper, Knaller	A
chip¹:	2 *(dünnes)* Scheibchen, Plättchen *(aus Holz, Kunststoff, Essbarem)*, s. a. **potato chips**	A,T
chip²:	2 Marke	A
Chip³:	1 Träger eines Mikroschaltkreises	I
chippen:	2 (Tiere) mit Chip markieren	W
chip coin:	3 Parkmünze	W
Chipkarte:	1 elektronische Karte s. a. **smart card**	I
Chips:	1 (frittierte) Kartoffel- oder Gemüsescheiben	A
choke, choker: *(englische Lautung)*	3 Choke *(d.A.)*, Kaltstarthilfe, Luftklappe *(am Vergaser)*	A
chopper¹:	3 Hackmesser, Lichtunterbrecher, Zerhacker	A
Chopper²:	1 Motorrad mit hohem Lenker	A,S
chopper³:	3 Hubschrauber, s. a. **helicopter**	A,T
chopsticks:	3 Essstäbchen	A
Christmas:	3 Weihnachten, s. a. **X-mas**	A,S
Christmas event:	3 Weihnachtsveranstaltung	A,G
Christmas tree:	3 Weihnachtsbaum	A
chunk:	3 Teil, Abschnitt	A
church:	3 Kirche	A
CIM:	2 *(Abk. für)* **computer-integrated manufacturing** *(siehe dort)*	T
cinema:	3 Kino	A
cinemascope:	2 Breitwand *(beim Film)*	A
cinematographer:	3 Kameramann	A
CIR	3 *(Abk. für)* **cost-income-ratio** *(siehe dort)*	W
circle:	3 Kreis	A
circuit training:	3 Zirkelübung *(Sport)*	S

		1 ergänzend	2 differenzierend	3 verdrängend
city: (PA)		3	Stadtzentrum *Bed. im Englischen: (Groß-) Stadt*	A
Citybahn:		3	Städtebahn	A
city bike:		2	Stadt(fahr)rad	S,W
city bus:		3	Stadtbus	W
city call:		3	Ortsgespräch	T
city card:		2	Touristenkarte	W
city carrier:		3	Lokal-Telefonanbieter	W
city center:		3	Stadtbüro	W
city dressing:		3	Stadt(aus)gestaltung	R
city guide:		3	Stadtführer, Stadtplan	A
city lights:		3	Leuchtreklame, *(beleuchtete)* Reklametafeln	R
citylike:		3	*städtisch, stadtgemäß*	G
cityliner:		3	Stadtbus	W
city management:		3	Stadtverwaltung	G,W
city nightline:		3	Schlafwagenzug	T
city shuttle:		3	Pendelbus	W
city tour:		3	Stadtrundfahrt	W
citywalker:		3	Stadtroller	T
city weekend:		3	Städtekurzreise	S,W
claim^1:		3	Anspruch, Forderung	G,W
claim^2:		3	Werbeaussage, Werbespruch	R,W
clan:		3	Sippe, Dynastie, Stammesverband	A
clanning:		3	Gruppenbildung	G
clash of civilization(s):		3	Kollision der Zivilisationen, Zusammenprall der Zivilisationen, *fälschlich auch:* **crash of civilization(s)**	G
clash of culture(s):		3	Kollision der Kulturen, Zusammenprall der Kulturen, *fälschlich auch:* **crash of culture(s)**	G
classic:		3	klassisch, Klassiker	A
classics:		3	Sportklassiker	S
clean^1:		3	sauber *(auch symbolisch)*, untadelig, anständig	A
cleaner:		3	Reinigungsmittel	A
clean the frame:		3	Bild frei	G
clean^2:		3	drogenfrei, entgiftet, entwöhnt	A
clear^1:		3	klar, rein	A
clearness:		3	Klarheit	A

clearance certificate:	3	Zollabfertigungsschein	W
clear certificate:	3	Unbedenklichkeitsbescheinigung	A,G
clear space:	3	Toleranzbereich, Toleranzfeld	T
clear²:	3	löschen, leeren, säubern	A
clear away:	3	aufräumen, wegräumen	A
clear out:	3	abmelden, Hotel verlassen, *wie* **auschecken**	A
clearing¹:	3	Klärung, Klärungsverfahren	G,W
clearing²:	3	Verrechnungsverkehr	W
clearing agreement:	3	Verrechnungsabkommen	W
clearing papers:	3	Zollpapiere	W
Clearing-Stelle:	2	Abrechnungsstelle, Informationsbüro, Schiedsstelle, Verrechnungsstelle	W
clearing³:	3	Abrechnung, Datenprüfung, Saldierung, Verrechnung(sstelle)	I
clever:	3	begabt, gerissen, gescheit, gewitzt, klug, pfiffig, schlau	A
cleverness:	3	Gewandtheit, Gewitztheit, Klugheit, Schläue	A
click:	3	Klick	I
clicken:	3	anklicken, klicken	I
client¹:	3	Klient, Kunde	A,I
client management:	3	Kundenbetreuung	W
client²:	2	Klient, anfragendes System, Diensteempfänger	I
client-server system:	2	Klientensystem	I
cliff:	3	Klippe, Schlucht	A
cliffhanger:	3	Spannungshänger, Spannungstrecker	G
cliffhanging:	2	Schluchtenquerung per Seil (*Abenteuersportart*)	S
climb, climbing:	3	klettern	S
climber:	3	Kletterer	S
climber power:	2	Konditionsklettern, Kletterkondition	S
clinch¹:	2	festhalten, sich verklammern *(beim Boxen)*	A,S
clinch²:	3	Streit, Streiterei	A
clip¹:	2	Werbefilm, (Kurz-)Film, Filmausschnitt	G

		1 ergänzend 2 differenzierend 3 verdrängend	
clip-art:	2	Fertig-Grafik *(zur Verwendung in eigenen Drucksachen)*	I
clip²:	3	Klip, Halter, Klammer, Klemme, Spange	A
clipboard¹:	3	Klemmbrett	A
clipboard²:	2	Zwischenablage	I
clipper¹:	3	Friseur, Haarschneider	A
clipper²:	3	*amerikanisches* Langstreckenflugzeug *(aber: Klipper = Segelschiffstyp)*	T
clog:	3	Holzpantoffel	G
cloaking:	2	*Manipulation bzw. Überlistung von Suchmaschinen*	I
clone:	3	Klon, kopiertes Lebewesen, Genkopie, klonen *(genetisch identische Lebewesen kopieren)*	A,G,T
close:	3	schließen	I
closed:	3	geschlossen	W
close down:	3	Projektabschluss, -abbruch	A
close of business, COB:	3	Geschäftsschluss, Ende eines Geschäftstages, Ultimo	W
close to balance:	2	nahezu ausgeglichener Haushalt	G,W
close to home:	3	haushaltsnah	G,W
close-up:	3	Großaufnahme, Nahaufnahme; Nahlinse	T
cloud¹:	3	Wolke	A
cloud²:	2	Datenwolke	I
cloud-computing:	3	verteiltes Rechnen	I
Clown:	1	Spaßmacher	A,G
club: *(englische Lautung)*	3	Klub *(d.A.)*, Club *(CH)*, Verein	A,G
clubbing:	3	(das) Ausgehen	A
club wear:	3	Vereinskleidung	A
clueless:	3	ahnungslos, keine Ahnung	A
cluster¹:	3	Bündel, Gruppe, Haufen, Klumpen, Traube	T,W
clustern:	3	anhäufen, ballen *(Wirtschaft), bündeln*	A,T
cluster computer:	3	Rechnerverbund	I
cluster²:	2	Akkordtraube, Klangballung, Tontraube	G
c/o:	2	*(Abk. für)* **care of** *(siehe dort)*	A,W
coach:	3	Trainer, Ausbilder, Betreuer	W,S

coachen:	3	*(jemanden)* trainieren, ausbilden, betreuen, schulen	W,S
coachee:	3	Betreuter, Schüler	G
coaching:	3	Leithilfe, Betreuung	A,S,W
coaching area:	3	Betreuerecke	S
coaching zone:	3	Betreuungsbereich, Ersatzbankbereich (am Spielfeldrand) (beim Sport)	S
coast:	3	Küste	
coaster¹:	3	Küstenfahrer, Küstenschiff	G,T
coaster²:	3	*(Kurzwort für)* Achterbahn, *siehe* **roller coaster**	G,T
coating:	3	Lack, Lackierung	T
cock:	3	Hahn	A
Cockpit:	1	Pilotenkanzel, Steuerkabine	T
Cocktail:	1	Mixgetränk, Aperitif	A
Cocktailkleid:	1	einfaches Abendkleid	A
Cocktailparty:	1	Stehempfang, Kennenlernparty	A
cocooning¹:	3	Abkapselung, Einmottung *(militärisch: von technischem Gerät)*	G,T
cocooning²:	3	Rückzug in die eigenen vier Wände, häusliches Wohlgefühl, *vgl.* **homing**	G,W
code¹:	3	Deckname, Geheimzahl, Kennwort, Kennzahl, Kode	I,W
coding:	3	Kodierung, Verschlüsselung	T
code²:	3	Kodex, Gesetzbuch, Regel	G
code of conduct:	3	Verhaltenskodex, Verhaltensregeln	G
coffee:	3	Kaffee	A
coffee shop¹:	3	Café, Kaffeehaus	A
coffee shop²:	3	Hanfcafé	P
coffee to go:	3	Mitnehmkaffee, Kaffee zum Mitnehmen	A
coin:	3	Münze, Spielmarke	A,G,W
cold:	3	kalt	A
cold calling:	3	*(unerwünschte)* Werbepost *(vor allem über Mobilfunktext SMS)*, *s. a.* **e-mail spam**	R
cold mailing:	3	*(unerwünschte)* Werbepost	R
collectibles:	3	Sammlerstücke, Souvenirs	W
collection:	3	Kollektion, Sammlung	G
college:	2	höhere Schule in Großbritannien; Eingangsstufe der Universität in den USA	A

		1 ergänzend **2** differenzierend	**3 verdrängend**
colour (BE), color: (AE)	3	Farbe	A
colouring:	3	färben, bunt machen	A
color book:	3	Malbuch	A
colourless:	3	farblos	A
Colt:		(EN) Revolver *(des gleichnamigen amerikanischen Waffenherstellers)*	G,T
come:	3	komm!, kommen	A
come-as-you-are party:	2	zwanglose Fete, Stegreiffete	G
comeback:	2	Neuanfang, Wiederantritt, Wiederauftreten, Wiedereinstieg, Wiederkehr	A
come in:	3	herein	A
come-together:	3	Zusammenkunft	G,W
coming-out:	2	Bekenntnis, Offenbarung, Selbstenttarnung *(meist zur eigenen Homosexualität)*	G
comedian:	2	Humorist, Komiker	G
comedy:	2	Kabarett, *Komödelei*	G
comic:	2	Bildergeschichte	G
comic-strip:	2	Bildergeschichte	G
command:	3	Befehl	A,W
command processor:	3	Befehlsprozessor	I
comment:	3	Kommentar, Auslegung, Erklärung, Erläuterung	A
commerce:	3	Handel	W
commercial:	3	Werbung, Werbefilm	R,W
commercial paper:	3	kurzfristige Schuldverschreibung	W
commission:	3	Auftrag, Übertragung	W
commission rates:	3	Provisionssätze	W
commit:	3	sich verpflichten, (Fehler, Verbrechen) begehen	A,W
commitment:	3	Verpflichtung, Begehung *(Verbrechen)*, s. a. **self-commitment**	A,W
committed[1]:	3	verpflichtet, eingeschworen	A,W
committed[2]:	3	begeistert, einer Sache ergeben	A
committee:	3	Ausschuss, Komitee	G,T,W
commodities:	3	Ware, Gebrauchs- und Verbrauchsgüter	W
common:	3	allgemein, üblich	A

common-methode variance:	③ Einheitsmethodenvarianz	T
common sense:	③ gesunder Menschenverstand	A
communication:	③ Kommunikation, Verständigung, Verbindung	A
communication highway:	② Datenautobahn, *siehe* **information highway**	I
communication manager:	③ Pressesprecher, Kommunikationsbeauftragter, Leiter (interne) Öffentlichkeitsarbeit	W
communicator:	③ *Verständigungshilfe jeglicher Art, wie:* Kleinfunkgerät, Sprachnachrichtenübermittler, Übersetzer, Übersetzungsprogramm usw.	A
community:	③ Gemeinschaft, Gemeinde	A,G
community policing:	③ bürgernahe Sicherheit	G
commutability:	③ Austauschbarkeit	T
compact:	③ kompakt, gedrungen, zusammengepresst	A,T
company:	③ Firma, Gesellschaft	W
company doctor:	③ Betriebsarzt, Werksarzt	G,W
comparable:	③ vergleichbar	A
comparison:	③ Vergleich, Gegenüberstellung	A
compatibility:	③ Vereinbarkeit, Verträglichkeit	A,T
compensate:	③ ausgleichen	A
compensation manager:	③ Leiter (der) Lohnbuchhaltung	G,W
competence:	③ Kompetenz, Fähigkeit, (Fach-)Zuständigkeit	A
competencies:	③ Fertigkeiten, Kompetenzen, Führungskräfte, Kompetenzträger	A
competence center:	③ Fachzentrum, Kompetenzzentrum	W
competence-team:	③ Projektgruppe *(fachlich)*	G,T
competition:	③ Wettbewerb, Rivalität, Wettstreit	A,W
compilation:	③ Zusammenstellung, Sammelwerk	G
compiler:	③ Kompilierer, Übersetzer *(von Programmiersprache in Maschinenkode)*, Übersetzungsprogramm	I
complete:	③ vollständig	A
completeness:	③ Vollständigkeit	A

	1 ergänzend	**2** differenzierend	**3** verdrängend
compliance:	3	Regeltreue	T
complicated:	3	kompliziert, schwierig, verwickelt	A
compose:	3	komponieren, verfassen, zusammensetzen	A,G
composer:	3	Komponist, Verfasser	G
composite picture:	3	Kollage, zusammengesetztes Bild	G
Compound-maschine:	3	Verbundmaschine	T
compress:	3	packen, komprimieren, *s. a.* **uncompress**	I
comprise:	3	umfassen	A
computational science:	2	rechnergestützte Naturwissenschaft	I,T
computer:	2	Rechner	I
computerisieren:	2	Rechentechnik einführen, für Rechner aufbereiten, verdaten	I
computer-aided design, CAD:	2	rechnergestützter Entwurf, rechnergestütztes Konstruieren	I,T
computer-aided engineering, CAE:	2	rechnergestützte Ingenieurarbeit	T
computer-aided manufacturing, CAM:	2	rechnergesteuerte Fertigung, *vgl.* **CIM**	I,T
computer-aided selling:	3	rechnergestützter Verkauf	W
computer-aided software engineering, CASE:	3	rechnergestützte Programmentwicklung	I
computer-based training, CBT:	3	rechnergestütztes Lernen, *s. a.* **e-learning**	I
computer cluster:	3	Rechnerverbund	I
computer game:	3	(Rechner-)Spiel	A,G
computer-integrated manufacturing, CIM:	2	rechnergesteuerte Fertigung, *vgl.* **CAM**	I,T
computer junkie:	2	Rechnersüchtiger, *s. a.* **nerd**[1]	I,P

computer-supported cooperative learning:	2 rechnergestütztes Gruppenlernen	G
computer-supported cooperative work, CSCW:	3 rechnergestützte Gruppenarbeit, RGA	I
computer vision:	2 Rechnersehen	I
concealer:	3 Abdeckcreme	G,W
concept:	3 Konzept, Begriff, Idee	A,T,W
concert:	3 Konzert, Aufführung, Vorführung	G
concurrent:	3 gleichzeitig, simultan	A
condition:	3 Bedingung, Kondition, Zustand	A
conditioner¹:	3 Festiger, Stabilisator	A,T
conditioner²:	3 Haarspülung	A,T
confederations cup:	3 Bundespokal *(FIFA)*	S
conference:	3 Konferenz, Tagung	W
conference call:	3 Telefonkonferenz, Konferenzschaltung	G,W
congratulation:	3 Glückwunsch	A
congress:	3 Kongress, Tagung	G
congress center (AE), congress centre: (BE)	3 Kongresszentrum, Tagungszentrum	G
connection:	3 Beziehung, Verbindung	A,G
consent:	3 einwilligen, zustimmen	A
consolation:	3 Hoffnungslauf, Trostrunde	S
constraint:	3 Zwang, Bedingung, Randbedingung	A
consult:	3 beraten	A,W
consultant, consulter:	3 (Unternehmens-)Berater	W
consultative:	3 beratend	A,W
consulting:	2 (Unternehmens-)Beratung	A,W
Consultingunternehmen:	2 Beraterfirma, Beratungsunternehmen	W
consumables:	3 Endprodukt, Ware für Endverbraucher	W
consumer:	3 Verbraucher, Kunde	W

	1 ergänzend	**2** differenzierend	**3** verdrängend
Consumermarkt:	3	Verbrauchermarkt	W
consumption:	3	Verbrauch	W
contact:	3	Anschluss, Kontakt	A
contain:	3	enthalten, fassen	A
Container:	1	Großbehälter	T,W
container terminal:	2	Frachtumschlagplatz, *vgl.* **terminal**¹	T,W
containment:	3	Eingrenzung, Eindämmung, Beherrschung	A,G
contemporary:	3	heutig, zeitgenössisch	A,G
content:	3	Inhalt	A,W
content management:	2	Inhalteverwaltung, Ausgestaltung von Arbeitsinhalten, inhaltliche Ausgestaltung	I,W
content management system, CMS:	2	Redaktionssystem	I
content manager:	2	Arbeitsgestalter, Gestalter von Arbeitsinhalten, Mediengestalter	W
contest:	3	Wettbewerb, Wettkampf	A,S
contiguous:	3	aneinandergrenzend, aufeinanderfolgend	A
contract:	3	Vertrag	A,W
contracting:	2	Vertragsabwicklung, -gestaltung	W
contracting-out:	3	vertragliche Vereinbarung	W
contradiction:	3	Widerspruch	A
control¹:	3	steuern, Steuerung, regeln	A,T
controller¹:	2	Steuerbaustein, Steuereinheit	I
control center:	3	Leitstand, Betriebsleitzentrale *(z. B.* Flugleitzentrale, Zugleitzentrale*)*	T
control²:	3	Kontrolle, Prüfung; kontrollieren, prüfen	T
controller²:	3	Buchhalter, Kostenplaner, Kostenrechner, Kostensachbearbeiter, Rechnungsprüfer, Überprüfer	W
controlling¹:	3	prüfen, kontrollieren, überwachen	W
controlling²:	2	Steuerungs- und Koordinierungskonzept für Unternehmensführungen	W
convection:	3	Konvektion, Leitung, Strömung	T
convenience:	3	Annehmlichkeit, Bequemlichkeit	A
convenience food:	3	Fertigkost, *vgl.* **assembling cooking**	A
convenience good:	3	Bedarfsartikel	W

Convenience-markt:	3	Nachbarschaftsladen, Tankstellenladen	A,W
Convenience-produkt:	3	Fertigprodukt (z. B. Tiefkühlkost, Fertiggerichte)	A
convention¹:	3	Kongress, Konvent, Tagung	G
convention²:	3	Konvention, Abkommen	G
conversion:	3	Umwandlung, Umrechnung, s. a.	T
conversion table:	3	Umrechnungstabelle	T
conveyer, conveyer belt:	3	Förderband	T
convoy:	3	Konvoi, Geleitzug	A,G
cookie¹:	3	Keks, Plätzchen	A
cookie²:	2	Profildatei	A,I
cool¹:	3	kühl	A
cool²:	3	alles und nichts sagendes Modewort, z. B.: beherrscht, besonnen, entspannt, gelassen, gleichmütig, lässig, nervenstark, nüchtern, ruhig, überlegen	A
cool down¹:	3	abkühlen, Temperatur senken	A
cool down²:	3	reg dich ab, sich beruhigen, locker bleiben	A
coolness:	3	Besonnenheit, Kühle, Lässigkeit, Nüchternheit	A
cooperation:	3	Zusammenarbeit, Mitarbeit	A,G,W
cop:	3	Bulle, Polizist	G
copy:	3	Kopie, Doppel, Durchschlag, Zweitschrift	A,T
copyleft:	2	Einschränkung des Urheberrechts	G
copyright:	2	Urheberrecht, Verlagsrecht	W
copy shop:	3	Kopierladen, Vervielfältigungsladen	A
copy and paste:	3	kopieren und einsetzen/einfügen	A,I
cordless:	3	schnurlos, s. a. **wireless**	A,T
core:	3	Kern, Inneres, Prozessor	A,I
core business:	3	Kerngeschäft	W
core competence:	3	Kernfähigkeit, Kernkompetenz	A,W
corn:	3	Mais (nicht: Korn = Roggen)	A
corn flakes:	2	Hafer-, Mais-, Frühstücksflocken	A
Corned Beef:		(EN) Büchsen(rind)fleisch	A
corner:	3	Ecke, Eckstoß (Fußball), Ringecke (Boxen)	A,S
corporate:	3	Firmen-, als Vorsilbe auch in	A,W
corporate branding:	2	Einheitslogo, einheitliches Markenauftreten einer Firma; „Sprachregelung"	W

	1 ergänzend	2 differenzierend	3 verdrängend
corporate citizenship:	2	gemeinwohlorientiertes Handeln *einer* Firma, s. a. **public-private partnership**	G,W
corporate communication:	3	Kommunikationskultur, Unternehmenskommunikation	W
corporate design:	3	Unternehmensoptik, Außendarstellung	W
corporate fashion:	3	*einheitliche* Firmenkleidung	W
corporate governance:	3	Unternehmensführung	W
Corporate-Governance-Kodex:	3	Kodex für Unternehmensführung	W
corporate guidelines:	3	Unternehmensrichtlinien	W
corporate identity:	2	Erscheinungsbild, Unternehmensidentität	W
corporate language:	3	Unternehmenssprache, Firmensprache	W
corporate redesign:	3	Reorganisation, Umstrukturierung, Unternehmensumgestaltung, -restrukturierung	W
corporate social responsibility, CSR:	3	verantwortliches unternehmerisches Handeln	W
corporate university:	3	Firmenschule, Haushochschule, Weiterbildungszentrum	T,W
corporate volunteering:	3	betriebliche Freiwilligenprogramme	G
corporation:	3	Unternehmen, Kapitalgesellschaft, Körperschaft	W
correct:	3	korrekt, anerkennend	A,P
correctness:	3	Anstand, Korrektheit, *s. a.* **political correctness**	A,G
cost:	3	Kosten, Aufwand	A,W
cost-average-effect:	2	Durchschnittskosteneffekt	W
cost-benefit analysis:	3	Kosten-Nutzen-Analyse	W
cost cutting:	3	Kostensenkung	W
cost-effective:	3	kostenwirksam, preiswert	W
cost-income-ratio, CIR:	3	Aufwand-Ertrags-Verhältnis	W

Der Anglizismen-INDEX 69

cosy:	3	behaglich, gemütlich, heimelig	A
cottage:	3	Landhaus	G
cotton:	3	Baumwolle	A
cotton eye joe:	3	Blödian, Dummkopf	A
Couch:	1	Liege, Liegesofa, Schlafsofa	A
couch commander:	3	Herr der Glotze *(Besitzer der Fernbedienung)*	A
couch potato:	3	Fernsehhocker, Stubenhocker	G
CouchSurfing:		(EN) Gastfreundschaftsnetzwerk	G
council:	3	Rat, Ratsversammlung	G
count, counting:	3	zählen, Zählung, Anzahl	A
count down¹:	3	(Geld) hinzählen, herunterzählen	W
Countdown²:	1	Nullzählung, Startzählung	T
Countdown-Ampel:	3	Zählampel, Restzeitampel	A
counter¹:	3	Schalter *(z. B. Fahrkartenschalter)*, Theke	A
counter display:	3	Werbeständer für Theken	R
counter²:	3	gegen, *als Vorsilbe in*	A
countercheck:	3	Gegenprüfung	A
counterpart:	3	Gegenspieler, Gegenstück	A
countertenor:	3	Hochtenor, Männersopran	A,G
counter³:	3	Zähler, Zählwerk	T
country:	3	Land	A,G
country club:	2	exklusiver Klub mit Klubhaus (auf dem Land), meist mit Golf- und Tennisanlagen	A
court¹:	3	Gericht, Gerichtshof	A,G
court-TV:	3	Gerichtsfernsehen, Gerichtsfernsehschau	A
court²:	3	(Tennis-)Platz, *s. a.* center court	A,G,S
cover¹:	3	Hülle, Umschlag, Abdeckung, Schutzdecke	A
cover²:	3	Deckblatt, Einband	A,G
cover address:	3	Deckadresse	A
cover boy:	2	Teiljunge	A
covered warrant:	3	gedeckter Optionsschein *(Börse)*	W
cover girl:	2	Titelmädchen, Titelschönheit	A
cover story:	3	Aufhänger, Hauptartikel, Titelgeschichte	A
cover-up:	3	Vertuschung	A
cover version:	3	Nachahmung, Neueinspielung *(von Musiktiteln)*	A
cover³:	3	abkupfern, berichten *(Journalismus)*	A

		1 ergänzend 2 differenzierend 3 verdrängend	
covern:	3	abdecken, nachspielen, *s. a.* **cover version**	P
CPU:	3	*(Abk. für)* **central processing unit** *(siehe dort)*	I
crack¹:	3	Alleskönner, Fachmann, Spezialist, Spitzensportler	A,S
crack²:	3	Kopierschutzentfernung	I,W
cracker¹:	2	Knabbergebäck, Knuspergebäck	A
cracker²:	3	Hacker, Kennwortknacker, (Kopier-)Schutzbrecher	I
crash:	2	Absturz, Aufprall, Börsenkrach, Krach, Pleite, Sturz, Unfall, Zusammenbruch, Zusammenstoß	G,I,W
crashen:	3	zusammenstoßen, zusammenbrechen, zusammenkrachen	G
crash-diät:	3	Radikaldiät	W
crash kids:	2	Autoschrotter *(Jugendliche, die Autos stehlen und bewusst zu Schrott fahren)*	A,G
Crashkurs, crash course:	2	Intensivkurs, Schnellkurs	A,G
crash test:	2	Aufpralltest	T
crawler:	3	Stichwortsuchprogramm *(im Internet)*	I
crazy:	3	verrückt, irre, närrisch, wahnsinnig	A
cream:	3	Creme	A,R
creative:	3	kreativ, schöpferisch	A,G
creating producing:	3	schaffendes Produzieren	A,G
creative director:	3	(Werbe-)Agenturleiter	R
credibility:	3	Glaubwürdigkeit, Vertrauenswürdigkeit	A
credit junkie:	3	Kaufsüchtiger	W
credits¹:	3	Danksagung, Vorspann/Nachspann *(bei Filmen)*	G
credits², credit points:	3	Leistungspunkte	G
Crew:	1	Besatzung, Belegschaft, Mannschaft	S,W
crewman:	3	siehe **crew member**	S,T
crew member:	3	Mannschafts-, Besatzungsmitglied	S,T
crime:	3	Verbrechen	G
crime mapping:	3	(digitale) Stadtpläne des Verbrechens	G
crimeware:	3	Schadprogramm(e)	I

Crimp-verbindung:	3 Klemmverbindung *(von Kabeln)*	T
crisp, crispy:	3 knusprig, frisch	A,R
cross:	3 Kreuz, Kreuzung, quer, *s. a.* **x²**	A
cross-bike/Crossrad:	3 Querfeldeinrad	S
cross border leasing:	2 Miet/Rückmiet-Vertrag, Auslands-Mietkauf *(mit Steuerersparnis)*	W
crosscheck:	2 *(regelwidriger)* Rempler *(im Eishockey)*, *s. a.* **body check**	S
cross-checken:	3 (gegen-)prüfen	A
cross-country:	3 Querfeldein(-lauf, -rennen)	S
cross-dressing:	3 Mischkleidung *(Jeans zum Ball; Original-englisch: Transvestitenkleidung)*	G
crossgender casting:	2 Geschlechterrollentausch	G
Crosslauf:	2 Querfeldeinlauf, Geländelauf	S
crossmedia publishing:	2 aufeinander abgestimmte Unternehmenskommunikation, medienübergreifendes Publizieren	W
crossover¹:	3 Kreuzung, Übergang, Wechsel	W
crossover SUV:	3 Luxus-Allrader, *s. a.* **sport-utility vehicle**	S
crossover²:	2 Stilmischung *(in Musik, Mode, etc.)*	G
cross promotion:	3 gegenseitige Reklame, Überkreuzwerbung	P
cross-posting:	3 Mehrfachmitteilung	I
cross rate:	3 Kreuzkurs *(zweier ausländischer Währungen, Börse)*	W
cross reference (list):	3 Querverweis(-liste)	I
crossroads:	3 Straßenkreuzung	W
crossrunning:	3 Querfeldeinlauf, Geländelauf, *s. a.* **trailrunning**	A
cross-selling:	3 Querverkauf	W
crowd:	2 Schwarm *(im Netz)*	G
crowdfunding:	3 Schwarmfinanzierung, Gemeinschaftsfinanzierung	W
crowding-out:	3 Verdrängungseffekt	W
crowd intelligence:	2 Schwarmintelligenz	T
crowd-sourcing:	3 Schwarmauslagerung	W,P

		1 ergänzend 2 differenzierend **3 verdrängend**	
crown:	3	Krone, Kranz	A
cruise¹, cruising:	3	kreuzen; herumfahren	A
cruise missile:	3	Marschflugkörper	T
cruiser bike:	3	Tourenrad	S,T
cruise²:	3	Kreuzfahrt	W
cruiseliner:	3	Kreuzfahrtschiff	T,W
crunch:	3	komprimieren, packen, verdichten	I
crushed-ice:	3	Stoßeis, zerstoßenes Eis	A
crusty:	3	Penner *(verlotterter Mensch)*	G
cult label, Kultlabel:	3	modischer Markenname	W
culture:	3	Kultur	G
cup¹:	3	Tasse	A
cupholder¹:	3	Becherhalter *(im Auto)*	A
cup²:	3	Büstenhalterkörbchen, (BH-)Körbchengröße	A
cup³:	2	Pokal, Siegerpreis	S
cupholder²:	3	Pokalverteidiger, amtierender Meister	S
cupwinner:	3	Pokalsieger	S
curling:	2	Eisstockschießen	S
currency:	3	Währung	W
currency carry trade, CCT:	3	Spekulation auf Zinsdifferenz-Gewinne	W
currency peg:	3	*(Bindung an eine)* Leitwährung	W
current¹:	3	Strömung, Strom, Tendenz	T,W
current²:	3	derzeitig, aktuell	A
currently:	3	gegenwärtig, momentan	A
cursor:	2	Schreibmarke	I,T
custom:	3	Gewohnheit, *nicht zu verwechseln mit* **customs**	A
Custom-Funktion:	2	spezielle Nutzerfunktion *(z. B. bei Kameras)*	T
customer:	3	Kunde	W
customer benefit:	3	Kundennutzen, -vorteil	W
customer care:	3	Kundenbetreuung	W
customer care center:	3	Kundendienstzentrale	W
customer relations:	3	Kundenbetreuung	W

customer relationship management, CRM:	3 systematische Kundenbetreuung	T,W
customer satisfaction:	3 Kundenzufriedenheit	W
customer service:	3 Kundendienst	W
customer support:	3 Kundendienst, Kundenbetreuung	W
customizing:	2 anpassen gemäß Kundenwunsch	W
customs:	3 Zoll, *s. a.* **duty**^{2}	W
cut^1:	3 schneiden	G,A,T
cutter:	3 Schneidmesser, Teppichmesser	A
cut-and-paste:	3 ausschneiden und einfügen, schneiden und kleben	I
cut-over:	3 Änderungszeitpunkt, Umstellungszeitpunkt	I,W
cutwork:	3 Durchbrucharbeit, Lochstickerei	G,T
cut^2:	3 Schnitt *(beim Film)*	G,T
cutter:	2 Schnittmeister, Filmbeschneider, *im Originalenglisch: „editor"*	T
cut^3:	3 (Schnitt-, Platz-) Wunde (bei Kampfsportarten, z. B. Boxen)	S
cut^4 (kurz für cutaway):	3 Herrengehrock	G,W
cut-offs:	3 Schenkelhose	G
cute:	3 niedlich, süß	A
cyber:	(griechische) Vorsilbe, *bedeutet urspr.* steuer(n), lenk(en), *in*	
cyberbullying^1:	2 (öffentlich gemachter) Psychoterror	G,I
cyberbullying^2:	3 Internetschikane, Psychoterror *per Internet*	G
cybercafé:	3 Internetcafé	G,I
cybercash:	2 Netzüberweisung, Zahlung im Internet	G,I,W
cybercrime:	3 Internet-, Netzkriminalität	G
cybergoth:	3 Cybergrufti	G
cybergrooming:	2 Internet-Anmache *(Jugendlicher)*	G
cybersex:	3 Computersex, virtueller Sex	G
cyberspace:	2 Simraum, virtuelle Netzwelt	A,G,T
cyborg:	2 Maschinenmensch, Menschmaschine	G
cycle:	3 (Produkt-)Zyklus	T

1 ergänzend **2** differenzierend **3** verdrängend

D

DAB:	2	*(Abk. für)* **digital audio broadcasting** *(siehe dort)*	T
dad, daddy:	3	Vati, Papi, Papa	A
daily:	3	(all-)täglich	A
daily business:	3	Tagesgeschäft, alltägliche Arbeiten	G,W
daily-report:	3	Tagesabrechnung, Tagesbericht	W
daily soap:	3	*(tägliche)* Seifenoper, *s. a.* **soap opera**, **weekly soap**	A
damage:	3	Schaden	T,W
damage report:	3	Schadensbericht	T,W
damned:	3	verdammt *(Fluch)*	A
dance:	3	tanzen, Tanz	A,G
dancer:	3	Tänzer	A
dancing:	3	tanzen, Tanzveranstaltung, Tanzabend	A,G
dance floor:	3	Tanzboden, -fläche	A,G
Dandy:	1	Geck	G
danger:	3	Gefahr	A
dangerous:	3	gefährlich	A
danger area:	3	Gefahrenzone	A
danger point:	3	Gefahrenpunkt	A
danger zone:	3	Gefahrenzone, Warngebiet	A,G
dark:	3	dunkel	A
dark-ride:	3	Themenfahrt *(Kirmes, Freizeitpark)*	A
darkroom¹:	3	Dunkelkammer (Fotolabor)	A,T
darkroom²:	2	Dunkelraum *(für anonyme homosexuelle Begegnungen)*	A,P
darling:	3	Liebling, Schatz, Schätzchen *(Koseformen)*	A
dart:	2	Pfeil, Wurfpfeil	A
darts:	2	Pfeilwerfen	G
dash¹:	3	Schuss, Spritzer *(bei Mischgetränken)*	A
dash²:	3	Bindestrich, Gedankenstrich	I
dashboard:	3	Anzeigefenster	I,T
data:	3	Material, Daten, Messwerte, (Versuchs-)Ergebnisse	I,T
database, data base:	3	Datenbank, Datenbasis	I
data block:	3	Datenblock, Datenverbund	T

data corruption:	3	*(partieller)* Datenverlust	I
data highway:	3	Datenautobahn	I
data medium:	3	Datenträger	I
data mining:	2	Datenschürfen, *vergl.* **text mining**	I,T
data transfer switch:	3	Datenübertragungsschalter	I,T
data warehouse	3	(zentrale) Datensammlung	I
date¹:	3	Datum	A
date²:	3	Termin, Zeitpunkt	A
date³:	3	Rendezvous, Treffen, Verabredung	A
daten:	3	verabreden	A
Dating:	3	Verabredung	A
Datingvermittlung:	3	Partnervermittlung *(im Internet)*	G,I
Datenhighway:	3	Datenautobahn	I
day:	3	Tag	A
daybag:	3	Tragetasche, (Plastik-)Rucksack	A
daycare:	3	Tagespflege	G
daycream:	3	Tagescreme	G
daydream:	3	Tagtraum, Schwärmerei, Wunschvorstellung	A
day money, daily cash:	3	Tagesgeld	W
day off:	3	Ruhetag	A
day spa:	3	Tageskur	W
day-to-day money:	3	Tagesgeld	W
day trader:	3	Börsenzocker, Netzspekulant	W
day trading:	3	Tagesgeschäft, Tageshandel	W
DCC:	2	*(Abk. für)* **dual-career couple** *(siehe dort)*	G
dead:	3	tot, abgestellt, ausgepumpt, energie-, bewegungslos, leblos	A
deadkey:	3	Tottaste	I,T
deadline:	3	Frist, Termin	W
deadlock:	3	Totpunkt, Blockade	I
deal¹:	3	Abkommen, Abmachung, Geschäft, Handel, Vereinbarung, Vertrag	W
dealen:	2	handeln, verteilen, verkaufen	W
dealer:	2	(Börsen-)Händler, Lieferant, Verteiler	W
deal breaker:	3	Vertragsbrecher	W

		1 ergänzend 2 differenzierend 3 verdrängend	
deal²:	3	(unsauberer Geschäfts-)Abschluss, krumme Tour	W
dealen:	3	(illegal mit Drogen) handeln	W
dealer:	2	Drogenhändler, Rauschgifthändler	G,W
dear:	3	lieb, Liebste(r), teuer, reizend	A
debatter:	3	Debattierer	A
debentures, d. stocks, d. bonds:	3	Obligationen, Schuldverschreibungen	W
debriefing¹:	2	(traumatische) Erlebnisse verarbeiten	A,T
debriefing²:	3	Nachbesprechung, Besprechung nach dem Einsatz	W
debt management:	3	Schuldenüberwachung	W
debug:	2	Fehlerbehebung	A,I
debuggen, debugging:	2	Fehler beseitigen	A,I
debugger¹:	3	Kammerjäger, Minensucher, *vgl.* **bug**³	A
debugger²:	2	Testhilfe, Fehlersuchprogramm	I
decision:	3	Entscheidung, Entschlossenheit, Entschluss	A
decision-maker:	3	Entscheidungsträger, Verantwortlicher	A,W
decision-making:	3	Entscheidungsfindung	A,W
declaration:	3	(öffentliche) Erklärung	G,W
decoder:	3	Dekodierer, Entschlüsseler, Entzifferer, Umwandler, *Gegenteil von* **encoder**	T
default, Defaultwerte:	3	Voreinstellung, Vorgabe, Werkseinstellung	I,T,W
defender:	3	Verteidiger *(auch symbolisch)*	A,S
deficit spending:	3	Defizitfinanzierung, ungedeckte öffentliche Ausgaben	W
defrost:	3	auftauen, abtauen	T
defroster:	3	Enteiser	T
defusing:	2	Kurzbesprechung nach Einsatz *(ursprünglich: Sprengsatz entschärfen)*	A
degree:	3	Grad, Rang	G,T,W
deicing:	3	Enteisung	T
delay:	3	Verspätung, Verzögerung	A,W
delayed:	3	verspätet	A,W
delete:	3	löschen, streichen, tilgen	A
delicious:	3	köstlich	A

delight:	3	Entzücken, Freude, Genuss, Vergnügen, Wonne	A
delivery:	3	Auslieferung, Lieferung	W
demand:	3	Nachfrage	W
demarketing:	3	leise Vermarktung, weniger Werbung	W
demolish:	3	abbrechen, zerstören	A
denial of service, DoS:	2	Zugangsverweigerung	I
dental floss:	3	Zahnseide	T
Deostick:	3	Deo-, Desodorantstift	A
department:	3	Abteilung	G,T,W
department director:	3	Abteilungsleiter	G,T,W
department manager:	3	Abteilungsleiter	G,T,W
department store:	3	Warenhaus	W
departure¹:	3	Abreise, Abfahrt, Abflug	A
departure²:	3	Abflug(-halle), *(in Flughäfen)*	T
deployment:	2	(Software-)verteilung	I
deposit:	3	*(mittelfristige)* Geldanlage, Hinterlegung, Pfand	W
derby¹: *(englische Lautung)*	3	Derby *(d.A.)*, lokales Aufeinandertreffen, Lokalrivalität	S
derby²: *(englische Lautung)*	3	Derby *(d.A.)*, Pferderennen, Wettkampf	S
derrick:	3	Ausleger, Kranbaum, Ladebaum	T
desaster:	3	Desaster *(d.A., franz.)*, Katastrophe, Missgeschick, Unglück	A
desaster recovery plan:	3	Notfallplan, Notfallkonzept	T,W
design:	3	Entwurf, Konstruktion, Form, Formgebung, Gestalt, Gestaltung	G,T
designen:	3	entwerfen, gestalten, konstruieren	G,T
designer:	3	Entwerfer, Gestalter, Konstrukteur, (Mode-)Macher, Planer	G,T,W
Designerdroge:	3	Chemiedroge, künstliches Rauschgift	G,P
designer food:	3	*siehe* **Genfood**	A,G

		1 ergänzend 2 differenzierend 3 verdrängend	
design engineer:	3	Konstrukteur	G,W
design gap:	3	Entwicklungsrückstand	G,T
desk:	3	Schreibtisch, Pult	A
desk research:	3	Schreibtischforschung	A,T
desktop[1]:	3	Arbeitsoberfläche, Tischfläche	A,I,T
desktop[2]:	3	Tischrechner, Tischgerät	I
desktop computer:	3	Tischrechner	I
desktop publishing:	2	Bildschirmsatz, Bildsatz *(Drucktechnik)*	I
desktop replacement:	3	Tischrechnerersetzung durch Mobilrechner	I
desktop sharing:	3	gemeinsame Nutzung von Bildschirminhalten	I
destination:	3	Zielgebiet, Zielflughafen, Zielort	G,T,W
develop:	3	entwickeln, erarbeiten	A,T
developer:	3	Entwickler *(Fotografie)*, (Programm-) Entwickler (EDV)	A,T,I
developer kit, Entwicklungskit:	2	Entwickler-, Entwicklungsunterstützung	I
development:	3	Entwicklung, Wachstum	A,T
device:	3	Gerät, Vorrichtung	A,T
device-independent:	3	geräteunabhängig	I
devil:	3	Teufel, Satan	A
devilment:	3	Gehässigkeit, Scheußlichkeit, Teufelei	A
dial:	3	anwählen	A,T
dialer, Dialerprogramm:	2	Einwähler, Einwählprogramm, Rückwähler	I
dial-up:	3	Einwählverbindung	I
diary:	3	Tagebuch, Taschenkalender, Terminkalender	A
die:	3	sterben, umkommen, verscheiden	A
die-in:	3	tot stellen, Scheinsterben	A,P
digest:	3	Auswahl, Buchauszug, Überblick, Zeitschriftenauszug, Zusammenfassung	A,G
digicam:	3	Digitalkamera	T
digit:	3	Ziffer *(z. B. einer elektronischen Anzeige)*	T
digital:	3	digital	T

digital audio broadcasting, DAB:	③ Digitalradio	T
digital divide:	③ digitale Bildungskluft	T
digital jukebox:	③ digitaler Musikspieler	G,T
digital recording:	③ Digitalaufzeichnung	G,T
digital rights management:, DRM:	② Digitalrechte-Verwaltung	I,W,T
digital subscriber line, DSL:	② digitale Kundenanschlussnorm *(schneller Internetzugang)*	I,T
digital video broadcasting, DVB:	③ Digitalfernsehen	T
digital video broadcasting cable, DVB-C:	③ Digitales Kabelfernsehen	T
digital video broadcasting satellite, DVB-S:	③ Digitales Satellitenfernsehen („Schüssel")	T
digital video broadcasting terrestrial, DVB-T:	③ Digitales Antennenfernsehen	T
dildo:	② *Sexspielzeug*, Penisersatz	G
dimmen:	① (Licht) dämpfen	T
Dimmer:	① Helligkeitsregler, (Licht-) Dämpfer	T
dine:	③ dinieren, fein essen, speisen	A
Diner:	③ Speisewagen, *(einfaches)* Imbisslokal, nicht zu verwechseln mit **dinner**	W
Dining room:	③ Ess-, Speisezimmer	A
Dinks *(Akronym für „double income no kids"):*	② kinderlose Doppelverdiener	A,G
dinky:	③ unbedeutend	A
dinner:	② Abendessen, Festessen, *nicht zu verwechseln mit* **diner**	A
dinner cancelling:	② kein Abendessen *(nichts essen nach 16 Uhr)*, Programmpunkt des sog. **antiaging**	G,W
dinner card:	③ Tischkarte	A
dinner for fun:	② *Essen aus Spaß*	A

	1 ergänzend	2 differenzierend	3 verdrängend
dinner party:	2	Abendgesellschaft	A
dinner speaker:	3	Tischredner	G
dip¹:	3	dippen, stippen, eintauchen, eintunken	A
dipping:	3	eintauchen, (ein-)tunken	A
dip²:	3	Soße, Tunke	A
direct:	3	direkt, unmittelbar	A
direct action:	3	Selbsthilfe, Demonstration	A,G
direct hit:	3	Volltreffer	A,P
direct mailing:	3	*(gezielte)* Werbepost	R,W
direct marketing:	3	Direktvermarktung, Direktwerbung	W
direct memory access:	3	Speicherdirektzugriff	I
directness:	3	Geradheit, Offenheit	A
direct trade:	3	Direkthandel *(Börse)*	W
director¹:	3	Filmregisseur, Spielleiter	G
director²:	3	Direktor, Geschäftsführer, Vorsitzender	W
directorship:	3	Direktorat, Aufsichtsratsposten	G
director engineering:	3	Chefingenieur *(in amerikanisch geführten Unternehmen meist zuständig für alle technischen Bereiche außer Fertigung)*	T
director human resources:	3	Personalchef, Leiter (des) Personalwesen(s), *s. a.* **director industrial relations**	G,W
director industrial relations:	3	Direktor (des) Personalwesen(s), Personalchef, *s. a.* **director human resources**	G,W
director manufacturing:	3	Fertigungsleiter	T
director materials and logistics, M&L:	3	Leiter (für) Materialbeschaffung	G,W
director of photography, DOP:	3	Erste Kamera, Hauptkameramann	G
director's cut:	3	Fassung des Regisseurs, Spielleiterfassung	G
directory:	3	Verzeichnis, Adressbuch, Inhaltsverzeichnis, Katalog, Leitfaden, Ordner	A,I
dirty:	3	dreckig, schmutzig; gemein	A
dirty dishes:	3	schmutziges Geschirr	A
dirty trick:	3	schmutziger Trick	A

disability managenent	3	berufliche Wiedereingliederung	G
disagree:	3	nicht übereinstimmen, streiten	A
disagreement:	3	Meinungsverschiedenheit, Unstimmigkeit	A
disapproval:	3	Missbilligung, Zurückweisung, s. a. approval[1]	T,W
disc:	3	Diskette, Platte, Scheibe, Speichermedium, s. a. **floppy**	T
disclaimer:	3	Haftungsausschluss	W
discman:	2	CD-Spieler, CD-Spielgerät *(tragbar)*, s. a. **walkman** *und* **iPod**	A,T
Disco:	1	Musik-, Tanzlokal	G
discount:	2	Rabatt, (Preis-)Abschlag, Preisnachlass	W
discounter, Discountladen:	2	Billigmarkt, Diskonter (A)	W
discount broker:	2	Direktanlagebank, Wertpapierhändler für Privatanleger	W
discovery:	3	Entdeckung	A,T
disease:	3	Krankheit, Leiden	T
disease management:	3	Dauerkrankenbetreuung, Betreuung chronisch Kranker, organisierte Krankenpflege	T
desease-management-program:	3	Programm zur Behandlung chronisch Kranker	T
disease mongering:	2	Krankheitserfindung	T
disengagement:	3	Auseinanderrücken *(der Machtblöcke)*	G
dish-washer safe:	3	spülmaschinenfest	A
disk[1]:	3	Schallplatte, Platte	A,G
disk jockey, DJ:	2	Musikvorführer, (Platten-)Aufleger	A,G
disk[2]:	2	Festplatte, Platte, Diskette, s. a. **hard disk**	I
disk drive:	3	Plattenlaufwerk	I
dislikes:	3	Abneigungen s. a. **likes**	A
dispatch:	3	abfertigen, ein Ende setzen, schnell erledigen	A
dispatcher:	2	Produktionsorganisator	T,W
dispenser:	3	Portionierer, Abgabegerät, Verteiler	T
displaced person:	3	Vertriebener, Staatenloser	G
display:	2	Anzeige, Anzeigefeld, Sichtfeld	I

	1 ergänzend	2 differenzierend	3 verdrängend
dissen: *(Abl. von disrespect)*	3	beleidigen, beschimpfen	A
distance:	3	Abstand, *(zeitliche, räumliche)* Distanz, Entfernung	A,T
distribution:	3	Verbreitung, Verteilung, Vertrieb	W
district:	3	Bezirk, Distrikt, Gebiet	G,W
district manager:	3	Bezirksleiter	G,W
disturb:	3	beeinträchtigen, stören	A
dive, diving:	3	tauchen	S
diver:	3	Taucher	S
dive school:	3	Tauchschule	S
diversification:	3	Verbreiterung *(der Produktpalette)*, Veränderung, Umgestaltung, Verteilung	W
diversity:	3	Verschiedenheit, Auswahl, Mannigfaltigkeit, Vielfalt	W
division:	3	Abteilung, Division	G,W
DJ:	2	*(Abk. für)* **disk jockey** *(siehe dort)*	G
DNA:		*(Abk. für)* **desoxyribonucleic acid** = Desoxyribonukleinsäure (DNS)	T
doc, doctor:	3	Arzt, Doktor	A,T
dock:	3	andocken, ankoppeln	W
docking station:	2	Koppeleinheit *(für mobile Rechner)*	I
documents against payment:	3	Dokumente, Unterlagen gegen Zahlung	W
dog:	3	Hund	A
dogging:	3	Gassi gehen	G
dogfight:	3	Nahkampf, *(ursprünglich:)* Luftkampf	A,G
dogfood:	3	Hundefutter	A,R
doghouse:	3	Hundehütte	A
dogsitting:	3	Hundebetreuung, Hundepension, Hundehort, *s. a.* **catsitting**	A,G
doggy bag:	3	Restebehälter	A
do-it-yourself:	2	Heimwerken, Selbermachen, *wörtlich:* mach es selbst	T,W
Dokusoap:	2	Unterhaltungsdoku	G
dolly:	3	Kamerawagen	T
domain^1:	3	Arbeitsgebiet, Bereich, Domäne, Funktionsbereich	I,W
domain^2 (Internet-):	3	Domäne, Bereich, Netzbereich	I

dongle:	3	Kopierschutzstecker	I
don't:	3	(tue) nicht!	A
Don't drink and drive!:	3	Kein Alkohol am Steuer!	G
don't panic:	3	keine Panik, nur die Ruhe, *vgl.* **keep cool**	A
dont's, donts:	3	unerwünschtes Verhalten	A,G
don't worry - be happy:	3	sei glücklich und unbesorgt, was soll's	A
donut (AE), doughnut: (BE)	2	amerik. Schmalzgebäckkringel	G
doorman:	3	Portier	A,G
Dope:	1	Droge, Rauschgift	A,G
dopen, doping:	1	aufputschen, anregen, medikamentöse Leistungssteigerung	S,W
Dopingmittel, dope¹:	1	Aufputschmittel	S,W
Doppeljobber:	2	Doppel- *oder* Mehrfachbeschäftigter	A
do's:	3	erwünschtes Verhalten	A,G
do's & dont's:	3	Verhaltensmaßregeln *(was zu tun und zu lassen ist)*	A,G
dot-com, Dotcomfirma:	2	Internetfirma, *Internetunternehmen*	I,W
double¹:	3	doppelt, zweifach	A
double²:	3	Doppel *(Sport)*	S
double³:	3	Doppelgänger	G
Double⁴:	1	Ersatzdarsteller *(Film)*	G
double bind:	3	Doppelbindung, hin- und hergerissen sein, Zwiespalt	A,S
double-click:	3	Doppelklick *(am Rechner)*	I
double feature:	3	Doppelvorstellung *(im Kino)*	A,G
doubleheader:	3	Doppelveranstaltung	S
double opt-in:	2	ausdrückliche Einwilligung, bestätigte Anmeldung, Doppelanmeldung	I
double⁵ (room):	3	Doppelzimmer	W
down:	3	unten, ausgebrannt, erledigt, fertig, geschafft, hinab, kraftlos, matt, müde, niedergeschlagen, *vgl.* **groggy**	A
downer:	3	Antidepressivum, *vgl.* **tranquillizer**, *s. a.* **upper²**	A,P
downgrade:	3	Herunterstufung, *s. a.* **upgrade**	A,W,I
downgraden:	3	herunterstufen, abrüsten, abspecken, abwerten	A,W,I

Begriff		Bedeutung	
downhill:	3	Abfahrtslauf *(Skisport)*, Hangabfahrt *(Radsport)*	S
downknocken:	3	niederschlagen *(Boxen)*	S
downlights:	3	Deckenstrahler	A
download:	3	Herunterladung	I
downloaden:	3	herunterladen, abrufen, überspielen	I
downrate:	3	Herunterladerate (Übertragungsgeschwindigkeit eines Internetanbieters zum Herunterladen von Dateien), *vgl.* **uprate**	I
downshifting:	2	Runterschalten, Kürzertreten	G
downsizing[1]:	3	schrumpfen, verkleinern	A,W
downsizing[2]:	2	Datenreduktion, Reduzierung von Datenbeständen *(durch Dezentralisierung)*	I
downsizing[3]:	3	Arbeitsplatzabbau	W
downtime:	3	Ausfallzeit	T,W
downtown: (AE)	3	Stadtmitte	A
Down Under:	2	Australien *(auch Neuseeland und andere Inseln im Südpazifik)*	G
down-/upstream:	3	Vorlauf / Rücklauf	W
draft[1]:	3	Entwurf, Skizze	T
draftsman:	3	technischer Zeichner	T
draft[2]:	3	Auswahl, Einziehung *(Armee, Sport)*	A,G
drag:	3	ziehen, schleppen	A
drag & drop:	2	ziehen und ablegen	I
dragon:	3	Drache, Ungeheuer	A
drag queen:	3	*Fummeltrine, (männlicher)* Transvestit	G,P
dragster:	2	Kurzstreckenwagen	S
dramedy:	2	Komödiendrama, *Dramödie,* Tragikomödie	G
draw[1]:	3	auslosen, ziehen	A
draw[2]:	3	zeichnen	A,T
drawing:	3	Zeichnung	T
drawing room:	3	Empfangs-, Gesellschaftszimmer, Salon	A,G
dreadlocks, dreads:	2	Rastalocken *(Frisurmode),* Filzlocken	G
dread-disease-Versicherung:	3	Schwerkrankheits-Vorsorgeversicherung	A
dream:	3	Traum, Wunder, Wunschbild	A
dream team:	3	Traummannschaft, Traumtruppe	S
dress[1]: (PA)	2	(Dienst-, Sport-)Kleidung	A,G
dresscode:	3	Kleiderordnung	G

Der Anglizismen-INDEX

dressman: (PA)	2 männliches Mannequin, Modevorführer *Bez. im Englischen:* **male model**, PA, *s. a.* **model**²	A
dress²:	3 ankleiden, verbinden *(Wunde)*, *s. a.* **tapen**	A
dressing³:	3 (Salat-)Soße	A
dressing⁴:	3 Verband	A
dribbling:	1 ausspielen, umspielen	S
drink:	3 (alkoholisches) Getränk, Trank, Trunk	A
drinks & food:	3 Essen und Trinken	A
drive¹:	3 fahren, Auf-, Ausfahrt	A
driver:	3 Fahrer *(Auto)*	A
drive in¹:	3 hineinfahren	A
drive-in²:	3 Autoschalter, Straßenrandlokal (Autokino, Schnellrestaurant)	A
drive²:	3 Antrieb, Drang, Elan, Schwung, Vorwärtsdrang	A
drive³:	3 (Fahrzeug-)Getriebe	T
drive⁴:	3 Treibschlag, Weitschlag *(Golf) s. a.* **driving-range**	S
driving-range:	3 Übungsplatz, Abschlag-Übungsplatz *(Golf)*	S
drive⁵ (disk):	3 (Platten-)Laufwerk	T
driver²:	3 Treiber, Treiberprogramm	I
DRM:	2 *(Abk. für)* **digital rights management** *(siehe dort)*	I,W,T
drop¹:	3 ablegen, fallen lassen	A
Drop-Down-Menü:	2 Auswahlmenü	I,T
dropout:	3 Aussteiger, (Studien-)Abbrecher; (Studien-)Abbruch	A,P
dropout rate:	3 Ausfall-, Abbruchrate *(beim Studieren)*	G
drop²:	3 Tropfen	A
Drops:	1 Bonbons	A
drug:	3 Droge, Arznei	A,T
drugstore:	3 Drogerie, *s. a.* **pharmacy**	A
drum:	3 Trommel, Schlagzeug	G,P
drummer:	3 Schlagzeuger, Trommler	G,P
drumsticks:	3 Schlagzeugstöcke, Trommelstöcke	A,G
dry:	3 herb, trocken	A
dryer:	3 Wäschetrockner	A
DSL:	2 *(Abk. für)* **digital subscriber line** *(siehe dort)*	T
DTP:	2 *(Abk. für)* **desktop publishing** *(siehe dort)*	T

	1 ergänzend	2 differenzierend	3 verdrängend
dual-career couple, DCC:	3	Doppelkarrierenpaar, Zweikarrierenpaar	A
dubbing:	3	Synchronisation, Tonmischung	T
duck:	3	Ente, *s. a.* **lame duck**	A
due diligence:	2	Sorgfaltspflicht, (mit) gebotener(r) Sorgfalt	W
duffle coat:	2	*(dreiviertellanger)* Sportmantel	G
dumbbell:	3	Hantel	S
dummy^1:	3	Schein-, unecht, Blind-	A,T
Dummy^2:	2	Attrappe, (Versuchs-)Puppe	T
dump^1:	3	wegwerfen	A
dumping:	3	Preisdrücken, Preisunterbietung	W
Dumping-Lohn:	1	Niedrigstlohn	A,W
Dumping-preis:	1	Kampfpreis, Schleuderpreis	W
dump^2:	3	Speicherauszug	I
dumpstern:	3	Müllfischen, -sammeln	A
dumper:	3	Kipper, Kippfahrzeug	T
dunking:	3	Stopfer, Korbstopfer *(Basketball)*	S
durchstylen:	3	durchgestalten, komplett gestalten	A
Dutch:	3	holländisch, niederländisch	G
Dutchman:	3	Holländer, Niederländer, *in den USA auch gebräuchlich für* Deutsche, Österreicher und Schweizer	G
duty^1:	3	Pflicht, Schuldigkeit	A
duty^2:	3	Zoll, *s. a.* **customs**	W
duty-free:	3	zollfrei, abgaben- und steuerfrei	G,W
duty-free shop:	2	Zollfreiladen	G,W
DVB:	2	*(Abk. für)* **digital video broadcasting** *(siehe dort)*	T
DVB-C:	2	*(Abk. für)* **digital video broadcasting cable** *(siehe dort)*	T
DVB-S:	2	*(Abk. für)* **digital video broadcasting satellite** *(siehe dort)*	T
DVB-T:	2	*(Abk. für)* **digital video broadcasting terrestrial** *(siehe dort)*	T
DVD-player:	3	DVD-Spieler	A,T

E

earphone:	3	Kopfhörer	A,T
e- (electronic):	2	E- (elektronisch), *in*	W
e-banking:	2	E-Bankverkehr, elektronische Bankdienste, *fernbanken*	W
e-bike:	2	Elektrorad, E-Rad, *s. a.* **pedilec**	T
e-billing:	3	elektronisches Bezahlsystem, Internetzahlungssystem	W
e-book:	3	E-Buch, elektronisches Buch	A,G
e-business:	2	E-Geschäft, elektronischer Einkauf, elektronischer Geschäftsverkehr, Internetgeschäft	W
eCall:		(EN) E-Notruf *(für Kfz)*	A,G
e-card¹:	3	elektronische Postkarte	I
e-card²:	3	Gesundheitskarte	G,T
e-cash:	2	E-Zahlung *(elektronische Abbuchung vom Girokonto)*	W
e-check:	2	anerkanntes Prüfsiegel für elektrische Installationen *(hier* **e** *für elektrisch)*	T
e-commerce:	2	E-Handel, Internethandel, *Netzhandel*	W
e-communication:	3	E-Kommunikation	I
e-compability:	3	elektronische Verträglichkeit, Kompatibilität. E-Tauglichkeit (CH)	I,T
e-consulting:	3	Beratung per Internet, Internetberatung	A,I,W
e-content:	3	elektronischer Inhalt	I
e-economy:	3	Internetwirtschaft	W
e-entertainment:	3	Netzunterhaltung	A,G
e-finance:	3	Internet-Finanzdienstleistungen	I,W
e-game:	3	Rechnerspiel	G,I
e-government:	2	E-Verwaltung, digitale Verwaltungsdienstleistung	G
e-greetings:	3	Netzgrüße	G
e-health:	3	E-Gesundheit, Telemedizin	T
e-home:	3	vernetztes Haus, vernetzte Wohnung	T
e-learning:	2	E-Lernen, elektronisches Lernen	A,G,I
e-mail:	2	E-Post, Netzpost, *vgl.* **mailen**	A,I

	1 ergänzend	2 differenzierend	3 verdrängend

E-Mail-Addresse:	2	Netzpost-Adresse, E-Anschrift	G
e-mail spam:	2	Netzpostmüll *(unerwünschte elektronische Sendungen)*, s. a. **spamming**	I
e-market:	3	E-Markt, Internetmarkt	W
e-paper:	3	E-Zeitung, *(komplette) Netzausgabe einer Tageszeitung*	W
e-payment:	3	elektronisches Bezahlsystem, Internetzahlungssystem	W
e-procurement:	3	elektronische Beschaffung, Internetbeschaffung	W
e-publishing:	2	elektronisches Veröffentlichen	W
e-purse:	3	E-Geldbörse	I,W
e-recruiting:	3	elektronische Personalbeschaffung, Internetpersonalsuche	W
e-retail:	3	(elektronischer) Einzelhandel, s. a. **retail**	W
e-script:	2	E-Drehbuch *(gemeinschaftlich im Internet erarbeitetes Drehbuch)*	G,I
e-service:	3	Netzdienstleistungen	W
e-shop:	3	Internetladen, -geschäft	W
e-shopping:	2	Interneteinkauf	W
e-sourcing:	2	Anbieterauswahl im Netz, elektronische Ausschreibung, Internetbeschaffung	I,W
e-ticketing:	3	(elektronischer) Fahrkartenverkauf	W
e-tool:	3	elektronisches Werkzeug	I
e-trading:	2	E-Handel, Internethandel, Netzhandel, s. a. **e-commerce**	I,W
e-voting:	2	elektronische Abstimmung *(im Parlament u.dgl. per Tastendruck)*	G
e-zine:	3	E-Zeitschrift, elektronische Zeitschrift	I
eagle:	3	Adler	A
EAN:	3	*(Abk. für)* **European article number** *(siehe dort)*	W
ear:	3	Ohr, Gehör	A
ear center:	3	Hörstudio	W
early:	3	früh	A
earliness:	3	Frühe, Frühzeitigkeit	A
early adopter:	3	Erstnutzer, Pilotnutzer, Frühanwender	W
early-bird discount:	3	Frühbucherrabatt	W
early warning system:	3	Frühwarnsystem	G,T
earnings:	3	Verdienst, Einkommen, Gewinn	W

earned value:	3 Fertigstellungswert *(in der Projektführung)*	W
earnings before - interests and taxes, EBIT:	3 Gewinn vor Zinsen(-aufwand) und Steuern, GVZS	W
earnings-season:	2 Abgabezeit für Quartalszahlen	W
earth:	3 Erde, Diesseits	A
ease of use:	3 Benutzerfreundlichkeit, Benutzernähe	I,T
east:	3 Ost	A
Eastern:	3 Asia-Abenteuer(-film) *(Gegenstück zum amerikanischen Western)*	G
easy¹:	3 angenehm, gefällig, locker, unbeschwert	A
easy going:	3 Sorglosigkeit, Unbekümmertheit	G
easy listening:	3 Hintergrundmusik	G
easy²:	3 einfach, (kinder-)leicht, mühelos, simpel	A
easyware:	3 Kurzanleitung, Kurzeinführung *(für die PC-Nutzung)*	G,I
eat-art:	3 Esskunst, *Kunstwerke aus essbaren Materialien*	A
EBIT:	3 *(Abk. für)* **earnings before interests and taxes** *(siehe dort)*	W
EBS:	3 *(Abk. für)* **European Business School** *(siehe dort)*	T
eCall:	2 Notruf *(Auto)*	A,T
economic:	3 wirtschaftlich	W
economic status:	3 wirtschaftlicher Stand	W
economy:	3 Wirtschaft, Handel, Ökonomie	W
economy class:	3 Touristenklasse *(in der Luftfahrt)*	W
ecstasy¹:	3 Ekstase, Verzückung	A,P
ecstasy²:	2 synthetische Euphoriedroge	A,G
edit:	3 editieren, edieren, herausgeben	G,I,W
edition: *(englische Lautung)*	3 Ausgabe, Edition *(d.A.)*	G,W
editor¹:	3 (Buch-)Herausgeber	G,W
editor²:	2 Editor, Textbearbeitungsprogramm	I
editorial:	3 Einleitung, Leitartikel	G,W
editwar:	3 Bearbeitungsstreit	T
EDP:	3 *(Abk. für)* **electronic data processing** *(siehe dort)*	I

	1 ergänzend	2 differenzierend	3 verdrängend

education:	3	(Aus-)Bildung	G
edutainment:	2	Infounterhaltung, Unterhaltungsinfo, *s. a.* **infotainment**	G
effect:	3	bewirken, Wirkung	A
efficiency:	3	Leistungsfähigkeit, Wirtschaftlichkeit	T,W
effort:	3	Anstrengung, Aufwand, Mühe	A
effortless:	3	mühelos	A
EFSF:		*(Abk. für)* European Financial Stability Facility = Europäische Finanzierungsfazilität	W
egghead:	3	Eierkopf *(ugs. für Intellektuelle, abwertend)*	A
ego:	3	Ich, selbst	G
ego-shooter: (PA)	2	Ballerspiel (gesehen aus der Ego-Perspektive) *s. a.* **Killerspiele**	G
Egotrip:	2	Selbstfindung, *negativ auch:* Selbstsucht	G
ein-:		*deutsche Vorsilbe „ein" in Verbindung mit englischen Verben, in*	
einchecken:	2	anmelden, abfertigen, einbuchen, *s. a.* **check-in**, *vgl.* **auschecken**	W
einloggen:	3	einwählen *(in Rechner bzw. Dienste), s. a.* **ausloggen, log-in**	I
einscannen:	2	abtasten, abrastern, einlesen	I
eject:	3	Ausgabe, Auswurf *(eines Abspielmediums, z. B. Diskette, CD, DVD)*	T
Eject-Taste:	3	Auswurftaste *(etwa beim Kassettenrekorder)*	T
elder statesman:	2	Altpolitiker *(analog Altbundeskanzler)*	G
electracy:	3	(volle) Internetkompetenz	I
electronic:	3	Elektronik, elektronisch	T
electronic data processing, EDP:	3	elektronische Datenverarbeitung, EDV	I
electronic program guide, EPG:	3	elektronischer Programmführer	T
elevator: (AE)	3	Aufzug, Fahrstuhl, *s. a.* **lift**[1] (BE)	T
elevator pitch:	3	Schnellpräsentation	W
elsewhere emission:	3	Schadstoffverlagerung, Emissionsverlagerung	T
embedded:	3	eingebettet, eingebunden, *in*	A
embedded system:	3	eingebautes elektronisches Steuerungs-, Regelungs- oder Auswertungssystem	I,T

embedded journalist:	3	Kriegsjournalist, Kriegsberichterstatter *(bei der kämpfenden Truppe)*	G
emergency:	3	Not, Notlage, kritische Lage	A,G
emergency call:	3	Notruf	A,G
emergency case:	3	Notfall, Notaufnahme	A,G
emergency exit:	3	Notausgang	A
emerging markets:	3	aufstrebende Märkte, Schwellenmärkte	W
emoticon:	2	Emotikon, Gefühlssymbol, -zeichen *(in alphanumerischen Texten)*, siehe **smiley**	I
emotion:	3	Gefühl, Gefühlszustand, innere Bewegung, Regung, Rührung	A
employability:	3	Arbeitsmarktfähigkeit, Beschäftigungsfähigkeit	G
employment:	3	Beschäftigung, Verwendung	W
empowerment:	2	Selbstkompetenz	G
empty:	3	leer, erschöpft, kraftlos, lustlos, schlaff	A
emptiness:	3	Leere, Nichtigkeit	A
enabler:	3	Möglichmacher	G,W
enactment:	3	Inkraftsetzung, Verfügung	A
encoder:	2	Verschlüssler, *Gegenstück zum* **decoder**	I
encodieren, enkodieren:	3	verschlüsseln	I
enduro:	2	Auto- *oder* Motorrad-Langstreckenrennen, *in Deutschland auch:* geländegängiges Motorrad	T
end user:	3	Endabnehmer, Endnutzer	I,W
energizer:	3	Energieschub, Energiespritze	A
energy:	3	Energie, Leistungsfähigkeit	T
energy broker:	3	Stromhändler	W
energy drink:	3	Energiegetränk, Kraftgetränk, Krafttrunk	A
energy pool:	3	Strombündelung	T,W
engagement[1]:	3	*(persönlicher)* Einsatz, Einsatzbereitschaft, Einsatzfreude, Engagement *(frz.)*	A
engagement[2]:	3	Engagement *(frz.)*, Anstellung, Verpflichtung	W
engagement[3]:	3	Verlobung	G
engine:	3	Maschine, Motor, Triebwerk	T

	1 ergänzend	2 differenzierend	3 verdrängend
engineer:	3	Ingenieur *(in Deutschland geschützte Berufsbezeichnung, nicht der* **engineer** *in angelsächsischen Ländern)*	G,T
engineering:	2	Ingenieurtätigkeit, Ingenieurwesen, *s. a.* **director engineering**	T
enhancement:	3	Hervorhebung, Verstärkung	A
enjoy:	3	genießen, sich erfreuen an	A
enjoyment:	3	Unterhaltung, Vergnügen	A
enrichment:	3	Anreicherung	A
enterprise:	3	Geschäft, Unternehmen	W
entertain:	3	unterhalten	A,G
entertainer:	2	Unterhalter(in), Vortragende(r), (Allein-)Unterhalter *(als Beruf)*	A,G
entertainment:	3	Unterhaltung, Belustigung, Darbietung, Repräsentation	A,G
Enter-Taste:	2	Eingabetaste	I
entrance:	3	Eingang	G
entrepreneuer:	3	Unternehmer	W
entrepreneurship:	3	Unternehmergeist, Unternehmertum	W
environment:	3	Umgebung, Umwelt	A,G
EPG:	3	*(Abk. für)* **electronic program guide**	T
equal pay:	3	gleicher Lohn für gleiche Arbeit	G
equalizer:	3	Entzerrer, Frequenzregler, Klangregler	T
equipment:	3	Ausrüstung, Geräte	T,W
equipment leasing:	3	Maschinenausleih	W
equity:	3	Billigkeit, Gerechtigkeit, Unparteilichkeit	W
Erdnussflips:	3	Erdnussknabbergebäck	A
ergonomics:	3	Arbeitswissenschaft, Ergonomie, *s. a.* **human engineering**[2]	T
eros center:	2	Bordell, Freudenhaus	A,G
erotic:	3	erotisch	A
error:	3	Fehler, Irrtum, Fehl(er)anzeige, Versehen	A,T
escape[1]:	3	Flucht	A
escape[2]:	3	Hinaus, Fluchtweg	A
Escape-Taste:	2	Abbruchtaste, Fluchttaste	I
escort:	3	Begleitung, Eskorte, Schutz	A,G
ESM:		*(Abk. für)* European Stability Mechanism = Europäischer Stabilitätsmechanismus	W
Essay:	1	geistreiche Abhandlung	G
essential:	3	wesentlich, unentbehrlich	A

essentials¹:	3	Grundlagen, Grundzüge, Wesentliches	A
essentials²:	3	Bedingungen, Erfordernisse, Kern (der Sache)	A
establishment:	2	*(einflussreiche)* Oberschicht, Führungsschicht	G
ethernet:	3	Netzprotokoll	I
ethno food (PS):	3	Speisen fremder Länder, *Bez. im Englischen:* **ethnic foods** *oder* **ethnic cuisine**	W
European:	3	Europäisch	G
European article number, EAN:	3	Europäische Artikelnummer	W
European Broadcasting Union, EBU:	2	Europäische Funk-Union, EFU	A,T
European Business School, EBS:	3	Europäische Wirtschaftshochschule	T
evaluation:	3	Auswertung, Abschätzung, Beurteilung, Bewertung	T,W
event¹:	3	Ereignis, Erlebnis	A
event²:	3	Auftritt, Veranstaltung	A
event alert:	3	Ereignisalarm	A
event-catering:	3	Veranstaltungsbelieferung	W
event location:	3	(Kult-)Veranstaltungsort, -raum	G
event manager:	3	Veranstaltungsorganisator	W
event-marketing:	3	Ereigniswerbung, Veranstaltungsvermarktung	W
event-movie:	3	Filmereignis, Sensationsfilm, *s. a.* **Blockbuster**	G
event-shopping:	2	Anlasseinkauf, verlängerte Ladenöffnung bei besonderen Anlässen	W
evergreen:	2	Dauerbrenner, Ohrwurm	G
every:	3	jede, jeder, jedes, dauerhaft, immer	A
everybody:	3	jeder, jedermann	A
everybody's darling:	2	Allerweltsliebling, allseits beliebt	A
everything:	3	alles	A
everywhere:	3	überall	A
evidence¹:	3	Offenkundigkeit, Augenschein, Klarheit	A
evidence²:	3	Beweismittel	A,T
example:	3	Beispiel, Exempel	A

	1 ergänzend	2 differenzierend	3 verdrängend
excellence:	2	Spitzen- *(in vielen Zusammensetzungen, z. B. in* Spitzenleistung*)*, Vortrefflichkeit	T
excellence cluster, Exzellenz-cluster:	2	(Hochschul-)Forschungsgruppe *(im Rahmen der Exzellenzinitiative)*	T
exchange¹:	3	Aus-, Ein- *oder* Umtausch, Geldwechsel, Wechselstube, *vgl.* stock exchange	W
exchange²:	3	Börsenkurs, Börsenplatz	W
exchange business:	3	Börsen-, Wechselgeschäft	W
exchange report:	3	Börsen-, Kursbericht	W
executable, exekutierbar:	3	ausführbar, ablauffähiges Programm; Phase	I
exhibition:	3	Ausstellung, Darbietung	W
exit¹:	3	Ausgang, Ausfahrt	A,W
exit²:	3	Tod, Exitus	G
exit bag:	3	Sterbehilfenbeutel	G
exit strategy:	3	Ausstiegsstrategie	W
expand:	3	auspacken, entkomprimieren	I
expander: *(englische Lautung)*	3	Expander *(d.A.)*, Muskelbildungs-, Muskelformungs-, Muskeltrimmgerät	S
expect:	3	erwarten	A
expectation:	3	Erwartung	A
Experten-hearing:	3	Expertenanhörung	A
Expertenpool:	3	Expertenring, Ring von Fachleuten	A
expire:	3	ablaufen, auslaufen, ungültig werden	A
expiry:	3	Ablauf, Verfall	A
exploit¹:	3	ausbeuten	A,W
exploit²:	3	Schwachstellenausnutzung	I
explorer:	3	Entdecker, Forschungsreisender	A,W
exposure:	3	Ausgesetztsein *(gegenüber Kursschwankungen)*	W
extension¹:	3	(Datei-)Erweiterung, Namenserweiterung	I
extension²:	3	Haarverlängerung	P,R
extra dry:	3	besonders herb, sehr trocken, extra trocken	A
eye:	3	Auge	A
eye candy:	3	Augenweide *(Benutzeroberfläche mit besonders ansprechenden Effekten)*	I

eye-catcher:	③ Blickfang, -fänger	G,A

EYE CATCHER

eye opener:	③ Augenöffner	G
eye-shadow:	③ Lidschatten	R
eyeliner:	③ Lidstrich, Lidstrichstift, Lidzeichner	R
eye-tracking:	③ Augensteuerung (von Geräten)	R
eyewear:	③ Brillenmode, Sehhilfe *(im Englischen unbekannt)*	R

1 ergänzend **2** differenzierend **3** verdrängend

F

face:	3	Gesicht, Antlitz, Mimik, Züge	A
face cream:	3	Gesichtscreme	R
face credibility:	3	Glaubwürdigkeit	G,R
face-lift[1], face-lifting:	3	*(operative)* Gesichtsstraffung	R,W
face-lift[2]:	3	Modellpflege *(Automobile)*	T
face-powder:	3	Gesichtspuder	R
face-to-face:	3	von Angesicht zu Angesicht, unter vier Augen, ins Gesicht	A
face-to-face meeting:	3	Vier-Augen-Gespräch, persönliches Treffen	A,W
face value:	3	Nennwert *(einer Aktie)*	W
facing:	3	Verputz, Verschalung	T
facility, facilities[1]:	3	Anlage(n), Einrichtung(en), technische Gegebenheit(en)	T
facility management:	2	Anlagen- und Gebäudeverwaltung	W
facility manager:	2	Leiter Anlagen- und Gebäudeverwaltung	W
facility, facilities[2]:	3	Möglichkeit(en), Notwendigkeit(en)	A
facilities[3]:	3	Toiletten	A
facsimile:	3	Faksimile, Kopie, Reproduktion	T
fact:	3	Fakt, Realität, Tatsache	A,G
fact sheet:	3	Datenblatt	W
fact story:	3	Tatsachenbericht	A,G
factoring:	3	Forderungsübertragung, Zession	W
factory:	3	Fabrik	T
factory outlet (center):	3	Werksverkauf, Direktverkauf, Fabrikverkauf	R,W
faculty:	3	Lehrkörper, *Organisationseinheit an einer Hochschule)*	T
fading[1]:	2	(Bild-, Laut-)Schwund, Schwächung, Überblendregler	T
fading[2]:	2	Bremsschwächung	T
fading[3]:	3	ausblenden, überblenden	A
fail:	3	Fehlversuch	T
failure:	3	Ausfall, Fehler, Störung	T
fail-safe:	3	ausfallsicher	T

fair:	1	anständig, ehrenhaft, gerecht, redlich, *s. a.* unfair	A,S
Fairness:	1	Anständigkeit, Ehrlichkeit	A,S
fair play:	2	redliches Spiel, Anständigkeit, *s. a.* fairness	A,S
fair trade:	2	fairer Handel, gerechter Handel *(z. B. mit der Dritten Welt)*	A,W
fake:	3	Fälschung, Schwindel, Vortäuschung, Vorspiegelung	A
faken:	3	fälschen, türken, vortäuschen, vorschwindeln	A
fake mail:	2	Schwindelpost	I
fall-back position:	3	Rückfallposition	W
fallout:	2	radioaktiver Niederschlag	T
fame:	3	Ruhm, *s. a.* **hall of fame**	G
family^1:	3	Familie, Anverwandte, Herkunft, Verwandtschaft, Sippe	A
family card:	3	Familienpass, Familienausweis	A,G
family pack:	3	Familienangebot, Familienpackung	G,W
family tariff:	3	Familientarif	G,W
family yard:	3	(Familien-)Ferien auf dem Bauernhof, *Familienhof*	A
family^2:	3	Gemeinschaft	A
famous:	3	erstklassig, berühmt	A
Fan:	1	Anhänger, Enthusiast	A,P,S
fanatic:	3	Fanatiker, fanatisch, *s. a.* **fan**	A
fanbase:	3	Fangemeinde, Anhängerschaft	A
Fan Club:	1	Fanklub	A,S
Fanmeile:	1	Platz (Zone) vor Großbildleinwand	S
fan shop:	2	Fanladen	A,P,S
fancy^1:	3	Fantasie, Einbildung	A
fancy^2:	3	Laune, Marotte, Stimmung, *auch in vielerlei Verbindungen, z. B. in*	A
fancy dress:	3	Kostüm, Verkleidung	A
fancy price:	3	Liebhaberpreis	A
fannings:	3	Blattrestverschnitt, vierte Wahl *(schlechteste Qualität für Tee)*	W
fantastic:	3	fantastisch, toll, großartig, *s. a.* **phantastic**	A
fantasy^1:	3	Fabelwelt, Märchen	A
fantasy^2:	3	Einbildung, Fantasie	A
Fantasy^3:	3	Fantastik	G

		1 ergänzend 2 differenzierend **3 verdrängend**	
fantasy film:	2	fantastischer Film	G
fantasy game:	2	Rollenspiel am Rechner	G
fanzine:	2	Pamphlet, Zeitschrift, *für* fans	P,S
FAQ:	3	*(Abk. für)* **frequently-asked questions**	A
farewell:	3	Abschied	A
farewell-tour:	3	Abschiedstournee	G
fashion:	3	Mode, Form, Gestalt, (Zu-)Schnitt	G
fashionable:	3	modisch, elegant, fein, modern, schick, letzter Schrei	G
fashion accessoires:	3	Modezubehör	G
fashion design:	3	Modeschöpfung	G,W
fashion designer:	3	Modeschöpfer	G,W
fashion guide:	3	Modezeitschrift, Modeinfo, Modewegweiser	G,R
fashion house:	3	Modehaus	G
fashion magazine:	3	Modezeitschrift	G
fashion shop:	3	Modeladen, Modegeschäft	G,W
fashion store:	3	Modehaus, Modegeschäft	G,W
fashion victim:	3	Modeopfer	P
fashion week:	3	Modewoche	G,W
fast:	3	schnell	A
fast back[1]:	3	Steilheck, Fließheck *(Auto)*	T
fast back[2]:	3	Schnellrücklauf *(Film)*	T
fast break:	3	Konter, Steilangriff	S
fast food:	2	Schnellgericht, Schnellimbiss, Schnellkost, Fertigessen, vgl. junk food	A

fast-reading:	3	Schnelllesen, Überfliegen *(eines Textes)*	T
fast track kids:	3	Kinder auf der Überholspur	G
Fasten your seat belt!:	3	Sicherheitsgurt anlegen!, Bitte anschnallen *(Flugzeug, Taxi)*	A
Fastpass-System:	2	Festzeitsystem	G

Fast-Track-Chirurgie:	2	Schnellgangchirurgie	T
fatburner program:	3	Fettverbrennungsprogramm (Diätprogramm)	G
fatburning:	3	Abspecken, Diät, *Entfettung*, Schlankheitskur	G
favorable (AE), favourable: (BE)	3	gewogen, günstig, vorteilhaft	A
fax polling:	3	Faxabfrage, Fernkopieabruf	T
feasibility study:	3	Machbarkeitsstudie	T,W
feature[1]:	3	(Haupt-)Merkmal, Charakteristikum, Grundzug	A,I,T
feature[2]:	3	Gesichtszug	G
feature[3]:	3	Eigenschaft, Funktion *(insbesondere bei Rechnerprogrammen, aber auch bei technischen Geräten im Allgemeinen)*	I,T
feature[4]:	3	Dokumentbericht, Beitrag, Bericht, Dokumentation, Hörbild *(im Rundfunk)*	G
featuring:	3	gemeinsam mit *(Nebeninterpret, Duett (Musik))*	G
featured by:	3	präsentiert von ...	G
federal:	3	bundesbehördlich, bundesstaatlich	G
fee:	3	Gebühr, Honorar, Vergütung	G,W
feed:	3	Futter, Nahrung *(auch symbolisch)*	W
feedback[1]:	3	Rücklauf, Rückmeldung	A,G
feedback[2]:	3	Rückkopplung *(Systemtheorie)*	T
feeder[1]:	3	Zubringer, Zubringerschiff	T
feeder[2]:	3	Papierzuführung *(beim Drucker)*	T
feeding and breeding:	3	füttern und aufziehen, *glucken*	T
feelgood-movie:	3	Wohlfühlfilm, Gute-Laune-Film	A,G,R
feeling:	3	Empfindung, (Fein-)Gefühl, Gespür, Sinn, Stimmung	A
fellow:	3	Freund, Genosse, Kumpel	A
fellowship:	3	Kameradschaft; Mitgliedschaft	G
ferry:	3	Fähre	W
festival:	2	Fest, Festspiele *(bei Film, Musik, Theater, Sport)*	G,P,S
fetch:	3	holen, abholen, ergreifen	A
fetish:	3	Fetisch, Götzenbild	A
fever:	3	Fieber, Aufregung, Erregung	A,T
fiber:	3	Faser	T
fiber optics:	3	Glasfasertechnik	T

		1 ergänzend 2 differenzierend 3 verdrängend	
fiction:	3	Fiktion, erfundene Geschichte, Fantasie	G
fictional:	3	erdichtet	G
field¹:	3	Feld	A
field marketing:	3	Hausverkauf, Haustürverkauf	W
field research:	3	Feldversuch	T
field researcher:	3	Feldversuchswissenschaftler	T
field worker:	3	s. a. **field researcher**	T
field²:	3	(Daten-)Feld *(in Rechnerprogrammen)*	I
fifties:	3	fünfziger Jahre *(des 20. Jahrhunderts)*	G,P
fifty-fifty:	3	halb und halb, halbe-halbe	A
fight:	3	Gefecht, Kampf, Wettkampf	G,S
fighten:	3	(hart) kämpfen, schlagen, Wettkampf austragen	S
fighter:	3	Kämpfer	G,P,S
fighting:	3	Kampf(-kraft), Gefecht	G
file¹:	3	Akte, Ordner, Werk	A
file²:	3	Datei	I
file browser:	2	Navigator für Verzeichnisse *(auf dem Rechner)*	I
file server:	2	Datenverwalter, Datenerhaltungsdienst	I
file-sharing:	2	gemeinsame Datennutzung, freie Dateinutzung	I
file system:	3	Dateisystem	I
file transfer:	3	Dateiübertragung	I
file viewer:	3	Dateibetrachter	I
filing:	3	Geschäftsbericht	W
final¹: *(englische Lautung)*	3	endgültig, final *(d.A.)*, unwiderruflich	A
final²:	3	Endspiel, Finale	S
finance:	3	Finanz(-wesen)	W
finance center:	3	Finanzzentrum	W
finance company:	3	Finanzgesellschaft	W
finance director:	3	Finanzchef	G,W
(finance) leasing:	2	(Finanzierungs-)Mietkauf	W
financial analyst:	3	Finanzanalytiker	G,W
finding:	3	Fund, Befund, Entdeckung	A,T

fine:	3	fein, gut	A
fine-liner:	3	Feinschreiber, feiner Faserschreiber	A,T
fine-pen:	3	Feinschreiber, dünner Stift	A,T
fine tuning:	3	Feinabstimmung, *s. a.* **tuning**^{1}	T
finger food:	3	Häppchen	G
fingerprint:	3	Fingerabdruck, *(charakteristisches)* Kennzeichen	G,T
finish^1:	2	Ende, Endlauf, Ziel(-einlauf)	S
finishen:	2	beenden, zum Endlauf ansetzen; vollenden	A,S
finisher:	2	*ins Ziel gekommener Läufer*	S
Finisher-T-Shirt:	3	Einlaufprämientrikot	S
finish^2:	3	Oberflächenbearbeitung, -behandlung, -zustand	T
finishing:	3	(Oberflächen-)Veredelung	T
fire:	3	Feuer	A
fire exit:	3	Notausgang	A,G
firefighter:	3	Brandbekämpfer, Feuerwehrmann	A
firewall^1:	3	Brandmauer	A
firewall^2:	2	Brandmauer, Schutzwall	I
firmware:	2	Geräteprogramm *(in das Gerät eingebautes Steuerprogramm unabhängig von Betriebssystem und Anwendungen)*	I
first:	3	erst(er), erstklassig, zuerst	A
first class:	3	erstklassig, erste Klasse, luxuriös, sehr gut	A,W
first-class hotel:	3	Hotel erster Klasse, Luxushotel, Spitzenhotel	A,W
first come, first served:	3	wer zuerst kommt, mahlt zuerst	A
first draft^1:	3	erste Wahl	A,W
first draft^2:	3	Andruck	W
first draft^3:	3	Erstfassung, erster Entwurf, erste Version *(eines Buches usw.)*	W
first guess:	3	auf den ersten Blick, erste Abschätzung	A
firsthand:	3	neu, aus erster Hand	W
first lady:	2	Landesmutter, Präsidentengattin	G
first mover advantage:	3	Pionierprämie	W
first responder:	3	Erste Hilfe	G
Fishbowl-Diskussion:	3	Zweikreisdiskussion	G
fishing:	3	angeln *(als Freizeitsport)*	A

| | 1 ergänzend | 2 differenzierend | 3 verdrängend |

fishing for compliments:	3	beifallheischend, nach Beifall gieren, nach Komplimenten angeln	A
fit:	1	fähig, gesund, leistungsfähig	A,S
fitness:	2	*Fitnis,* Leistungsfähigkeit, Wohlbefinden	A,S
fitness bike:	3	Konditions(fahr)rad	A,S
fitness center:	3	Trimmdichstätte, Fitnesszentrum, Gesundheitszentrum, Konditionsraum, Übungsraum	A,S
fitness check:	3	Gesundheitstest	A
fitness program:	3	Fitnessprogramm, Gesundheitsprogramm	A,G,S
Fitness-Studio:	1	Trimmdichstudio	A,G,S
fit for fun:	3	*bereit für Spaß, ich will Spaß,* spaßbereit	A
fit machen:	3	ertüchtigen, Leistung steigern, leistungsfähig machen	A
fitten[1]:	3	fitmachen, Sport betreiben	S
fitten[2]:	3	anpassen	T
Fitting:	1	Übergangsstück, Verbindungsstück	T
five o'clock tea:	3	Fünfuhrtee	G
fix[1]:	2	befestigen, festmachen	T
fix[2]:	3	(Fehler-)Auflösung, Behebung	I
fixen:	2	Rauschgift spritzen	P
Fixer:	2	Rauschgiftsüchtiger	P
fixing:	2	Schlusskurs *(Börse)*	W
Flachdisplay:	3	Flachbildschirm	I
flag:	3	Flagge; Anzeiger	I
flagged:	3	markiert	I
flagship store:	2	Vorzeigeladen	R,W
flair:	3	Atmosphäre, Gespür, Fluidum, gewisses Etwas	A
flash:	3	Blitz	T
flashen:	3	blinken *(Bildschirm),* eine Speicherkarte beschreiben	I
flashback:	3	Einblendung, Geistesblitz, Rückblende, Momentaufnahme, Rückblick, *auch symbolisch gebraucht*	A,S,T
flashcard:	3	Speicherkarte	I
Flashfilm:	2	Filmeinblendung, kurzer Netzfilm	I
flashlight[1]:	3	Blitzlicht(-gerät), Lichtblitze	T
flashlight[2]:	3	Diskolicht	P,T

flashlight³: (AE)	3 Taschenlampe	A
flash memory, Flash-Speicher:	3 nichtflüchtige elektronische Speicherbausteine *(nur blockweise zu beschreiben/löschen)*	I
flashmob:	3 Blitzauflauf, Spaßdemo	G
flashover:	2 Durchzündung, Feuerüberschlag, Brandüberschlag	T
flash player:	2 Abspielprogramm für Filme aus dem Netz	I
flat¹:	3 flach, eindimensional, platt	A
flat fee:	3 Pauschalpreis *(für den Zugang zu einer Dienstleistung)*	W
flat pack:	3 Flachgehäuse	T,W
flat rate:	3 Pauschalpreis, Pauschaltarif, *Pauschale*	W
Flatrate-Bordell:	2 Pauschalbordell *(Essen, Trinken, multipler Sex)*	A
flat rate party:	3 Pauschalpreissaufen	G
flat screen:	3 Flachbildschirm	I,T
flat tax:	3 Einheitssteuer(-tarif)	W
flat²:	3 um einen Halbton tiefere Note *(Musik)*	G
flat³:	3 Mietwohnung, Kleinwohnung	W
flat⁴:	3 Pauschale *(Kurzform von **flat rate**)*	W
flavor (AE), **flavour:** (BE)	3 Geschmack, Duft, Aroma	A,R
fleece:	3 Vlies, Flausch, Faserpelz *(CH)*	A,T
flesh tunnel:	2 Hautloch	T
flexible response:	3 flexible Erwiderung	G
flight:	3 Flug	T,W
flight attendant:	3 Flugbegleiter(in)	G,T
flight recorder:	3 Flugschreiber	T
flight safety:	3 Flugsicherheit	T
Flip¹:	1 Mischgetränk	A
flip²:	3 schnippsen	A
flipchart:	2 Präsentationsblock, Schreibblocktafel	A,T
flip-flop:	2 Flick-Flack *(Handstandüberschlag)*	S
flip-flops:	3 Badeschlappen	P,S
flipper¹:	2 Spielautomat, *im Englischen:* **pinball machine**	A
flipper²:	3 Flosse	A
flippig:	2 *siehe* **flippy**	A

		1 ergänzend 2 differenzierend **3 verdrängend**	
flippy:	3	ausgefallen, *flippig,* unkonventionell, verrückt	A
Flirt:	1	Liebelei	A
flirt-coaching:	3	Flirtschulung	G
flirten:	1	anbandeln, turteln	A
float, floaten, floating:	2	den Wechselkurs freigeben, freies Schwanken *(des Wechselkurses)*	W
floating home:	3	(komfortables) Hausboot	T
floor^1:	3	Stock, Geschoss, Stockwerk	T
floor^2:	3	Fußboden(-belag)	T
floor polish:	3	Bohnerwachs, Fußbodenreiniger	T
Flop^1:	1	Fehlschlag, Misserfolg, Reinfall	A
floppen:	2	zum Misserfolg werden, scheitern	A
flop^2:	2	besonders enttäuschende Aktie *(Börse)*	W
floppy, floppy disc:	2	Diskette *(Datenträger),* s. a. **disc**	I
flow^1:	3	fließen, (im) Fluss, Durchfluss	A,T
flow chart:	3	Flussdiagramm, Ablaufdiagramm	I,T,W
flowpack:	3	(Anschmieg-) Folienverpackung	W
flow^2:	3	Schaffensrausch, Tätigkeitsrausch	T
flower:	3	Blume	A
flower power:	2	Blumenkinderbewegung *(der 60er-Jahre),* s. a. **hippie**	P
flower shop:	3	Blumenladen	W
fluid:	3	Flüssigkeit	T
fluid make-up:	3	flüssige Gesichtstönungscreme, flüssige Schminke	R
flush^1:	3	Wallung, Hautröte	A
flush^2:	3	(Puffer) leeren	I
fly, flying:	3	fliegen	A,T
flyer:	3	Faltblatt, Prospekt	G,W
Flying Dutchman:	2	Fliegender Holländer *(Bootsklasse)*	S
fly-out-menue:	3	Ausklappmenü	I
focus: *(englische Lautung und Schreibung)*	3	Brennpunkt, Fokus *(d.A.)*	A,T
focus puller:	3	Scharfzieher	T
folder^1:	3	Faltblatt, Faltbroschüre, Prospekt	W
folder^2:	3	Mappe, Ordner, Schnellhefter	A,I
foley waker:	3	Geräuschemacher, Geräuschetechniker	T

folk¹, folks:	3	Leute	A,G
folk²:	3	volkstümlich	A,G
Folklore:	1	volkstümliche Überlieferung	G
folk song:	3	Volkslied	A,G
follow:	3	folgen	A
follower:	3	*(abonnierter)* Twitter-Leser	A,T,I
follow me:	3	mir folgen	A,W
follow-up:	3	Nachbehandlung	T
font:	3	Schriftart *(Typografie)*	I
food:	3	Essen, Kost, Lebensmittel, Nahrung, Speise	A
food chain:	3	Nahrungskette	W
food engineering:	3	Lebensmitteltechnik	W
food import:	3	Lebensmitteleinfuhr	W
food industry:	3	Nahrungsmittelindustrie	W
foodstuff:	3	Nahrungsmittel	W
food trust:	3	Nahrungsmittelkonzern	W
food watch:	2	Lebensmittelüberwachung	G
foolish:	3	albern, närrisch, töricht	A
footage:	3	Filmmaterial, Arbeitsmaterial, Material	G
foot:	3	Fuß	A
football:	2	(US-)Amerikanischer Fußball *(Kreuzung zwischen Fußball und Rugby)*, s. a.: **American football**	S
footer¹:	3	Fußnote, Fußzeile	I
footer²:	3	Fußteil *(eines Dokuments)*, *Gegenstück zum* **header²**	A,I,T
force¹:	3	Kraft, Belastung, Druck	T
force²:	3	(Streit-)Macht, Stärke, Gewalt, *s. a.* **air force**	G
force³:	3	*(äußerer)* Antrieb, Anfachung	A
force⁴:	3	bedrängen, zwingen	A
fore:	3	vorder-, vorn	A
forecast:	3	Vorhersage	T,W
fore-checking:	2	Druckspiel, Drangspiel, frühes Stören *(beim Fußball)*	S
forehand:	3	Vorhand *(Tennis)*	S
foresight:	3	Voraussicht, Weitblick	A
foreign:	3	fremd	A
foreigner:	3	Fremder	A
foreign office:	3	Auswärtiges Amt, Außenministerium	G

	1 ergänzend	2 differenzierend	3 verdrängend
forever:	3	für immer, immer wieder	A
fork:	2	Abspaltung, Entwicklungszweig	I
for me, for you:	3	für mich, für dich	A
fortunately:	3	glücklicherweise	A
forward, fwd:	3	weiterreichen *(als Dokument)*, Vorwärts! *(als Ausruf)*	A,I
forwarded, fwd:	3	weitergeleitet, wtg.	A
Forward-Darlehen:	3	Anschlussdarlehen	W
forward-thinking:	3	Vorausdenken, Weiterdenken	A
foto:	3	Foto	T
Fotofinish:	2	Zielfoto(-entscheidung)	S
foto gallery:	3	Fotogalerie	T
Fotosession:	3	Fototermin	A,G
Fotoshooting, photoshooting:	2	Fototermin, Aufnahme von Fotos	R,W
foul: *(englische Schreibung)*	3	Faul, Regelverstoß; faul, regelwidrig, unredlich, unsportlich	A,S
foulen:	2	sich regelwidrig verhalten	A,S
foundation:	3	Stiftung, Gründung, Kuratorium, (wohltätiger) Verband	G,W
four-wheel drive:	3	Allradantrieb	T
fracking:	2	aufreißen *(Tiefbohrtechnik)*	T
fractional ownership:	3	Teileigentum	G
fragrance:	3	Duft	R
frame:	3	Rahmen, Fahrradrahmen	I,T
framework:	3	Rahmen	I,T,W
franchise[1]:	3	Konzession	W
franchising:	3	Konzessionsverkauf	W
franchise[2]:	3	Vorrecht	W
franchise[3]:	3	Zollfreiheit	W
Frauenpower:	2	*Frauenmacht*, Macht der Frauen, s. a. **Powerfrau**	A
freak[1]:	2	Exzentriker, Sonderling, Spinner; *in Verbindungen:* -narr, z. B. **horse freak** = Pferdenarr	A,P
freaky:	3	kauzig, obskur, skurril, sonderbar	G,P
freak[2]:	2	Grille, Laune, Spinnerei	A
free:	3	frei	A

freebie:	3	*(kostenlose)* Zugabe, Werbegeschenk	W
freecall:	3	kostenloser Anruf, Freigespräch	T
freecard:	3	Gratispostkarte, Werbepostkarte	R
free-climber:	2	Freikletterer	S
free-climbing:	3	Freiklettern	S
freedom to operate:	3	Ausübungsfreiheit	W
free-fall tower:	3	Freifallturm *(Kirmes, Freizeitpark)*	G
freefloat:	3	Streubesitz	W
free flow:	3	Selbstbedienung *(in Gaststätten)*	A
freekick:	3	Freistoß	S
freelance:	3	freiberuflich	W
freelancer:	3	Selbstständiger, Freiberufler, Gelegenheits- *oder* Zeitarbeiter, freier Mitarbeiter	W
freemail:	2	(Porto-)Freipost	W
freemailer:	2	*kostenfreier E-Post-Anbieter*	I,W
freemover:	3	Gaststudent *(mit freier Fachwahl)*	G,T
free of charge:	3	gebührenfrei, kostenfrei	W
free rider:	3	Trittbrettfahrer	A
free riding:	3	Tiefschneefahren	S
free selection:	3	freie Auswahl	W
freestyle:	3	Freistil	S
free to air:	3	Freifernsehen (siehe **free-TV**)	A,G,W
free-TV:	2	Freifernsehen, *Bezahlfreifernsehen*, frei empfangbares, unverschlüsseltes Fernsehen	A,G,W
freeware:	3	Gratisprogramme *(vor allem aus dem Internet)*, s. a. **shareware**	I,W
freeway^1:	2	Sammeltarif, Zwölferkarte *(Pakettarif der Deutschen Post)*	G
freeway^2:	2	*(gebührenfreie)* Schnellstraße *(USA)*	G
freeze^1:	3	frieren, einfrieren	A,T
freezer:	3	Gefriertruhe	A,T
freeze^2:	3	eingefrorener Bildschirm, Rechnerstarre	I
French:	3	französisch	G
frequently-asked questions, FAQ:	3	häufig gestellte Fragen	A,I
fresh:	3	frisch	A
fridge:	3	Kühlschrank, *Kurzform von* **refrigerator**	T
fried:	3	frittiert, *auch fälschlich:* gebraten	A
friend:	3	Freund	A

		1 ergänzend 2 differenzierend **3 verdrängend**	
friendly fire:	3	Eigenbeschuss *(Beschuss durch eigene Truppen)*	G
friendraising:	3	Freunde machen *(Mobilisierung von Freunden und Sympathisanten im Wahlkampf, zu Spendenaktionen)*	A
fringe benefits:	3	zusätzliche (freiwillige) Leistungen, *(meist)* Lohnnebenleistungen	W
fringes:	3	*kurz für:* **fringe benefits**	W
Frisbee:	2	Wurfscheibe	S
front:	3	Vorder-, Stirnseite	A
front cooking:	3	Schaukochen	G
frontdesk:	3	Rezeption	G,W
frontend:	2	Bedienoberfläche *siehe auh.* **backend**	I
frontman:	3	Spitzenmann *(im Fernsehen oder in Musikgruppen)*	G
front office:	3	Vertriebsbereich *vgl.:* **back office**	G,W
front page:	3	Titelseite, Vorderseite	G
froster:	3	Tiefkühlgerät	T
froze, frozen:	3	Gefrier-	T
frozen food:	3	Tiefkühlkost	W
frozen meat:	3	Tiefkühlfleisch	W
fruit:	3	Frucht, Obst	A
fruit cup:	3	Früchtebecher	R
fruit juice:	3	Obstsaft	R
fruit store:	3	Obstgeschäft	R
fuck:	3	bumsen, ficken, vögeln	A
fucking:	3	Scheiß-, verdammt, verflucht *(ordinär)*	A
fuel-stratified injection, FSI:	2	(geschichtete) Benzindirekteinspritzung	T
fulfil(l)ment:	3	Erfüllung, Ausführung, Auslieferung	A,W
fulfilment center:	3	Ausführungszentrale, Fahrgelderstattung *(DB)*	W
full:	3	voll; komplett, vollständig	A
full capacity:	3	volle Auslastung *(der Produktion)*	T,W
full-logic:	3	vollautomatisch	T
full-screen:	3	Vollbild	I
full service:	3	Komplettdienst, Vollbedienung, volle Dienstleistung	W
full shot:	3	Halbtotale	T
full-size:	3	Ganzformat	T,W
full speed:	3	Höchstgeschwindigkeit, mit voller Kraft, Volldampf	T

full-time:	3	Ganztags-, Vollzeit-, z. B. in	G,W
full-time job:	3	Ganztagsarbeit	G,W
fully:	2	Federrad, vollgefedertes Fahrrad, s. a. hardtail	R,S,T
fun:	3	Spaß, Vergnügen, Freude, Lust, Scherz	A,P
funbike:	3	Allzweckrad (Kombination von Straßen- und Geländerad, sowohl als Fahr- als auch Motorrad)	P,S
funcard:	3	Spaßkarte (Deutsche Post)	P,W
funcourt:	3	Spaßsportplatz	P,S
fun cruiser:	3	Spaßauto (vor allem Geländewagen)	P,S
fun fact:	3	Kuriosität	G
fun factory:	3	Erlebnislokal (Spaßfabrik)	P
fun generation:	3	Spaßgeneration	A,G,P
funraising:	3	Fez machen, rumjuxen, Spaßbeschaffung, Spaß suchen	A,P
Funsport:	3	Abenteuersport, Spaßsport	P,S
Funtarif:	3	Freizeittarif	W
function:	3	Funktion, Stellung	G,W
functional food:	2	funktionelle Lebensmittel	A,G
fund:	3	Kapital, Geldmittel	W
fundraising:	3	Mittelbeschaffung	W
funds:	3	Fonds (Geldsammelstelle für Kapitalanleger)	W
funeral master: (PA)	3	Bestatter, Leichenbestatter, Bez. im Englischen: **undertaker**, **mortician** (AE), PA existiert im Englischen nicht	G,W
funny:	3	lustig, amüsant, spaßig, unterhaltsam	A
future^1:	3	Zukunft, zukünftig, bevorstehend	A
futures:	2	Zukunftspapiere (Börse), (indirekte, börsenvermittelte) Termingeschäfte	W
Futuremarkt:	3	Terminmarkt (Börse)	W
future^2:	2	verbindlicher Börsenvertrag	W
fuzzy logic:	2	unscharfe Logik, Nebellogik	T
FYI (for your information):	3	ZK, zur Kenntnis	W,A

1 ergänzend **2** differenzierend **3** verdrängend

G

gadget:	3	Apparat, Gerät, Nippes, technische Spielerei, *s. a.* **gimmick**	T
gaffer:	3	Beleuchter, Elektriker	T
gag:	2	Witz, Klamauk, Scherz	A
gagger:	3	*siehe* **gagman**	A
gagig:	3	witzig, *s. a.* **vergagt**	A
gagman:	2	Pointenschreiber, Witzeschreiber *(z. B. für Fernsehmoderatoren)*	A
gal:	3	*ugs.*, *siehe* **girl**	A
gamble, gambeln:	3	(glücks-)spielen	G
game:	3	(Rechner-)Spiel, PC-Spiel	A
gamen:	3	am Rechner spielen	A
gameboy:	2	Spielautomat für Kinder *(und Jugendliche)*	S
game corner:	3	Spielecke	G,P
game over:	3	Spiel beendet *(bei Rechner- und Konsolenspielen)*	G
gamepad:	3	Steuerung, Steuerkonsole (für Rechnerspiele)	I,T
gamer:	3	Spieler, Zocker (vor allem von elektronischen [Rechner-] Spielen)	A
game show:	3	Spielsendung, Spielschau	A,G
gang:	3	Bande, Gruppe, Straßenbande, Verbrecherbande	A,G
Gangster:	1	Bandit, Krimineller, Verbrecher	A,G
gangbang:	3	Gruppensex, Rudelbumsen	G
gangway:	2	Stelling, Zubringersteg, *(fahrender)* Laufgang	W
gap:	3	Lücke, Abstand	A,T
garbage collection:	3	(automatische) Speicherbereinigung	I
garden party:	3	Gartenfest	G
gate[1]:	3	Tor	A,W
gated community:	3	Wohlstandsghetto	G
gatehouse:	3	Pförtnerhaus	A,W
gatekeeper:	3	Pförtner	A,W
gateway[1]:	3	*(Eingangs-)*, Tor, Zugang	A
gateway[2]:	3	Protokollumsetzer	I

gate²:	3	Flugsteig	T
-gate³: (AE)	3	-skandal *(nach Watergate für die Bezeichnung eines Skandals gebraucht)*	G
gay¹:	3	fröhlich, lustig	A
gay²:	3	homosexuell, schwul	A,G,P
Gay-Pride-Parade:	3	Schwulenparade	P
gay³:	3	Schwuler	A,G
ge-:		deutsche Partizipbildung mit englischen Verben, so in	
gebackupt:	3	gesichert	I,T
gebrandet:	3	mit Markennamen versehen	I,R
gebrieft:	3	eingewiesen, unterrichtet, informiert	A,T
gecancelt:	3	abbestellt, abgesagt, gestrichen, *s. a.* **canceln**	A,I
gecheckt:	3	überprüft, *Jugendsprache auch:* verstanden	A
gechillt:	3	gelöst, entspannt, locker, *s. a.* **chill out**	A
gechipt:	1	gekennzeichnet, markiert	G,I
gecleant:	3	gesäubert	A
gecurlt:	3	gelockt, gewellt, gekräuselt	A
gedownloadet:	3	heruntergeladen, *siehe* **download**	I
geearmarked:	3	akzeptiert, für gut befunden	G
gefak(e)t:	3	gefälscht	A
gefightet:	3	gekämpft	A,S
geflasht:	3	begeistert, sprachlos	G
gefrostet:	3	gefroren, tiefgekühlt	T
gehandikapt, gehandicapt:	3	behindert, benachteiligt	A
gekidnappt:	2	entführt	G
geliftet:	3	gestrafft	A
gemailt:	3	geschickt, geschrieben	I,T
gemountet:	3	eingehängt, eingeklinkt	I
geoffshored:	3	ausgelagert, *s. a.* **offshoring**	T,W
geoutsourced:	3	ausgegliedert, ausgelagert, *s. a.* **outsourcen**	T,W
gepixelt:	2	aufgelöst in Bildpunkte	I
gepoolt:	3	gebündelt, konzentriert, zusammengefasst	A
geschedul(e)t:	3	Termin (aus-)gemacht, gebucht, terminiert	A
geshiftet:	3	angepasst, verschoben, (räumlich) versetzt	T
gesplittet:	3	aufgespalten, aufgeteilt	A
gesponsert:	3	*(finanziell)* gefördert	A,G,S
gestreamlined:	3	angepasst, ausgerichtet	A,W

	1 ergänzend	2 differenzierend	3 verdrängend
gestylt[1]:	3	(modisch) entworfen, gestaltet, stilisiert	G
gestylt[2]:	3	herausgeputzt, modisch aufgemacht	A,G,P
getaped[1]:	3	aufgenommen	T
getaped[2]:	3	mit Pflaster versehen, „verpflastert"	A
getimed:	3	(zeitlich) abgestimmt, koordiniert	T
getuned:	2	*frisiert*, angepasst, eingestellt	I,T
gear:	3	Getriebe	T
geek:	3	Streber, *s. a.* **nerd**[1]	A
gender:	3	(soziales und psychologisches) Geschlecht	G
gendermainstreaming:	3	konsequente Gleichstellungspolitik	G
gender pay gap:	3	Mann-Frau-Lohngefälle	G
gendern:	2	prüfen auf gleichstellungsrelevante Gesichtspunkte, *s. a.* **gendermainstreaming**	T
general[1]:	3	General *(mil. Dienstgrad)*	G
general[2]:	3	allgemein, generell	A
general agency:	3	Generalvertretung	W
general assembly:	3	Generalversammlung	G,W
generation @:	3	(Internet-)Generation	G
genesis:	3	Ursprung	T
Genfood:	3	Genkost, genmanipulierte Lebensmittel, *s. a.* **designer food**	T
Genmapping:	2	Gendarstellung, Genkartierung, Genzeichnung	T
Genpool:	2	Genfundus, Genschatz	T
gent:	3	*Kurzform von* **gentleman**	A,G
gentleman:	2	Ehrenmann	A,G
gentlemanlike:	2	ehrenhaft, ritterlich, vornehm	A,G
gentlemen's agreement:	2	*(vertrauensvolle)* Übereinkunft, Vereinbarung von Ehrenmännern	A,G
geocaching:	3	moderne Schatzsuche	G
German call, GermanCall:	3	Ferngespräch, Inlandsgespräch	T
German masters:	3	Deutsche Meisterschaft	S
German Open:	3	offene deutsche Meisterschaft *(Tennis)*	S
get:	3	bekommen, besorgen, erhalten	A
getaway:	3	Entkommen, Flucht, Ausfallstraße	A,W
get-together:	3	Stehempfang, Zusammenkunft	A,W

ghetto blaster:	3	Kofferradio, tragbare Musikanlage	P,T
ghost:	3	Geist, Gespenst	A
ghostspeaker:	3	Synchronsprecher	G,T
ghost word:	2	Geisterwort *(durch Übermittlungsfehler entstehend)*	G
ghostwriter:	3	Auftragsschreiber, Redenschreiber, *s. a.* **speechwriter**	A,G
GI:	2	US-Infanterist	G
gift:	3	Geschenk	G
giftbox:	3	Geschenkkiste	G
gift shop:	3	Geschenkeladen	G

gig¹:	2	*(leichtes)* Beiboot, Ruderboot	S
gig²:	3	Auftritt, Konzert, *oft gebraucht als:* spontaner Auftritt	G
gigaliner:	3	Riesenlaster, Riesen-Lkw	T
gimme five!:	3	*siehe* **give me five!**	AP
gimmick:	2	(Reklame-) Dreh, technische Spielerei, *s. a.* **gadget**	P
ginger:	3	Ingwer	A

	1 ergänzend	**2** differenzierend	**3** verdrängend

ginger ale:	2 Ingwerlimonade	W
girl:	3 (junges) Mädchen	A
girlfriend:	3 *(feste)* Freundin *siehe* **boyfriend**	A
girlgroup, girliegroup:	3 Mädchenpopgruppe, *s. a.* **boygroup**	A,P
Girl Scout:	3 Pfadfinderin, *vgl.* **Boy Scout**	G
girls' day:	3 Mädchentag, Töchtertag *(A,CH)*	G
give:	3 geben	A
giveaway:	3 Beigabe, Gratisprobe, Kundengeschenk, *Wegtragsel*, Werbegeschenk, Zugabe	R,W
Give me five!, Gimme five!:	3 Hand drauf! Schlag ein! *(Jugendsprache)*	A,P
gladly:	3 gern	A
glamor (AE), glamour: (BE)	3 *(falscher)* Glanz, Schimmer	G,P
glamor girl, glamour girl:	2 Glanzmädchen, Flittermädchen, Filmschönheit	G,P
glitter:	3 (starker) Glanz	A
global:	3 global, weltweit, *meist einfach*: welt-	A,W
global banking:	3 weltweites Bankwesen, weltweite Geldanlage	W
global brain:	3 Weltwissen	T
global call, GlobalCall:	3 Auslandsgespräch, internationale Fernverbindung	T
global cuisine:	3 Multikulti-Küche *(z. B. Spaghetti mit Pekingente)*	G
global learning:	3 weltweites Lernen	G
global player:	2 Weltunternehmen	W
global sourcing:	2 weltweite Beschaffung, weltweite Kapazitätennutzung	W
global village[1]:	2 Internetgemeinschaft	A,I
global village[2]:	2 globales Dorf, eine Welt	G
global youngster:	3 weltoffener Jugendlicher *(Unsinnkonstrukt)*	A
globetrotter:	2 Weltenbummler, Weltreisender	G
glossary:	2 (Sach-)Wörterverzeichnis	G,T
glossy print:	3 Hochglanzabzug, -bild	T
g-man, gunman:	3 Revolverheld	G
go[1]:	3 gehen; geh!, los!	A,S
go-between:	3 Unterhändler, Vermittler	W
go-cart, go-kart:	2 Kleinstrennwagen, *vgl.* **kart**	S

go-go boy:	2 Vortänzer	P
go-go girl:	2 Vortänzerin	P
go-in:	3 Stördemo, Besetzung, gewaltfreies Eindringen in Gebäude usw. *(zu Protestzwecken)*, Sprengen *(einer Versammlung)*	G
go live:	3 Markteinführung, Produkteinführung	R,W
go to:	3 gehe zu	A
go²:	3 Erlaubnis, Einverständnis, Zustimmung, *s. a.* **okay²**	A,W
goal¹:	3 Ziel *(auch im übertragenen Sinn)*	A
goal²:	3 Tor *(besonders im Fußball)*, Treffer, *siehe* **golden goal**	S
goalgetter:	3 Torjäger	S
goalkeeper, goalie:	3 Torhüter, Tormann, Torwart, *vgl.* **keeper²**	A
goatee:	3 Ziegenbart, Spitzbart	A
godlike:	3 göttlich	A
gofer:	3 Laufbursche	W
going global:	3 (Gang) auf den Weltmarkt	W
going public:	3 Börsengang, Gang an die Börse	W
golden:	3 golden	A
golden delicious:	2 Gelber Köstlicher *(Apfelsorte)*	W
golden goal:	3 Entscheidungstor, goldenes Tor *(beim Fußball)*, *s. a.* **sudden death²**	S
golden master:	3 Originalpressung *(von CDs, DVDs usw.)*	I
golden parachute:	2 goldener Fallschirm *(überhöhte Abfindung für einen Mitarbeiter in leitender Funktion)*	W
good:	3 gut	A
good-bye:	3 Ade, Auf Wiedersehen, Lebewohl, Servus, Tschüss	A
good governance:	3 gutes Regieren, Regierungsvorbild	G
Good luck!:	3 Viel Glück!	A
Good night!:	3 Gute Nacht!	A
goodwill¹:	3 Firmenwert, Geschäftswert	A
goodwill²:	3 Ansehen, guter Ruf	A,G
goodwill³:	3 guter Wille, Wohlwollen	A
goodwill tour:	3 Freundschaftsbesuch, Sympathiereise, -werbung, Werbereise, *auch als* **Goodwillreise** *gebraucht*	A,G
goody, goodie:	3 Bonbon; (Werbe-)Geschenk	A

		1 ergänzend	2 differenzierend	3 verdrängend
googeln, googlen:	1	etwas *(mit einer Suchmaschine)* im Netz suchen		I
gorging:	3	schlingen, gierig essen		G
go-slow:	3	Bummelstreik, Dienst nach Vorschrift		W
gospel¹:	3	Evangelium		G
gospel²:	2	Kirchenlied		G
gossip:	3	Gerede, Gerücht, Klatsch, Tratsch		G
gotcha:	2	Farbbeutelschießen		P
go-to man:	3	Ansprechpartner		G
governance:	3	Beherrschung, s. a. **corporate governance**		G
GPS:		*(Abk. für)* **global positioning system** = satellitengestütztes Navigationssystem		T
grabbing:	3	raffen, ergaunern		A
grand:	3	groß, höchst-, Spitzen-		A
grand design:	3	großer Entwurf, Vision, weitreichendes Vorhaben		G
grand old lady:	3	große alte Dame		G
grand slam, Grand-Slam-Turnier:	2	Spitzenturnier *(im Tennis)*		S
granny:	3	Oma, Omi		A
Grapefruit:	1	*Kreuzung aus Orange und Pampelmuse*		W
grapeshot:	3	Schrotkugel, Schrotkugelmuster		T
graphical user interface, GUI:	3	grafische Bedienoberfläche, Benutzeroberfläche, grafische Benutzerschnittstelle		I
graphics:	3	Grafiken, grafische Darstellungen, Zeichnungen		T
graphics card:	3	Grafikkarte, Videoplatine		I
grassboard, Grasboard:	2	*Grasbrett (Sommerversion des Schibretts),* s. a. **snowboard**		S
green¹:	3	grün		A
greenback:	3	*umgangssprachlich für* Dollar		A
green belt:	3	Grüngürtel		G
green card:	2	(befristete) Arbeitserlaubnis, Zeitarbeiterlaubnis		W
greenhorn:	3	Anfänger, Grünschnabel, Neuling		A
green IT:	2	grüne, sanfte *(umweltfreundliche)* IT		I
green room:	3	Aufenthaltsraum, Warteraum		A
green²:	3	„das Grün" *(beim Golf),* Golfplatz		S
greenfee:	3	Spielgebühr, Spielentgelt *(beim Golf)*		S
greenkeeper:	3	Platzwart, Rasenpfleger *(beim Golf)*		S

greenwash, greenwashing:	3	Grünwäsche, Grünfärberei	W,R
greeting(s):	3	Gruß, Grüße	A
grid¹:	3	(elektrisches Versorgungs-)Netz	T
Grid-System:	3	Gittersystem, Laufschienensystem (für Scheinwerfer), Rastersystem	I,T
Grid-Technologie:	2	Rastertechnologie (Hochleistungsrechennetzwerke)	I
grid²:	3	Raster	T
grid girl:	2	Dekormädchen (bei Produktwerbung)	R
grillroom:	3	Imbissbude	A
grip:	3	(Reifen-)Haftung (Formel 1)	S,T
groggy:	3	abgearbeitet, geschafft, schlapp, überanstrengt, vgl. **down**	A
groove¹:	3	Rille, Nut	T
groove²:	3	Spaß, Lockerheit, Stimmung	A,P
groove³:	3	etwas Tolles, Fetziges	A
groove⁴:	3	Rhythmus	A,P
groovie:	3	Klasse! Toll!	A,P
grooven, grooving:	3	genießen, gut drauf sein	A,P
growth:	3	Wachsum, s. a. **sustainable growth**	W
ground:	3	Boden, Grund	A
ground-funding:	3	Schwarmfinanzierung, s. a. **crowdsourcing**	W
ground hostess:	3	weibliches Bodenpersonal (von Fluggesellschaften)	W
grounding¹:	3	Erdung, Fundament, Grundierung	T
grounding²:	2	am Boden bleiben, Flugverbot (Flugzeug)	A,G
group:	3	Gruppe	A
groupware:	2	Kollaborationsprogramm	I
group work:	3	Gruppenarbeit	G
group executive committee, GEC:	3	Vorstandssprecher	W
Groupie:	1	Anhänger, Extrem**fan**	P
growth fund:	3	Wachstumsfonds	W
grubber:	2	Eggenpflug	W
grunge, grunge-look:	2	Stil in Mode und Musik der 1990er Jahre, bedeutet *wörtlich*: Schmuddelstil, Schmuddeloptik	G
guarantee:	3	Garantie	G
guard:	3	Wache, Wächter	A,G

			1 ergänzend 2 differenzierend **3 verdrängend**
guest:	3	Gast	A
guestbook:	3	Gästebuch	A,G
guesthouse:	3	Gästehaus	A,W
guide[1]:	3	Führer	A,W
guidance:	3	Führung, Anleitung	A,W
guided tour:	3	geführte Tour, Führung *(z. B. im Museum)*	G
guide[2]:	3	Führer *(als Buch)*	A
guideline:	3	Leitlinie	A
gully:	3	Gully *(d.A.)*, Einlaufschacht *(für Straßenabwässer)*	A
gum:	3	Gummi, Kaugummi	A,T
gun:	3	Gewehr, Kanone, Pistole, Revolver	T
gunman:	3	Auftragsmörder	G
gym *(Abk. für gymnasium)*:	3	Sporthalle, Turnhalle	S
gyrocopter:	3	Tragschrauber	T

H

Haarspray:	1	Haarfestiger, Haarschöner	A,R
habit:	3	Gewohnheit, Lernschritt, Verhaltensart	A
hacker:	3	Hacker *(d.A.)*, Eindringling, Programmierfuchs	I
hair:	3	Haare, Haar	A
hairbrush:	3	Haarbürste	A,R
hair care:	3	Haarpflege	R
haircut[1]:	3	Haarschnitt	A
haircut[2]:	3	Schuldenschnitt, Umschuldung	R,W
hairdresser:	3	Friseur	A,R
hairspray:	3	Haarspray, Haarsprüher, Haarfestiger, *s. a.* **spray**	R
hairstyling:	3	Haarformung, Frisurgestaltung	A,R
hairstylist:	3	Friseur	A,R
hair tonic:	3	Haarwasser	R
half-:	3	halb, *als Vorsilbe wie in*	A
half-dry:	3	halbtrocken	A,R
halfpipe:	2	Hohlpiste *(bei Rollbrettfahrern)*, Schneerinne	P,S
half-price day:	2	*Halbpreis-Tag*, Halbe-Preise-Tag	A,R
halftime:	3	Halbzeit	S
half volley:	2	Halbflugball *(Tennis)*	S
hall of fame:	3	Ehrenhalle, Ruhmeshalle	A,G
Halloween:	2	Gespenstertag *(am 31.10., alter keltischer, in den USA populärer Brauch)*	G
ham and eggs:	3	*Strammer Max,* Eier mit Schinken	A
hamburger: *(englische Lautung)*	3	Hamburger *(d.A.)*, ähnlich einem Hackfleischbrötchen	G
hand:	3	Hand	A
handbiker:	2	Handradfahrer(in)	S
handbiking:	2	Handradfahren	S
handheld:	3	*(tragbares)* Kleingerät, *s. a.* **pocket PC**	I
handmade:	3	Handarbeit, handgefertigt	W
handout:	3	Vorlage, Tischvorlage	R,W
handeln: *(englische Lautung)*	3	handhaben, bearbeiten, umgehen mit etwas	A
handicap[1]:	3	Behinderung, Benachteiligung	G

	1 ergänzend	2 differenzierend	3 verdrängend
handicapt:	3 behindert, benachteiligt		G
handicap²:	2 Benachteiligung, Erschwerung, Vorgabe *(Spielerwertung im Golf)*		S
hand:	3 Hand		A
handlebar:	3 durchführbar, zu handhaben		A
handling:	3 Abwicklung, Bearbeitung, Bedienung, Behandlung, Erledigung, Handhabung, Hantierung, Nutzung, Umgang		A
hands:	3 Handspiel *(Fußball)*		S
handshake:	3 Handschlag		A
hands on:	3 praktische Seminarübungen		A,T
handy¹:	3 handlich, nützlich		A
handyman:	3 Mädchen für alles, Faktotum		A
handy²: (PA)	2 *Händi*, Mobiltelefon		A,T
hangover¹:	3 Rest, Überbleibsel		A,G
hangover²:	3 Kater		A,G
happening:	2 *(arrangiertes ungewöhnliches)* künstlerisches Ereignis, spontanes Ereignis, Spontankunst		A,G,P
happiness:	3 glücklich sein, Wohlgefühl		A
happy:	3 fröhlich, glücklich		A
Happy Digits:	(EN) *bedeutet:* Bonuspunkte, Rabattpunkte		A,W
happy birthday:	2 Glückwunsch zum Geburtstag!		A,G
happy end:	2 glücklicher Ausgang, gutes Ende		A
happy go lucky:	2 unbeschwert, sorglos, leichtlebig		G
happy few:	3 *Glückskinder, die wenigen Glücklichen*		A
happy hour: (PA)	3 Lockstunde Bed. im Englischen: Stunde nach Arbeitsende		R
Happy new year!:	3 Frohes, Glückliches, Gutes neues Jahr!, Prosit Neujahr!		G
happy shopper:	3 Erlebniskäufer		A,W
happy-TV:	3 Spaßfernsehen		A
hard:	3 hart		A
hard copy:	3 Papierkopie, (Rechner-)Ausdruck		I
hardcore¹:	3 harter Kern		A
hardcore²:	3 harter Pornofilm		G
hardcover:	3 gebundenes Buch, Festeinband, *im Gegensatz zu* **paperback**		W
hard disk:	3 Festplatte, Plattenspeicher		I
hard drink:	3 Hochprozentiges, Schnaps, Spirituose		A

hardliner:	3	Betonkopf	A,G
hardpack:	3	harte Verpackung *(Papppackung)*	W
hardrock:	2	Hardrock *(Rockmusik-Richtung)*	G
hardtail:	2	Fahrrad mit gefedertem Vorderrad, s. a. **fully**	R,S,T
hardtop:	2	Festdach, Festverdeck *(für ein Cabriolet)*, s. a. **softtop**	T
hardware:	2	elektronische Geräte, Gerätepark, s. a. **software**	I
harvester:	3	Vollernter	W
hashtag:	2	*(Doppelkreuz-)* Stichwort	I
hate crime:	3	Hassverbrechen	G
hattrick:	2	Dreifachtreffer *(eines Spielers)*	S
have:	3	haben	A
Have a ...!:	3	Nimm, hab ...!, z. B. in	A
Have a nice day!:	3	Hab einen schönen Tag!, Schönen Tag noch!	A
Have fun!:	3	Viel Vergnügen!	A
have-nots:	3	Habenichtse, Arme	A,G
HDTV:	3	*(Abk. für)* **high definition TV** *(siehe dort)*	T
head^1:	3	Kopf	A
headcount reduction:	3	Arbeitsplatzabbau, Entlassung, s. a. **downsizing^1**	W
headhunter:	2	Ab- und Anwerber *(von Führungskräften)*, Personalbeschaffer	W
headphone:	3	Kopfhörer	T
headset:	2	*(tragbare)* Freisprecheinrichtung, *Freisprecher, Hörsprecher*	T
headshot:	3	Kopfschuss *(Computerspiele)*	A
head-up display:	2	Frontscheibenanzeige *(für Kfz und Flugzeuge)*	T
head^2:	3	Haupt-; Leiter, Vorsitzender, Verantwortlicher	W
header^1:	3	Schlagzeile, Kopfzeile, Überschrift	G,W
header^2:	3	Kopfteil *(eines Dokuments)*, Vorspann, Gegenstück zum **footer^2**	A,T
heading^1:	3	Briefkopf, Überschrift	G,W
heading^2:	3	Richtung, Route	W
headline:	3	Schlagzeile, Überschrift	G,W
headliner:	3	Schlagzeilenmacher	G,W
head office:	3	Zentralbüro	W
headquarters, HQ:	3	Hauptquartier, Oberkommando, Zentrale	W

	1 ergänzend	**2** differenzierend	**3** verdrängend
head start:	3	Schnellstart, Schnellschuss	A,T
headstarter:	3	Schnelllernprogramm	G,W
headwaiter:	3	Oberkellner, *s. a.* **waiter**	A
headwriter:	3	Hauptautor *(für Fernsehsendungen)*	G
health:	3	Gesundheit	T
healthism:	3	Gesundheitswahn	W
health care:	3	Krankenversorgung, -versicherung	T,W
health club:	3	Fitness-Studio	G
health food:	3	Gesundheitskost, Heilkost	W
health insurance:	3	Krankenversicherung	W
heap¹:	3	Haufen	A
heap²:	3	Halde *(dynamischer Speicher)*	I
hear:	3	hören	A
hearer¹:	3	Hörer, Zuhörer	A
hearer²:	3	Audiobuch	I
hearing:	3	*(öffentliche)* Anhörung	G
heart:	3	Herz	A,T
heat:	3	Hitze, Wärme	A,T
heating:	3	Heizung	T
heat of the night:	3	Hitze der Nacht	A,G
heat pipe:	3	Wärmerohr	T
heaven:	3	Himmel *(im religiösen Sinn)*	A,G
heavenly:	3	himmlisch	A
heaven on earth:	3	den Himmel auf Erden	A
heavy¹:	3	schwer, drückend, stark	A
heavy²:	3	heftig, extrem	A
heavy-duty:	3	robust, strapazierfähig	A,T
Hedgefonds:	2	Risikofonds *(Gewinnchance auch bei fallenden Kursen)*	W
heist movie:	3	*Krimi,* Kriminalfilm	G
heli-:	2	*Vorsilbe* heli *in*	A,T
helicopter:	3	Hubschrauber, *s. a.* **chopper³**	T
heliport:	3	Hubschrauberlandeplatz	T
heliskiing:	3	Hubschrauberski	S
help:	3	helfen	A
helpdesk:	3	Auskunft, Hilfsdienst, Information	A,G
helpline:	3	Notruf, Sorgentelefon, Telefonbetreuung	G
he-man:	3	echter Mann, ganzer Kerl	A,G

hero:	3	Held, Vorbild	A,G
Hi!:	3	Grüß dich!, Hallo!, Grüezi! *(CH)*, Servus!	A
hiccup:	3	Schluckauf, Schlucken	A
hi-fi, HiFi:	2	**high fidelity** *(siehe dort)*	T
high¹:	3	abgehoben, begeistert, euphorisch *(besonders nach Drogenkonsum)*	A,P
high²:	3	hoch, sehr, viel, *als Vorsilbe*	A
highboard:	3	Hochschrank, *s. a.* **sideboard**	R,T
highbrow:	3	hochgebildet, hochintelligent	A,G
high-class:	3	hochrangig, hochwertig	A,W
high definition TV:	3	hochauflösendes Fernsehen	T
high density:	3	hohe Dichte *(z. B. Speichermedien)*	I,T
high-end:	3	Edelausstattung, Spitzengerät	A,W
high fidelity:	2	Klangtreue, -güte, Tontreue	T
highflyer:	3	Aktienrenner *(Börse)*, Senkrechtstarter	A,G,W
high heels:	2	Stöckelschuhe	A,R
high level view:	3	Draufblick, Gesamtschau, Überblick	W
highlife¹:	3	Leben in großem Stil	A,G
highlife²:	3	Feier, Feierstimmung	A,G
highlight:	3	Gipfel, Glanzlicht, Glanzpunkt, Höhepunkt	A
highlighten:	3	herausheben, herausstellen, markieren	A
high noon¹:	3	Mittag, zwölf Uhr	A,G
high noon²:	3	Krisensituation, spannungsgeladene Atmosphäre	A
high potential:	3	Hochqualifizierte(r), Fachmann	G,W
high school:	3	Oberschule *(nicht: Hochschule)*	G
high score:	3	Höchstergebnis, Höchstpunktzahl	G,W
high society:	3	die oberen Zehntausend, Oberschicht der Gesellschaft *(scherzhaft auch:* **high snobiety***)*	G
high-speed copy:	3	Hochgeschwindigkeitskopie, Schnellkopie *(Kassette)*	T
high-speed skiing:	3	Hochgeschwindigkeitsskilauf *(Abenteuersportart)*	S
high-speed story:	3	temporeiche, hochverdichtete Erzählung	G
high spots:	3	*(städtisches)* Ballungsgebiet	G
high-tech:	3	**high technology** *(siehe dort)*	T
high(-tech) fashion:	2	Spitzenmode, Technomode	A,R

	1 ergänzend	2 differenzierend	3 verdrängend

high technology:	3	Spitzentechnik, *(im angelsächsischen Sprachgebrauch auch:)* Spitzentechnologie, *siehe* **technology**	T
highway:	3	Fernstraße, Schnellstraße, *nicht:* Autobahn, *vgl.* **interstate** (AE) *oder* **motorway** (BE)	A,W
hijack, hijacking:	2	(Flugzeug-) Entführung	G
hijacker:	3	(Flugzeug-) Entführer, Luftpirat	G
hike, hiking:	3	wandern, *s. a.* **hitchhiking**	A
hillbilly:	3	Hinterwäldler	G
hip[1]:	3	Spitzel	G
hip[2]:	3	angesagt, modern, modisch, „ein Muss"	A,P
hip bag:	3	Hüfttasche	W
hip hop[1]:	2	Tanz- und Musikrhythmus	A,G
hip hop[2]:	2	Form derzeitiger Jugendkultur	P
Hippie:	1	Blumenkind *s. a.* **flower power**	A,G,P
hire:	3	einstellen, mieten	W
hire and fire:	3	heuern und feuern	W
hiring freeze:	3	Einstellungsstopp	W
history:	3	Geschichte	G
histotainment:	2	Geschichten um Geschichte, Historienunterhaltung	G
hit[1]:	3	schlagen, treffen, Treffer	A
hit-and-run:	3	Unfallflucht	A,G
Hit[2]:	1	Ohrwurm, Spitzenschlager	G,P
hit list:	3	Hitliste	G
Hitparade: *(englische Lautung)*	3	Hitparade *(d.A.)*, Schlagerparade	G,P
hit[3]:	2	besonders erfolgreiche Aktie, *Knüller (-aktie) (Börse)*	W
hitchhiker:	3	Anhalter	A,G
hitchhiking:	3	Anhalter, Autostop, *s. a.* **trampen**	A,G
HIV:		*(Abk. für)* human immunodeficiency virus = menschliches Immunschwächevirus	A,T
hoax[1]:	3	Fälschung, Streich, Trick	A
hoax[2]:	3	falsche Virenwarnung	I
hoax[3]:	3	Falschmeldung, Zeitungsente	A,W
Hobby:	1	Liebhaberei, Steckenpferd	A,G
holding:	2	Beteiligungs-, Dachgesellschaft	W
holiday:	3	Feiertag, Ferien, Freizeit, Urlaub	A,G
holocaust:	3	Holokaust *(d.A.)*, Massenvernichtung, Völkermord	G

holster:	3	Pistolen-, Revolvertasche	T
home¹:	3	Haus, Heim, Wohnung, *als Vorsilbe auch:* von zu Hause aus	A,G
home automation:	3	Hausautomatisierung	A,G
home banking:	2	*fernbanken*, Haus-Bankgeschäft, -Bankverkehr	W
home care:	3	Hauspflege, häusliche Krankenversorgung	A,G
home dress:	3	*(bequeme)* Haus- und Freizeitkleidung, Hausanzug	A,R
home entertainment:	3	Heimunterhaltungsgeräte *(Fernsehgerät, Stereoanlage usw.)*	A,G
homing:	3	heimeln, *(das Heim als Lebenszentrum; Bed. im Engl.: Fähigkeit heimzufinden, z. B. Tauben, Zielfindung von Waffen)*	A
home jacking:	2	Autodiebstahl *(per Einbruch und Schlüsseldiebstahl)*	G
homeland:	2	Heimatland *(auch: Siedlungsland der Ureinwohner in Südafrika)*	G
home learning:	2	Daheimlernen *(z. B. mit Hilfe des Internets)*	A,G
homemade:	3	hausgemacht, Hausmacher-	A
home networking:	3	Hausvernetzung, „intelligentes Haus"	T
home office:	2	Büro zuhause (BZH), Heimbüro	W
home office day, HOD	3	Heimarbeitstag	G,W
home-order television:	3	Fernseheinkaufskanal	W
homepage:	2	Startseite; Hauptseite *(im Internet)*	I
home PC:	3	Heimrechner	I
home rule:	3	Autonomie, Selbstregierung	G
home-schooling:	3	Hausunterricht	G
home service:	3	Bringdienst	W
home shopping:	3	Einkauf von zu Hause, Ferneinkauf *(über Telefon oder Internet)*	W
homesitting:	3	Heimhüten, *s. a.* **housesitting**	G
home staging:	3	Haus herausputzen *(zum Verkauf)*	W
homestory:	2	(Bild-)Bericht aus der Privatsphäre (Prominenter)	G
hometown:	3	Heimatstadt	G

	1 ergänzend	2 differenzierend	3 verdrängend

home trainer: (PA)	3	Heimtrainer, Heimfahrrad *(für daheim, Konditionssportgerät, Übungsgerät)*, Bez. im Englischen: **exercise bike**	R,S
home video:	3	Heimvideo	T
home wear:	3	Haus-, Freizeitkleidung	A,R
homie:	3	Kumpel *(Jugendsprache)*	G
home²:	3	Startseite *(im Netzauftritt)*	I
hone: *(englische Lautung)*	3	honen *(d.A.)*, feinschleifen, ziehschleifen *(von Metallen)*	T
honey:	3	Süße(r) *(Kosewort, eigentlich:* Honig*)*, Liebling, Schatz, s. a. **sugar**	A
honeymoon:	3	Flitterwochen	A
hoodie:	3	Kapuzenpullover	G
hooligan:	3	Randalierer *(beim Fußballspiel)*, Schläger	G,S
hop-on:	2	Wegwerf-Händi	G,W
horror:	3	Angst, Entsetzen, Grauen, Schauer, Schrecken	A
Horrorfilm:	2	Gruselfilm, Schreckensfilm	A,G
horror trip:	2	Drogenrausch *(mit Angstzuständen)*	A
hospitality:	3	Gastfreundschaft, Gastlichkeit	G
hospitality event:	3	Gästeempfang	G
host¹:	3	Gastgeber	A,G
Hostel:	1	Herberge, *Billigbleibe*	W,A
Hostess:	1	Gästebetreuerin	G,W
host²:	3	Hauptrechner, Zentralrechner	I
host³:	3	Rechner (mit Netzadresse)	I
hosting:	2	Bereitstellung *(der Leistung eines Internet-Dienstrechners)*, Bereitstellung von Speicherplatz, Domänenverwaltung	I
hot:	3	heiß, scharf *(auch im übertragenen Sinn)*	A
hotten:	2	tanzen, „heiße" Musik spielen, *vgl.* **abhotten**	P
hot-air ballooning:	3	Heißluftballonfahren	S
Hotdog:	1	Brötchenwurst	A
hotfix:	2	Schnellkorrektur, *s. a.* **patch²**	I
hot key:	3	Schnelltaste	I
hotline:	2	Kundentelefon, Notfallnummer, Direktruf	W
hotliner:	3	Kundenbetreuer, Telefonkundenbetreuer	G,W
hotlink:	2	Schnellverweis	I
hot list:	3	Schnellzugriffsliste	I

hot pants:	2	Reizhöschen, heißes Höschen, sehr kurze, enge Damenhosen	A,R
hot pixel:	2	defekter Bildpunkt	I,T
hot price:	3	Sonderangebot, Sonderpreis	W
hotshot:	3	toller Kerl	A,G
hot spice:	3	scharfes Gewürz	A,G
hot spot[1]:	3	toller Ort *(z. B. Nachtklub)*	A,G
hot spot[2]:	3	Krisenherd	A,G
hot spot[3]:	2	Verstrahlungspunkt	T
hot spot[4]:	2	Strahlpunkt *(Funk-LAN-Insel, öffentlicher Einwahlknoten zum Internet)*	I
house:	3	Haus	A,G
housing:	3	Behausung, Gehäuse, Unterkunft	A,T
house-keeper:	3	Haushälter(in), Wirtschafter(in)	A,G
house-keeping:	2	Haushaltung, Hausverwaltung	A,G
house-sharing:	3	gemeinsame Hausnutzung *(besonders von Ferienhäusern)*	G
housesitting:	3	Haushüten, *s. a.* **homesitting**	G
house-walking:	3	Hauswandlaufen *(Abenteuersport)*	S
house-warming party:	3	Einzugsfete, Einweihung, Einweihungsfeier	A,G
Hovercraft:	2	Luftkissenboot	T
how:	3	wie	A
How are you?:	3	Wie geht es Ihnen / dir? *(wird in der Regel nicht beantwortet)*	A
How do you do?:	3	Wie geht es Ihnen / dir? *(wird in der Regel nicht beantwortet)*	A
how-to:	3	Gewusst wie, Kurzanleitung, Ratgeber	I
HQ:	3	*(Abk. für)* **headquarters** *(siehe dort)*	E
HTML:	2	*(Abk. für)* **hypertext markup language** *(siehe dort)*	I
hub[1]:	3	Nabe, Mittelpunkt; Drehkreuz *(Luftverkehr)*	T,A
hub[2]:	2	Sternkoppler *(aktiver oder passiver Stern-Internetverteiler)*	I
hugging day:	3	(Welt-)Knuddeltag	G
human:	3	Menschen-, menschlich	G
human being:	3	Mensch	G
human engineering[1]:	3	Menschenführung *(insbesondere in Industrieunternehmen)*	G,W
human engineering[2]:	3	Ergonomie, *s. a.* **ergonomics**	G
human power:	3	menschliche Arbeitskraft; *verallgemeinert:* Ressource eines Unternehmens	G,W

	1 ergänzend	2 differenzierend	3 verdrängend
human relations:	2	zwischenmenschliche Beziehungen	G
human resource(s):	3	Humankapital	W
human resource manager:	3	Leiter Personalwesen, Personalchef	W
human rights:	3	Menschenrechte	G
human table soccer:	3	Riesenkicker, Menschenkicker	A,S
human touch:	3	menschlicher Aspekt, menschlich Berührendes	G
hunt, hunting:	3	jagen	A,G
hunter:	3	Jäger	A,G
hurricane:	3	Hurrikan, (tropischer) Wirbelsturm	G
Hurry up!:	3	Beeilt euch!, Beeilung!	A
hustler:	3	Drogendealer, Ganove, Gauner, Prostituierte, Strichjunge, Zuhälter	P
hype^1:	3	exaltiert, (übertrieben) euphorisch, von der Rolle, überspannt	A
hype^2:	3	Medienrummel *(zu Ereignissen bzw. Produkten)*	A
hyper:	3	hyper- *(griech.)*, übermäßig, über etwas hinaus	A
hyper event:	3	Medienspektakel *(mit rein kommerziellem Hintergrund)*	A,P
hyperlink:	3	Querverbindung, Querverweis	I
hypertext:	2	Hypertext, Verweistext *(Text mit interaktiven Querverweisen)*	I
hypertext markup language, (HTML):	2	Hypertext-Auszeichnungssprache	I

I

I:	ich	A
I like, I ♥:	ich mag	A
ice¹:	Eis	A
icebreaker:	Eisbrecher, Aufwärmgetränk	A,T
icebreaker party:	Aufwärmempfang, -begrüßung	G
ice cream:	Eiscreme, Sahneeis, Speiseeis	A
ice show:	Eisparade, Eisrevue	A,G,S
ice tea:	Eistee	A
ICE²:	1 *(Abk. für)* Intercity-Express = Städteexpress	T,W
icon:	Piktogramm	I
identifier, ID:	Bezeichner, Identifikationsnummer, Kennung, Kennwort, Kennzeichner	I
identity:	Identität, Selbstverständnis	G
identity card:	Personalausweis	G
illumination:	Beleuchtung	T
image¹:	Ansehen, Außenbild, Erscheinungsbild, Ruf, Vorstellung	G
image²:	Abbild, (digitales) Bild	I
image map:	Bildersymbolseite	I
imagine:	(sich) vorstellen	A
imho *(Akronym für „in my humble opinion"):*	meines Erachtens, m. E.	A
impact:	Aufprall, Eindruck, Einfluss, Schlagkraft, Wirkung	T,W
impact factor:	Wichtungsfaktor	I,W
impeachment:	öffentliche Anklage gegen Politiker *(z. B. Amtsenthebungsverfahren gegen den US-Präsidenten)*	G
implement¹:	einführen, einsetzen, erfüllen, vollziehen	A
implementation:	Einführung, Durchführung	A
implementation force:	Eingreiftruppe, Polizeitruppe, *s. a.* **task force**	G
implement²:	implementieren, programmieren	I
important:	bedeutend, gewichtig	A
imprint:	Impressum	T
in¹:	*Vorsilbe* in, *in*	

		1 ergänzend	2 differenzierend	3 verdrängend
in 2013:	3	im Jahre 2013		A
in action:	3	in Aktion, in Bewegung, im Einsatz		A
in-between communication:	3	horizontale Kommunikation		T,W
in concert:	3	gastieren, Auftritt		G
In-Ear-Kopfhörer:	3	Im-Ohr-Kopfhörer		T
in-ear-phone:	3	Im-Ohr-Kopfhörer		T
in front (of):	3	führend, an der Spitze, vor		A
in-house:	3	firmenintern, im Hause, innerbetrieblich		A,W
in store:	3	auf Lager, vorrätig		W
in time:	3	pünktlich, rechtzeitig, *s. a.* **just-in-time**		W
in²:	1	angesagt		A
in sein (to be „in"):	2	aktuell sein, dazugehören, modern sein, zeitgemäß sein		A
inbound (calls):	2	eingehende Telefonate, Telefonannahme im Kundendienst, *s. a.* **outbound (calls)**		W
inbox:	3	Eingangskorb		I
incentive:	3	Anreiz		W
incentive bonus:	3	Leistungszulage		W
incident:	3	Gelegenheit, Vorfall, Zufall		A
inclusive tour:	3	Inklusivreise, Pauschalreise, *vgl.* **all-inclusive²**		W
income:	3	Einkommen (in der Wirtschaft und im Finanzwesen), *s. a.* **statement of income, annual income, cost-income-ratio**		W
incorporate:	3	aufnehmen, eingliedern, *(amtlich)* eintragen		W
incorporation:	3	Einverleibung		W
increase:	3	wachsen, vermehren, Wachstum, Zunahme		A
increment:	3	Zuwachs, Zuwachsrate, Zunahme		T,W
Indentgeschäft:	3	Auslandsauftrag		W
independence:	3	Unabhängigkeit, Selbstständigkeit		G
Independence Day:	3	Unabhängigkeitstag *(meist auf die USA bezogen, 4. Juli)*		G
independent:	3	unabhängig, Unabhängiger *(z. B. Künstler)*		A
index print:	2	Inhaltsübersicht *(Filmbilder)*		G,W
indoor:	3	in Gebäuden, Hallen, Häusern, innen *(stattfindend)*		A
Indooranwendung:	3	Eigen-, Im-Haus-, Innenanwendung		T
indoor cycling:	2	Radfahren auf Heimtrainer, *trockenradeln*		S

indoor event:	3	Hallenveranstaltung	A,G
indoor market:	3	Verkaufshalle	W
indoor-Plantage:	3	Zimmer-Gewächshaus	G
indoor PLC:	3	Im-Haus-DSK *(Datenübertragung mittels Stromkabel)*, *s. a.* **powerline carrier**	I
indoor sports:	3	Hallensport	S
industrial:	3	industriell	W
industrial design:	3	Gebrauchsgestaltung, gewerblicher, industrieller Entwurf	W
industrial engineer:	3	Betriebsingenieur	T,W
industrial engineering[1]:	3	Fertigungstechnik	T,W
industrial engineering[2]:	3	Industrieökonomie *(Rationalisierung industrieller Prozesse durch wirtschaftswissenschaftliche Maßnahmen)*	T,W
industrial relations:	3	industrielle / gewerbliche Beziehungen	W
industries:	3	Industrie, Industriezweige	W
infight:	3	Nahkampf *(beim Boxen)*	S
in-flight entertainment:	3	Flugunterhaltung	W
Inflightmagazin:	3	Bordmagazin (im Flugzeug)	G
info-:		*Vorsilbe, Abkürzung von* **information***, in*	
Infobox:	1	Infokasten	A
info channel:	3	Informationskanal	G
info corner:	3	Informationsstelle	G
info hotline:	2	Auskunftsrufnummer, Schnellauskunft, *s. a.* **hotline**	T
info letter:	3	Infoblatt, Infobrief, Informationsblatt, Informationsbrief	I,W
info line:	2	Inforuf, Infotelefon, *s. a.* **hotline**	T
infomercial:	3	*(längere)* Werbesendung, Werbefilm	W
info point:	3	Informationsstelle	G
info service:	3	Informationsdienst	G
infotainment:	2	unterhaltsamer Sachbericht, *s. a.* **edutainment**	R,W
info terminal:	2	(elektronisches) Schwarzes Brett	I
information: *(englische Lautung)*	3	Auskunft, Infoschalter, Information	A,G,T

	1 ergänzend 2 differenzierend **3 verdrängend**	
information highway:	③ Datenautobahn, *auch:* **communication highway**	I
Informationsbroker:	③ Informationshändler, -makler, -vermittler	I
information technology: (IT)	③ Informatik	I
inhouse seminar:	③ Im-Haus-Seminar	W
initial public offering, IPO:	③ Börsengang	W
injection:	③ Einspritzung, Injektion	T
ink:	③ Tinte	A,W
ink-jet print:	③ Tintendruck	T
ink-jet printer:	③ Tintendrucker	T
inlay:	② Einlage, Zahneinlage	T
inliner:	② Einspurer, (Einspur-)Rollschuhe *s. a.:* **in-line skates, rollerblades, roller skates**	S
in-line skater:	② Kufenroller, Rollschuhläufer, *benutzt*	S
in-line skates:	② (Einspur-)Rollschuhe, *Rollkufer, s. a.* **rollerblades, roller skates**	S
inlineskaten:	② Rollschuh laufen	S
inner-space research:	③ Meereskunde, Meeresforschung	T
inner strength:	③ innere Stärke, innere Kraft	G
innovation: *(englische Lautung)*	③ Erfindung, Innovation *(d.A.)*, Neuerung, Weltneuheit	A,T
innovation profit:	③ Gewinn mittels Neuerungen	W
input:	③ Eingabe, Einsatz, Einspeisung, zugeführte Menge, *vgl.* **output**	I,T,W
input/output, i/o:	③ Eingabe/Einsatz und Ausgabe/Ausstoß/Ertrag	I,T,W
Input-Output-Analyse:	③ Einsatz-Ausstoß-Analyse	W
insect repellents:	③ Insektenabwehrstoffe, *vgl.* **repellents**	T
insert¹:	③ Beilage, Beihefter *(für Werbemittel)*, Einleger, einfügen	R,T,W
insert²:	③ (Gewinde-)Einsatz	T
inside:	③ Inneres, innen	A
insider:	② *Inseiter*, Eingeweihter	W
Insider-Geschäft:	③ Geschäft unter Eingeweihten, *Inseitergeschäft*	W

insider story:	3	Geschichte aus erster Hand, Geschichte von Eingeweihten	G
Insidertipp:	3	Geheimtipp, *vgl.* **tip**	W
Insider-Wissen:	2	*Inseiterwissen,* Wissen von Eingeweihten	W
insourcing:	2	Eingliedern von Aufgaben/Leistungen	G,W
install:	3	aufspielen, einrichten, einsetzen, installieren	T
instant¹:	3	Augenblick, Moment	A
instant message:	3	Blitzmeldung, Sofortnachricht	G,T
instant²:	3	gebrauchsfertig, vorgefertigt	A
instant coffee:	3	Pulverkaffee	A,G
instant food:	3	Fertigkost	A,G
instant meal:	3	Schnellgericht, Schnellkost	A,G
instruct:	3	anleiten, instruieren	T,W
instruction: *(englische Lautung und Schreibung)*	3	Anleitung, Anweisung, Befehl, Instruktion *(d.A.)*	A,I
instruction set:	3	Befehlsliste *(eines Rechners)*	I
instructor:	3	Ausbilder, Instrukteur, Instruktor *(CH)*, Unterweiser, Weiterbilder, *s. a.* **coach**, **teacher**, **trainer**¹	A,W
insurance:	3	Versicherung	W
integer:	3	Ganzzahl	I
integrated services digital network, ISDN:	2	digitales Daten- und Telefonnetz	T
integration:	3	Aufnahme, Einbeziehung, Eingliederung, Integration	A,T,W
integrity:	3	Rechtschaffenheit	G
intellectual property:	3	Rechte an immateriellen Gütern	T,W
Intensive Care Unit:	3	Intensivstation	G
inter-:		zwischen, *als Vorsilbe in*	
interaction:	3	Wechselwirkung	A,G
interactive store:	3	Internetladen	I
Intercityhotel:	2	Bahnhotel	T,W
interface:	3	Schnittstelle	I,T

	1 ergänzend	2 differenzierend	3 verdrängend
interlink:	3	kuppeln, verketten, Zwischenglied	T
Internet:	1	(Abk. für) („*Inter*connected *Net*works"), verbundene Netzwerke, Netzverbund, *kurz:* Netz, *vgl.* World Wide Web	I
Internet brokerage:	3	E-Wertpapiergeschäft	W
Internet economy:	2	Internetwirtschaft	W
Internet Explorer:		(EN) Netznavigator	I
Internet marketing:	2	Internetvermarktung, *s. a.* marketing	I,W
Internet provider:	2	Internetzugangsanbieter, Anbieter	I
Internet shopper:	3	Internetkäufer	A,R,W
Internet site:	2	Netzplatz, Netzstandort	I
interplay:	3	Wechselspiel	A
interpreter¹:	3	Dolmetscher	G,T
interpreter²:	2	Interpretierer *(schrittweise arbeitender Übersetzer)*	I
Interrail:	2	Europa-Bahnkarte	T,W
interrupt:	3	unterbrechen, Unterbrechung	A,I
interspace:	3	Zwischenraum	T
Interview:	1	Befragung, Unterredung	A
internship:	3	Praktikum, Referendariat	G
intermediate care station, IMC:	3	Wachstation	W
Intradayhandel:	2	Innertageshandel, taggleicher Aktienhandel	W
intranet:	2	Firmennetz	I
introduction:	3	Einführung	A,W
intruder:	3	Aufklärer, Aufklärungsflugzeug	T
investigation:	3	Erforschung, Untersuchung, Nachforschung	A,T
investment:	3	Anlage, Investition, Kapitalanlage, Vermögensanlage	W
investment analyst:	3	Investitionsanalytiker	G,W
Investment-Anlage:	3	Anlage in Investitionen	W
investment banking:	3	Geldanlage, -geschäfte, -verwaltung	W

Investment-fonds:	3	Geldanlagefonds	W
investment trust:	3	Anlagegruppe, Anlegergruppe, Kapitalanlagegesellschaft	W
invited talk:	3	Gastvortrag	T
invite only:	3	nur auf Einladung, geschlossene Gesellschaft	G
invoice:	3	Rechnung	W
iPad:		(EN) Mobilrechner, *Brettrechner*	I,T
iPhone:		(EN) Mobiltelefon, *Schlaufon*, *s. a.* **smartphone**	I,T
iPod:		(EN) tragbarer Musikspieler	I,T
Irish Stew:		(EN) Irischer Hammeleintopf	E
ISDN:		*(Abk. für)* integrated services digital network = digitales Daten- und Telefonnetz	T
issue[1]:	3	Frage, Gegenstand, Problem, Thema	A
issue[2]:	3	Ausgabe, Lieferung	W
IT:	2	*(Abk. für)* Informationstechnik, *s. a.* **information technology**	I
item:	3	Gegenstand, Punkt, Stück	A,W
it-girl:	2	Sternchen, (weiblicher) B-Promi	A
i-wear[1]:	2	intelligente Kleidung *(z. B. integriertes Mobiltelefon)*	G
iWear[2]:		(EN) (weiche) Kontaktlinsen	T,G

1 ergänzend **2** differenzierend **3** verdrängend

J

jab:	3	kurze Gerade	S
jacket: *(englische Lautung und Schreibung)*	3	Jacke, Jackett *(d.A.)*, Sakko	A,G
Jacketkrone:	2	(Zahn-)Mantelkrone, Porzellanmantelkrone	T
Jackpot:	3	(EN) Hauptgewinn, Sammelgewinn, Gewinntopf	A,W
jailbreak:	2	Entsperrung (z. B. eines Mobiltelefons) *(wörtlich Gefängnisausbruch)*	I
jam^1:	3	Marmelade, Mus	A
jam session:	2	improvisiertes Musikstück *oder* Zusammenspiel, Spontanmusik	G,P
jam^2:	3	Papierstau, *s. a.* **paper jam**	A,W
jam^3:	3	Kollisionswarnsignal	W
jamboree:	3	Pfadfindertreffen, Zusammenkunft	G
Jeans:	1	Nietenhose, *vgl.* **bluejeans**	R
Jeep:	1	Geländewagen	T
jeopardy:	3	Gefahr, Risiko	A
jet:	2	Düse, Strahl, *kurz auch für:* Düsenflugzeug	T
jetten:	2	düsen, fliegen, rasen	A,T
jet engine:	3	Strahltriebwerk, Düsenantrieb, Turbine	T
jet lag:	2	Zeithänger *s. a.* **time lag**	A,G,W
jetliner:	3	Liniendüsenflugzeug	T
Jetset:	1	Schickeria	G
jet-ski / jet-boat:	3	Wasserflitzer	A,S
jet stream:	2	Strahlstrom, schnelle dauerhafte Luftströmung *(in großer Höhe)*	T
jewel-case:	3	*(feste)* CD- oder DVD-Hülle	I
jingle^1:	3	Geklimper, Klingeln	A
jingle bell:	3	Schelle, Klingglöckchen	A
jingle^2:	3	Merkvers, Werbeansage	A
jingle^3:	3	Erkennungsmelodie	A,G
job^1:	2	Kurzfrist-Arbeit, Billigarbeit ohne Qualifikation	A,G,W
jobben:	2	arbeiten, gelegentlich nebenher arbeiten, schaffen	A,G
jobber:	3	Gelegenheitsarbeiter	A,G

Job-Aktiv-Gesetz:	3	Arbeitsvermittlungsgesetz	G
job broker:	3	Arbeitsvermittler	W
job description:	3	Arbeitsplatzbeschreibung, Stellenbeschreibung	W
job center:	2	Arbeitsamt	W
job control:	2	Aufgabensteuerung *(im Betriebssystem des Rechners)*	I
job-enlargement:	3	Arbeitsausweitung	W
jobenrichment:	3	Qualifizierung	W
job evaluation:	3	Arbeitsplatzbewertung	W
job floater:	2	Arbeitsplatz(schaffungs-)Anleihe	W
job-pairing:	3	Wechselarbeitsplatz	W
job guide:	3	Stellenverzeichnis	W
job-hopper:	2	Springer, Wechselarbeiter *(jemand, der durch häufigen Arbeitsplatzwechsel Karriere machen will)*	W
job-hopping:	3	Arbeitsplatzspringen, (allzu) häufiger Arbeitsplatzwechsel, Job-Springen	W
job-killer:	2	Arbeitsplatzabbauer, Arbeitsplatzvernichter	W
jobless:	3	arbeitslos, s. a. **unemployed**	A,G,W
jobless work:	3	Zeitarbeit	W
Jobmaschine:	2	*Unternehmen, das verstärkt neue Arbeitsplätze schafft*	A,W
job rotation:	3	Arbeitsplatzwechsel	W
job sculpting:	3	Berufsgestaltung, Tätigkeitsgebiet anpassen	G
job-sharing:	3	Arbeitsplatzteilung	A,G,W
job-splitting:	3	Arbeitsplatzteilung	A,G,W
job ticket:	3	Arbeitsfahrschein	A
job training:	2	berufliche Ausbildung, Praxisausbildung	G,W
job^2:	2	Aufgabe, Auftrag, *(spezielle)* Pflicht	A,I
Jockey:	1	Rennreiter	S
jog:	3	trotten, traben	S
joggen:	2	dauerlaufen, freizeitlaufen, traben	S
jogger:	2	Dauerläufer, Freizeitläufer	S
jogging:	2	Dauerlauf, Freizeitlauf	S
jog dial:	2	Menüauswahl *(durch ein kleines Rädchen)*	I
join:	3	beitreten, mitmachen	A
joint^1:	3	Gelenk	T
joint^2:	3	Verbindung, Zusammenfügung	T

		1 ergänzend	2 differenzierend	3 verdrängend
joint³:		2	Haschisch- *oder* Marihuanazigarette	P
joint venture:		3	Gemeinschaftsprojekt, Gemeinschaftsunternehmen	W
joke:		3	Scherz, Spaß, Ulk, Witz	A
Joker:		1	Ersatzkarte	A
joy:		3	Spaß, Freude	A
joypad:		3	Steuerkonsole *(Steuerung für elektronische Spiele)*	I
joyriding:		3	Spritzfahrt, Spaßfahrt *(von Autodieben)*, Spritztour	G
joystick:		3	Steuerknüppel *(Luftfahrt, Rechnerspiele)*	T
judgment:		3	Urteil, Richterspruch	G
juice:		3	(Frucht-)Saft	A
juicy:		3	fruchtig, saftig	A
jukebox:		3	Musikautomat	A
jumbo jet:		3	Großraumflugzeug, *Jumbo*	T
jump:		3	springen, hüpfen, laufen, sich beeilen	S
jump suit:		3	Einteiler	R
jumper¹:		3	Joppe, Matrosenjacke, *(sportlicher)* Damenpullover	R
jumper²:		3	Steckbrücke	I
junior management:		3	Führungsnachwuchs	W
junk:		3	Abfall, Ausschuss, Schrott, Trödel	A
junk bonds:		2	Schrottanleihen	W
junk food:		3	Schundfraß *vgl.* **fast food**	A,W
junk mail, junk e-mail:		2	Müllpost, Ramschpost, E-Müll	I,R
junkie¹:		2	Fixer, Drogensüchtiger	P
junkie²:		2	Süchtiger, Besessener (z. B. von Rechnern, Autos, etc.)	I,P
jury¹:		3	Geschworene, Schwurgericht *nach englischem Vorbild)*	G
jury²:		3	Kampfgericht, Preisgericht, Preiskomitee, Wahlausschuss	G,S
just¹:		3	genau, gerade	A
just for fun:		3	nur so, spaßeshalber	A
just-in-time:		2	fertigungssynchron	T,W
just married:		3	frisch verheiratet, gerade verheiratet	G
just²:		3	gerecht, rechtens	G
just³:		3	angemessen	A

K

Karriere-Coaching:	3	Karrierehilfe, -unterstützung	G
kart:	2	Kleinstrennwagen, Seifenkiste, *siehe* **go-kart**	S
karting:	2	Kleinstrennwagen fahren	S
kart race, Kartrennen:	2	Kleinstrennwagenrennen, Seifenkistenrennen	S
kazoo:	2	Blasinstrument	A
keep:	3	behalten, bewahren	A
keeper¹:	3	Inhaber	A,W
keeper²:	3	Torfrau, Tormann, Torwart, *siehe* **goalkeeper**	S
keep cool:	3	bewahr' die Ruhe, bleib locker, *vgl.* **don't panic**	A
keep smiling:	3	bitte lächeln, (immer nur) lächeln	A
kernel:	3	Systemkern, Kern	I
Ketchup, Ketschup: (PA)	1	Würzsauce *(auf Tomatenbasis)*	A
Kettcar:	2	Tretauto *(ursprünglich Produktname der Firma Kettler)*	A
key¹:	3	Schlüssel	A
key account:	3	Großkunde, Hauptkunde	W
key account manager¹:	3	Haupt-, Großkundenbetreuer	G,W
key account manager²:	3	(Haupt-)Buchhalter	G,W
key-card:	3	Schlüsselkarte, Magnetschlüsselkarte, Magnetkarte	G,W
keyholder:	3	*(buntes)* Schlüsselband *(um den Hals)*	A
key issue:	3	Kernpunkt, Knackpunkt	W
key logger:	2	*(geheimer, heimlicher, versteckter)* Eingabeprotokollierer, *s. a.* **spyware**	I
keynote:	3	Grundgedanke, Leitgedanke	G
keynote speaker:	3	Hauptredner, *Leitredner*	G
keynote speech:	3	Grundsatzrede, *Leitrede*	G
keypeople:	3	Personen in Schlüsselpositionen, Schlüsselfiguren	G,W
Keypersonal:	3	Führungspersonal, leitende Mitarbeiter	W

	1 ergänzend	2 differenzierend	3 verdrängend
keyplayer:	2	Hauptakteur, Leistungsträger, Schlüsselspieler	G,W
keyposition:	3	Schlüsselstellung	G,W
key ring	3	Schlüsselhalter	A
keyuser:	3	Hauptnutzer	T
key visual:	3	wiederkehrendes Motiv	R
keyword:	3	Schlüsselwort, Stichwort, Suchwort (*u.a. für Datenbankrecherchen*)	I
key^2:	3	Taste	A,T
keyboard^1:	3	Tastatur	I
keyboard^2:	3	Klaviatur	A,G
keyboard^3:	2	E-Klavier *(elektronisches Tasteninstrument)*	A,P
keycode:	3	*(elektronisches)* Kombinationsschloss	T
keypad:	3	(Folien-)Tastatur, (kleine) Tastatur, Tastenfeld	I
key^3:	3	Tonart	G
kick^1:	3	Antrieb, Erregung, Hochgefühl, Hochstimmung, Schwung	A
kick^2:	2	Stoß, stoßen, treten, Tritt	A,S
kicken:	1	Fußball spielen	A,S
kicker^1:	3	Fußballer, Fußballspieler	A,S
kicker^2:	3	Tischfußball *(das Spielgerät)*	A,S
kick-and-rush:	3	Schuss und Durchbruch	A
kick-back:	2	Rückerstattung	W
kickboard:	3	Tretroller *(auch für Erwachsene)*	A,S
kickboarden:	3	rollern	A,S
kick-boxen:	2	Faust-Fuß-Boxen, FF-Boxen	S
kick-down:	2	Vollgas *(Durchtreten des Gaspedals bei Automatikgetriebe)*	T
kick off:	3	Anstoß, Eröffnung, wegstoßen	G,S
kick-off meeting:	3	Auftaktsitzung, Eröffnungssitzung, Eröffnungsveranstaltung	W
Kick-off-Veranstaltung:	3	Auftaktveranstaltung	W
Kickstarter:	1	(Fuß-)Anlasshebel, Tretstarter	T
kid (kids):	3	Kind(er), Göre(n), *ursprünglich:* Kitze, Zicklein	A,G
kiddie, kiddies:	3	Kind, Kinder	A
kiddieboard:	3	Stehbrett *(am Kinderwagen)*	A
Kiddiechic:	3	Kindermode	R

kidnap, kidnappen:	2	entführen	G
kidnapper:	2	Entführer, Geiselnehmer	G
kidnapping:	2	(Kindes-)Entführung, Menschenraub	G
kids' corner:	3	Kinderecke, Spielecke *(z. B. in Restaurants, Geschäften usw.)*, s. a. **children's corner**	G,W
kids-day:	3	Kindertag	G
killen:	3	töten, umbringen, kaltstellen	A
killer:	2	(Auftrags-)Mörder, Totschläger	A
Killerphrase:	3	Totschlagargument	A
Killerspiele:	2	(brutale) Kampfspiele *(am Rechner)*, s. a. **ego-shooter**	G
killer application, Killerapplikation:	3	markteroberndes System *(für neue Produkte und Dienstleistungen)*, auch im übertragenen Sinne	R,W
kind, kindly:	3	freundlich, nett	A
king:	3	König, Anführer, der Größte	G
king prawn:	3	Riesengarnele	G
king-size:	3	Großformat, Königsformat, übergroßes Produkt	R
Kingsize-Bett:	3	(breites) Doppelbett	A,W
Kioskterminal:	2	*(rechnergestützter)* multimedialer Stand	I,W
kiss:	3	Kuss, küssen	A
kiss & ride:	3	Kurzparken	A
kit^1:	3	Baukasten, -satz, Ausrüstung, Gerätschaften	T
kit^2:	3	Ergänzungsmodul, s. a. **plug-in**	I,T
kitcar:	2	Autobausatz, Bausatz-Auto	R,T
kitchen:	3	Küche	A
kitchenette:	3	Kochnische, Kleinküche	A
kite^1:	3	Drachen *(Spielzeug)*	A
kite^2:	3	Surfschirm	S
kiten, kitesurfen:	3	schirmsurfen, *vgl.* **windsurfen**	S
kiter, Kitesurfer:	3	Schirmsurfer	S
kiteboard:	3	Lenkdrachen(-brett)	S
kite surfing:	3	Drachensegeln	S
Klickadventure:	2	(Abenteuer-)Computerspiel	A,G
kneeling bus:	3	Absenkbus	T
Knickerbocker:	1	Kniebundhose	A

	1 ergänzend	2 differenzierend	3 verdrängend
knit:	3	stricken	A
knitware:	3	Strickware, Wollzeug	R
knitwear:	3	Strickkleidung, Wollkleidung	R
knock:	3	Schlag, schlagen, stoßen	A,S
knock out, k.o.:	2	Niederschlag	A,S
know:	3	wissen, können	A
know-how:	3	Fachwissen, gewusst wie, *Kennertum*, Sachverstand, *im Englischen aber:* **expertise**	T,W
knowledge management:	3	Wissensverwaltung	G,I
know-nots:	3	Dummköpfe, Informationsarme, Unwissende	A,G
k.o.:	1	erschöpft, kampfunfähig, kaputt	G,S
kompander:	3	Entrauscher, Rauschunterdrücker	T
Kompetenzteam:	3	Projektgruppe *(fachlich)*	G,T
kracken:	2	aufspalten, spaltdestillieren	T
Krack-Verfahren:	2	Spaltdestillation	T

L

L:	2	*(Abk. für):* **large**, *Kleidergröße groß*	A
label¹:	3	Anhänger, Aufkleber, Etikett, Zeichen	A,W
labeln:	3	etikettieren, mit Aufkleber versehen, *auch im übertragenen Sinne*	A
label²:	3	Marke	A,I,P,W
label³:	3	Plattenfirma	A,P,W
lab-on-a-chip system:	3	Westentaschenlabor	T
labor relations (AE), **labour relations:** (BE)	3	Arbeitsbeziehungen	W
laddering:	3	Stufenbefragung	W
Ladies first!:	3	Frauen zuerst!	A
ladies' wear:	3	Damenoberbekleidung	R
lady:	3	Dame, Frau	A,G
lady-killer:	3	Frauenheld, Frauen-, Schürzenjäger	A,G
ladylike:	3	damenhaft, einer Dame entsprechend, vornehm	A
ladyshaver:	3	Damenrasierer, Rasierapparat für Frauen	R
lady's man:	3	Frauenliebling, Schürzenjäger, Weiberheld	A
lag:	3	Rückstand, Verzögerung	A
lamb:	3	Lamm	A
lambskin:	3	Lammfell	A
lamb's wool:	3	Schurwolle, Lammwolle	A
lame duck:	3	lahme Ente, US-Präsident vor dem Amtswechsel	G
LAN:		*(Abk. für)* local area network = lokales Netzwerk	I
LAN party:	2	Spielertreffen auf vernetzten Rechnern	A,I
land:	2	*auch: (Kunststoff-)*Oberfläche *einer* **CD** *bzw.* **CD-ROM**	T
land: *(englische Aussprache)*	3	Land	A
land art:	3	Landschaftskunst	G
land grabbing:	2	Landaneignung	W
lanyard:	3	Schlüsselband	A,G
lap:	3	Schoß	A
Lapgurt:	3	Schoßgurt *(für Babys im Flugzeug)*	T

	1 ergänzend	2 differenzierend	3 verdrängend
laptop:	2 Klapprechner, Mobilrechner, *s. a.* **notebook²**		I
large-mindedness:	3 Großzügigkeit		A
Larry machen: (den L. m.)	3 Spaß machen, sich *(unnötig)* aufregen		A
Laser:	(EN) light amplification by stimulated emission of r = Lichtverstärkung durch induzierte Strahlungsemission		T
lasern:	1 mit Laserstrahl behandeln		T
Laserdrucker:	1 Lichtstrahldrucker		T
laser pointer:	2 Laserzeiger, Lichtzeiger		T
Lash-Verkehr:	3 Leichterverkehr		G,T
last:	3 zuletzt		A
last but not least:	3 schließlich, zu guter Letzt *(bei Shakespeare auch:* **last not least***)*		A
last call:	2 letzter Aufruf		T
last minute:	2 kurzfristig, (auf die) letzte Minute		W
Last-Minute-Angebot:	2 Kurzfristangebot, Restplätze, Torschlussangebot		W
last-minute call:	3 letzter Aufruf		W
last-minute flight:	3 kurzfristig gebuchter Flug		W
Last-Minute-Sieg:	3 Sieg zur letzten Minute, Torschluss-Sieg		S
late:	3 spät, verspätet		A
lateness:	3 Verspätung		A
late-night:	3 spät am Abend, spätabends		A
late-night shopping	3 Späteinkauf, *s. a.* **moonlight shopping**		W
late-night show:	2 Spätunterhaltung, Spätsendung, Spätveranstaltung		A,G,P
latin lover:	3 leidenschaftlicher, südländischer Liebhaber, Papagallo		G
launchen:	3 (Markt-)Einführung, Lancierung *(eines Produktes)*, starten, Stapellauf		T,W
law and order:	3 Recht und Ordnung, Ruhe und Ordnung *(verstärkte Polizeimaßnahmen)*		G
layer:	2 Lage, Schicht		I,T
layout:	2 Anordnung, Aufmachung, Drucklegung, Drucksatz, Satz, Seitenentwurf, -gestaltung, Text- und Bildgestaltung		W

layouter:	3	Bildgestalter, Setzer	W
LCD, LC-display:	2	*(Abk. für)* **liquid-crystal display** *(siehe dort)*	I,T
lead¹:	3	führen, leiten	A
leader:	3	Anführer, Führer, Führungskraft, (Gruppen-)Leiter	A,G
lead buyer:	3	Chefeinkäufer	W
leadership:	3	Führung, Leitung	A,G
leading:	3	führend	A
leading idea:	3	Grundgedanke, Leitgedanke	A
leading man:	3	Hauptdarsteller	A,G
leads:	2	Hauptinstrument, Melodiegitarre	P
lead guitar:	2	Leitgitarre, Melodiegitarre	G,P
lead lady:	3	Hauptdarstellerin	A,G
Leadsänger:	2	Hauptsänger, Vorsänger, Erste Stimme	A,G,P
lead user:	3	Pilotkunde, Schlüsselkunde	W
lead²:	3	Vorspann, Einleitung eines Presseartikels	A,T
Leadsatz:	3	Einleitungssatz, erster Satz *(in einer Nachrichtenmeldung)*	A,G
leaflet:	3	Flugblatt, Handzettel, Merkblatt, (Werbe-)Prospekt	A,R
league:	3	Liga	S
leak:	3	Leck	A
leaken:	1	durchsickern (lassen) *(vertrauliche Informationen weitergeben)*	A
lean:	3	schlank, schmal	A
lean cuisine:	3	schlankes Kochen	A
lean management¹:	3	flache Hierarchie	W
lean management²:	3	Rationalisierungs-, Verschlankungsprojekt	W
lean production:	3	rationalisierte Fertigung	W
learn, learning:	3	lernen	A
learning-by-doing:	3	Einarbeitung, Lernen in der Praxis	A
learning curve:	3	Lernkurve, Wissenskurve	A
learnings:	3	Ergebnisse, Erkenntnisse	W
learning unit:	3	Lehreinheit, Lerneinheit, Unterrichtseinheit, *s. a.* **teaching unit**	G
leasen, leasing:	2	mieten, mietkaufen, pachten	A,W
least-cost router:	3	Sparwähler *(in der Telekommunikation)*	W

	1 ergänzend	2 differenzierend	3 verdrängend
leather:	3	Leder	A
leavings:	3	Reste, Überreste *(auch symbolisch)*	A
lecture:	3	Unterricht, Vorlesung, Seminar, Übung	T
lecturer:	3	Dozent, Lektor	T
lecture hall:	3	Hörsaal	T
leecher:	3	Datensauger *(im Netz)*	I
leetspeak:	2	Ziffernsprache	G
leg:	3	Bein	A
legwarmer:	3	Beinwärmer	A
leggins, Leggings:	2	Enghosen, *Beinlinge*, fußlose Strumpfhose	A,R
Leistungs-controlling:	3	Leistungsüberprüfung	T,W
leisure:	3	Freizeit, Muße	A,G
lemon:	3	Zitrone	A
lemon squash:	3	Zitronenlimonade *(Getränk aus Zitronenkonzentrat und Wasser)*	A
lessness:	3	Minimalismus *(Kunst, aus wenig viel zu machen)*	G
less ordinary:	3	außergewöhnlich, unüblich	A
lessons learned:	3	gewonnenene Erfahrung, gezogene Lehren	A
letter[1]:	3	Brief	A
letter of intent:	3	(Kauf-)Absichtserklärung	W
letter[2]:	3	Buchstabe	A
level:	3	Ebene, Niveau, Rang, Schwierigkeitsgrad, Stufe	A,W
level of management:	3	Leitungsebene	A,W
leverage:	3	Hebel	T,W
leverage effect	3	Hebelwirkung	T,W
leveragen:	3	ausheben, *(jemanden)* unter Druck setzen	G
liberty:	3	Freiheit	G
library[1]:	3	Bibliothek, Bücherei, Leihbücherei	G
library[2]:	3	(Programm-)Bibliothek	I
life:	3	Leben, Lebensweise *(nicht zu verwechseln mit* live[1]*)*	A
life coaching:	3	Rundumberatung	A
life cycle:	3	Lebenslauf, Lebenszyklus	A,G
life insurance:	3	Lebensversicherung	W
life science:	3	Biowissenschaft	G,T
lifestyle:	3	Lebensart	A,G,R
lifetime:	3	Lebensdauer, Lebenszeit	A,G

lift¹: (BE)	2	Aufzug, Fahrstuhl, s. a. **elevator** (AE)	A,T
liftboy:	2	Fahrstuhlführer	A
lift²:	2	Mitfahrgelegenheit *(Have a* **lift***?)*	A
lift³:	3	heben, straffen	T
liften, lifting:	2	Hautstraffung, Falten entfernen	G,T
Liftbühne:	3	Hebebühne	T
lifting body:	3	Tragrumpf	T
light¹, lite¹: (AE)	3	leicht, kalorienarm, reduziert	A
light², lite²: (AE)	3	leistungsreduziert	T
light³, lite³: (AE)	3	Licht, Beleuchtung, Helligkeit	T
lighthouse:	3	Leuchtturm	T
light show:	3	Lichtschau	P,T
like:	3	wie, gleich wie	A
liken:	3	mögen	A
likes:	3	Vorlieben, s. a. **dislikes**	A
liking:	3	Zuneigung	A
lime juice:	3	Limonensaft	A
limelight:	3	Rampenlicht	G,P
limit¹:	3	Grenze, Grenzwert, Höchstgrenze	A,T
limited¹:	3	begrenzt, limitiert	A
limited edition:	3	begrenzte, limitierte Auflage, Sonderauflage	W
limited², Ltd.:	2	GmbH, mit beschränkter Haftung	W
limit²:	2	äußerster Preis, Kurshöchstgrenze, gesetzte Preisgrenze für Kauf- *bzw.* Verkaufsaufträge *(Börse)*	W
line¹:	3	Telefonleitung	A,T
line-sharing:	2	Leitungsteilung	A,R,T
line²:	3	Linie, Reihe, Zeile	A,T
liner:	3	Linienschiff, Passagierschiff	W
line dance:	2	amerikanischer Reihentanz *(irisch/schottischen Ursprungs)*	A
linefeed:	3	Zeilenvorschub	I,T
line function:	3	Linienfunktion (Personalverantwortung)	T,W
line management:	3	Linienführung *(in Unternehmen),* s. a. **line function**	W
line of business:	3	Geschäftsbereich	W
line producer:	3	Herstellungsleiter	W
linear programming:	3	lineare Optimierung	T
linesman:	3	Linienrichter	S

	1 ergänzend	2 differenzierend	3 verdrängend
link¹:	3	Querverbindung, Verbindungsglied	T
link²:	3	Verweis	I
linken:	3	binden, verbinden, verknüpfen, verweisen	A,I
linker:	3	Binder	I
lips:	3	Lippen, *Singular* **lip**, *nur in Verbindungen wie*	A
lip-gloss:	3	glänzende Lippenpflege, Lippenglanz	R
lipliner:	3	Lippenkonturstift	R
lipstick:	3	Lippenstift	R
lipstyling:	3	Lippenpflege	R
liquid:	3	Flüssigkeit	T
liquid-crystal display, LCD:	3	Flüssigkristallanzeige (FKA)	T
liquid democracy:	2	transparente Demokratie	G
liquid feed back:	2	laufende Rückmeldung	G
liquid natural gas, LSG:	3	Flüssigerdgas	T,W
list broker:	3	Adressenhändler	W
listening session:	3	Hörsitzung	G
listing¹:	3	Ausdruck, Auflistung, Liste	I
listing²:	2	Quelltext, Quellkode, Programmkode	I
literacy:	3	Belesenheit; Schreib- und Lesefähigkeit	A
littering:	3	Umweltverunreinigung, Vermüllung	G
little:	3	klein, kurz, wenig	A
live¹:	3	leben, wohnen, *nicht zu verwechseln mit* **life**	A
live²:	2	direkt	G
live act:	3	Auftritt	G
live chat:	2	Simultandiskussion (im Internet)	A,I
live movie:	2	Fernsehfilm direkt	A
Livesendung:	2	Direktübertragung	G
live show:	2	Direktunterhaltung(sschau)	A
livestream:	3	Direkt-Datenstrom	I
Live-Ticker:	2	Eil-Ticker, *siehe* **Ticker**	G
living history:	3	nachgespielte Geschichte	G
load:	3	(be-)laden, Beladung, Belastung, Last	A,T
lob:	3	Heber, Überkopfball	S
lobby¹:	2	Interessenvertretung, Interessengruppe	G
Lobbyismus:	2	Interessenwirtschaft	G,W

Lobbyist:	2	Interessenvertreter	G,W
Lobbyarbeit:	2	(Wahrnehmung einer) Interessenvertretung	G,W
lobby²:	3	Hotelhalle, Vorhalle	A,W
local:	3	lokal, örtlich	G,T,W
local call:	3	Ortsgespräch	T
local content:	3	Herstellung im eigenen Land; inländischer Wertschöpfungsanteil	W
local hero:	3	Lokalgröße, -prominenz	G
local leader:	3	örtlicher Leiter, lokaler Leiter	G
location¹:	3	Ort, Raum, Veranstaltungsort	G
location-based service, LBS:	2	Standortdienst, Vor-Ort-Dienst *(im Mobilfunk)*	R,W
location²:	3	Fetenschuppen, Ort zum Feiern	G
location³:	3	(Film-)Drehort, Handlungsort, Lage	G
location scout:	3	Drehortsucher, Motivsucher	G
lock¹:	3	schließen, verschließen	A,T
locker:	3	Spind, Schließfach	A,G
lock-in:	3	Kundenbindung, Bindung an einen Anbieter	G
lock-up:	3	Blockieren, Sperrfrist, Verkaufssperre	W
lock²:	3	Schloss, Sperre, Verschluss	A,T
lodge:	3	Herberge, Landhaus, Ferienhaus	W
lodgement:	3	Unterbringung	W
loft¹:	2	Atelierwohnung, Großraumwohnung, Hallenwohnung	W
loft²:	2	Schlägerschräge *(beim Golfschläger)*	S
log¹:	3	Geschwindigkeitsmesser, Tachometer *(bei Schiffen)*	T
log²:	2	Ablaufprotokoll	I
log file:	3	Protokolldatei	I
logical:	3	Logikrätsel	G
log-in:	3	Benutzeranmeldung (in elektronischen Systemen), *s. a.* **einloggen**	I
log-in name:	2	Benutzername, Zugangskennung	I
log-on:	3	Benutzeranmeldung (in elektronischen Systemen), *s. a.* **log-in**	I
logistics:	3	Logistik, Lager- und Transportwesen	W
Logo:	1	Firmenzeichen, Markenzeichen	T,W
logo id:	3	Senderkennung, *s. a.* **station id**	G
log in:	3	sich anmelden	I
log off:	3	Abmeldung, Auswahl *(aus elektronischen Systemen), s. a.* **ausloggen**, **log-out**	I

	1 ergänzend	2 differenzierend	3 verdrängend

log out:	3 Abmeldung *(aus elektronischen Systemen)*, s. a. **ausloggen**, **log-off**	I
Lohndumping:	1 Lohndrückerei	G,W
Lokalderby:	1 Lokalwettkampf, s. a. **derby**¹	S
lollen (laughing out loud):	3 lauthals lachen	P
lonely:	3 einsam, verlassen	A
lonesome rider:	3 einsamer Wolf	A
long¹:	3 lang, weit	A
long call:	2 Kauf einer Kaufoption *(Börse)*	W
long distance:	3 Entfernung	T
long-distance call:	3 Ferngespräch	T
long-distance flight:	3 Langstreckenflug, Fernflug	G,T
long-drink:	2 alkoholisches Mischgetränk, s. a. *cocktail*	A,G
long-life:	3 langlebig	A
long line:	3 Längsball *(beim Tennis)*	S
Longneck-Flasche:	3 Langhalsflasche	W
long put:	2 Kauf einer Verkaufsoption *(Börse)*	W
longseller: (PA)	3 Dauerbrenner, Klassiker, *PA existiert im Englischen nicht*	G,W
long shirt:	3 Langhemd	R
longsleeve:	3 Langärmelhemd, Langärmler	A,W
long-term:	3 langfristig	A,W
long-term buy:	2 Halten *(von Aktienbeständen)*, Lagerkauf	W
long-term results:	3 Langzeitergebnisse	W
long²:	2 Kaufposition, Käuferposition *(Börse)*	W
look:	3 Aussehen, Blick, Erscheinung, Mode, Stil	A
lookism:	2 Bewertung nach dem Äußeren	G
look-alike:	3 Doppelgänger	A,G
look-alike contest:	3 Ähnlichkeitswettbewerb	G
look-and-feel:	3 Anmutung, Erscheinungsbild	I,T
look-out:	3 Ausblick, Ausguck, Aussichtspunkt	A,T
look up:	3 aufsuchen, heraussuchen, nachschlagen, erfragen	A
loop¹:	3 Schlaufe, Schleife, Schlinge	A,I

Looping:	1	vertikaler Schleifenflug *(Kunstflug)*, Überkopffahrt *(Achterbahn)*	S
loophole:	3	Schießscharte	A
loop²:	3	(Endlos-)Schleife	I
loop³:	2	Drehsprung *(beim Eiskunstlaufen)*	S
Lord¹:	3	Gebieter, Gott, Herr	G
Lord²:	2	engl. Adelstitel	A,G
lorry:	3	Last(kraft)wagen, LKW	T
lorry bike:	3	Lastfahrrad	T
lose:	3	einbüßen, verlieren, *oft falsch geschrieben:* **loose** *(engl.:* lose, unbefestigt*)*	A
loser:	3	Verlierer, Versager, Pechvogel, *oft falsch geschrieben:* **looser** *(kein englisches Wort)*	A
loss leader:	3	Lockangebot	W
lost:	3	verloren	A
lost and found:	3	Fundbüro	A,W
lost baggage: (AE)	3	verschwundenes Gepäck, *s. a.* **lost luggage**	G
lost generation:	3	verlorene Generation	G
lost luggage: (BE)	3	verschwundenes Gepäck, *s. a.* **lost baggage**	G
lotion:	3	Emulsion, Tinktur, Flüssigkosmetikum	R
lounge:	2	Aufenthalts-, Gesellschafts-, Warteraum	R,W
loungen:	3	faulenzen, daheim entspannen	A
love:	3	Liebe, lieben	A,G
lover:	3	Geliebter, Liebhaber, Sexualpartner	A,G
love affair:	3	(Liebes-)Affäre, Liebelei, Techtelmechtel	G
love-in:	3	Lustdemo	G,P
love letter building:	2	Liebesbriefzentrum *(Deutsche Post)*	G,W
love parade:	2	Technoparade	G,P
loverboy:	2	Mädchenverderber, -verkuppler	G
love song:	3	Liebeslied	G
love story:	3	Liebesgeschichte, Liebesroman	G
loveliness:	3	Lieblichkeit	A
lovely:	3	lieblich	A
low:	3	tief, knapp, niedrig	A
low budget:	3	Niedrigpreis-	G,W
low-cost:	3	billig hergestellt	W
low-cost airline:	3	Billigfluglinie	W

		1 ergänzend	2 differenzierend	3 verdrängend
Low-Cost-Verkehr:	3	Billigflugverkehr, Billigfliegerei		W
Lower-Cost-Standort:	3	Billiglohnstandort		W
lower management:	3	untere Führungsebene		W
low-fat:	3	fettarm		A,R
low input:	3	geringe Eingabe, niedriger Eintrag		T
low performer:	3	Minderleister *(leistungsschwacher Arbeitnehmer)*		W
Ltd.:	2	*(Abk. für)* **limited**²		W
lucky:	3	glücklich, Glücks-		A
lucky loser:	2	bester Verlierer, „Glückspilz"		S
lumberjack:	3	Holzfäller *(fälschlich auch für:* Holzfällerjacke*)*		A
lump sum:	3	Pauschalbetrag, Pauschale		W
lunch:	3	Mittagessen, zu Mittag essen		W
Lunchpaket:	2	Esspaket, Verpflegungsbeutel, Vesper		G
lurker:	2	Laurer *(im Internet)*		I
luxusliner:	3	Luxusschiff		A,W
lynchen:	1	exekutieren ohne Urteilsspruch		G
Lynchjustiz:	1	illegale Exekution		G
lyrics:	3	(Lied-)Text		G

M

M:	3	*(Abk. für)* **medium**, *Kleidergröße* mittel	A
Mac, Mc: (PA)	2	bedeutet Sohn *(gälisch)*, *verwendet u.a. in McClean* = Bahnhofsklo, *McPaper* = Papierladen der BP. *Würde im Englischen bedeuten: Sohn des Kloreinigers bzw. Sohn des Papiers.*	A
mad:	3	geisteskrank, verrückt, wahnsinnig	A,G
made in Germany:	1	deutsches Erzeugnis, in Deutschland hergestellt	W
mag, magazine:	3	Illustrierte, Zeitschrift	W
magic:	3	Magie, Zauber	A,G
magical:	3	verzaubert	A,G
magnetic tape:	3	(Magnet-)Band	I
magnification¹:	3	Übertreibung, Verherrlichung	A
magnification²:	3	Vergrößerung	T
magnify:	3	vergrößern, *mit einer Lupe, im Gegensatz zu* **zoomen**	T
mail:	2	Brief, Nachricht, Post(-sendung)	A,I
mailen:	2	Netzpost -schicken / schreiben / versenden, *s. a.* **e-mail**	A,I
mailing:	3	Post, Rundbrief, Versendung	I,W
mailing factory:	3	Post(-betrieb)	W
mailing list, Mailingliste:	3	Adressenliste, Adressenverzeichnis, Verteiler	I
mailbox¹:	3	Briefkasten, Postfach	A,G
mailbox²:	2	Eingangskorb, elektronischer Briefkasten	I
mailbox³:	2	(Mobiltelefon-)Anrufbeantworter	T
mail order:	3	Katalogbestellung, Versandbestellung	A,I
mail server:	3	Postdienst, Postverteiler	I
mail shot:	3	Direktwerbung *(per Post)*	R
main:	3	Haupt-, *in*	A
mainboard:	3	Hauptplatine, *s. a.* **motherboard**	I
main directory:	3	Hauptverzeichnis, Gesamtverzeichnis	I
mainframe:	3	Großrechner	I
mainstream:	3	Hauptrichtung, Massengeschmack	G
maintain:	3	instandhalten, aufrechterhalten, bewahren, erhalten	A
maintenance:	3	Instandhaltung, Pflege, Wartung	T

		1 ergänzend 2 differenzierend **3 verdrängend**	
maintenance manager:	3	Wartungsleiter	G,W
major:	3	führendes Unternehmen, Großunternehmen	W
make:	3	machen	A
making:	3	Anfertigung, Herstellung	T,W
making-of:	3	Herstellung von, Dreh *(Blick hinter die Kulissen einer Filmproduktion)*	T,W
(it) makes sense:	3	(es) ist sinnvoll, (es) hat Sinn, *schlecht:* (es) macht Sinn	A
make-up:	2	Kosmetik, Schminke	A,R
make-up artist:	3	Maskenbildner	G
mall:	3	Einkaufszentrum	W
malware:	2	Schadprogramm(e)	I
man:	3	Mann, Mensch	A
mankind:	3	Menschheit	A
man-made:	3	hausgemacht, vom Menschen gemacht, verursacht	T
manpower:	3	Arbeitskraft, menschliche Arbeitskraft als Wirtschaftsfaktor, Personalstärke	W
mantrailer:	3	Personensuchhund	A
manage:	3	(Betrieb) betreuen, organisieren, regeln	A,S,W
managen:	3	leiten, organisieren, verwalten	A,S,W
manageable:	3	durchführbar, machbar	W
management:	2	Geschäftsführung, Leitung, Verwaltung	W
management buyout:	2	Betriebsübernahme durch die eigenen Führungskräfte, *s. a.* **buy out**	W
management by walking around:	3	Chefrundgang, Inforundgang	W
management information system:	3	Leitungsinformationssystem	W
management letter:	3	Abschlussbericht an die Geschäftsleitung	W
management office:	3	Vorstandsbüro	W
management summary:	3	Zusammenfassung	W
manager:	2	Führungskraft, Leiter, Vorgesetzter	W
manager administration:	3	Leiter (der) Verwaltung, Verwaltungschef	G,W

manager central services:	③ Leiter (der) zentrale(n) Dienste	G,W
manager global sourcing:	③ Leiter (des) Beschaffungswesen(s)	G,W
manager marketing services:	③ Leiter (der) Marktforschung	G,W
manager product development:	③ Leiter (der) Produktentwicklung	G,W
manager production planning:	③ Leiter (der) Produktionsplanung	G,W
maniac:	③ Irre(r), verrückt, Verrückte(r), wahnsinnig, Wahnsinnige(r)	G
Man-in-the-Middle-Attacke:	② Mittelsmannangriff *(Angriffsvariante in Rechnernetzen)*	I
man page(s):	③ Handbuchseite(n), interaktives Handbuch	I
manual:	③ Bedienungsanleitung, Betriebsanleitung, Handbuch	I,T,W
manufactured:	③ hergestellt	W
manufacturing manager:	③ Fertigungsleiter, Produktionsleiter	G,W
map¹:	③ Karte, Auto-, Land-, Wanderkarte	W
map²:	② Übersichtsgrafik	I
mapping:	② Abbilden, Abbildung *(von Speicherbereichen, Laufwerken, Adressen aufeinander)*	I
marching band:	③ Blaskapelle, Marschkapelle	G
marine:	③ maritim	G,T
Marines:	② (US-)Marineinfanterie	A,G
Marken-Outlet:	③ Direkt-, Fabrikverkauf von Markenware, *s. a.* **factory outlet**	R,W
Markenset:	③ Markenheftchen	A,W
marker:	③ Markierungsstift, Kennzeichner, Markierer	A
market:	③ Markt	W
marketing:	② Vermarktung, Vertrieb, Marktpflege, Vertriebsstrategie	W
marketing manager:	② Absatzleiter, Verkaufsleiter	W
marketing slogan:	③ Werbespruch	W
market leader:	③ Marktführer	W

	1 ergänzend	2 differenzierend	3 verdrängend

market maker¹:	3 Börsenmakler	W
market maker²:	3 kursstellende Bank *(Börse)*	W
market out-performer, outperformer:	2 Spitzenwertpapier *(Börse)*	W
market performer:	2 Wertpapier mit durchschnittlicher Entwicklung	W
market research:	3 Marktforschung	W
market share:	3 Marktanteil	W
market under-performer, under-performer:	2 unterdurchschnittliches Wertpapier *(Börse)*	W
marshmallows:	3 *Mäusespeck (Süßigkeit)*	A,G
mart:	3 Markt	A,G,W
martial arts:	3 Kampfkunst *(vor allem asiatische)*	S
mashup:	3 Netzcollage	I
master¹:	3 Haupt..., Original...	A
master copy:	3 Originalkopie	W
master directory:	3 Hauptverzeichnis, Gesamtverzeichnis	I
mastermind:	3 Genie, führender Kopf	A
masterpiece¹:	3 Meisterstück	G
masterpiece²:	3 Muster(-werkstück), Urmodell, Urwerkstück	T
master plan:	2 Generalplan, Leitplan	W
master question:	3 Hauptfrage, Kernfrage	A
master tape:	3 Original(-band), Urband	I
master²:	3 Herr, Meister, Lehrer	G
Master of Arts (MA):	2 Magister, Magistra *(Universitätsabschluss)*	G
Master of Science (MSc):	2 Magister, Magistra *(Universitätsabschluss)*	G
masters:	3 Meisterschaftsturnier, z. B. im Tennis, s. a. **German masters**	S
match¹, matchen:	3 passen, sich decken, übereinstimmen; zusammenführen	A
matching:	3 Anpassung, Koppeln, Zusammenpassen	A
Matching-Verfahren:	3 elektronische Partnersuche, -wahl	G
match²:	3 Spiel, Wettkampf, Aufeinandertreffen, Begegnung	S
match ball:	2 Entscheidungsball, Siegpunkt	S

match race:	2	Boot gegen Boot *(Segelwettbewerb)*, Segelduell, Segelzweikampf	S
match winner:	3	Spielgewinner, Spielmacher, Sieger	S
material:	3	Werkstoff	T
material tailoring:	3	Maßerzeugen von Werkstoff, Zuschnitt	T
material testing:	3	Werkstoffprüfung	T
Mayday:		(EN) internationaler Notruf	G,T
m-commerce:	2	M-Handel, Mobiltelefonhandel, *s. a.* **mobile commerce**	R,W
meal:	3	Essen, Mahl	A
meals on wheels:	3	Essen auf Rädern	G
mean¹:	3	bedeuten (**that means** = das bedeutet, *nicht:* das meint)	A
meaning:	3	Bedeutung, Sinn	A
mean²:		Mittel-, mittel, durchschnittlich	A,T
mean time between failure, MTBF:	3	durchschnittliche (oder erwartete) (störungsfreie) Funktionsdauer	T
medical:	3	medizinisch	T
medical director:	3	medizinischer Leiter	G,T
medical service:	3	medizinischer Dienst	G,T
medical wellness:	3	Heilen und Wohlfühlen	T,W
medium¹:	2	halb *(z. B. bei Fleisch: halb durchgebraten)*	A
medium²:	3	durchschnittlich, mittel, mittelmäßig *(z. B. Kleidergröße M)*	A
medium³:	2	Datenträger, Träger	I,T
medley:	2	Potpourri, Allerlei, Mischung, Zusammenschnitt	G
meet:	3	begegnen, treffen; konferieren, tagen	A
meeten:	3	begegnen, treffen; konferieren, tagen	A
meeting:	3	Besprechung, Konferenz, Sitzung, (Sport-) Veranstaltung, Tagung, Treffen, Unterredung, Versammlung, Zusammenkunft	G,W
meeting place, meeting point:	3	Treffpunkt	G,W
meet & greet:	3	Prominententreffen, Autogrammstunde	G,P

	1 ergänzend	2 differenzierend	3 verdrängend
mega:		groß, Riesen-, riesig, sehr, viel *(griech.)*, Vorsilbe in	
megadeal:		3 Riesengeschäft, Riesengewinn	W
megaevent:		3 Großveranstaltung, Großereignis	G
mega-out:		3 total veraltet, völlig unmodern	A
megastore:		3 Großgeschäft, Riesenladen	W
melting pot:		3 Schmelztiegel	G
member:		3 Mitglied	A,G
membership:		3 Mitgliedschaft	A,G
memoboard:		3 Notizbrett, Merktafel	T,W
memorandum of understanding:		3 Absichtserklärung	G,W
memorial:		3 Denkmal, Ehrenmal, Gedenkfeier	G
memory^1:		3 Gedächtnis	G
memory^2:		3 Speicher	I
memory access:		3 Speicherzugriff	I
memory card:		3 Speicherkarte	I
Memory-Effekt:		3 Speichereffekt	T
memory key:		2 Schlüsselanhänger mit Datenspeicherfunktion	I
memory management:		3 Speicherverwaltung	I
memory-stick:		3 Speicherstift, *s. a.* **USB-stick**	I,T
men:		3 Männer, Menschen, *Plural von* **man**	A
men's health:		3 Herrenpflege	R
men's room:		3 Herrentoilette	A
men's wear:		3 Herrenoberbekleidung	R
mentee:		3 Betreuter, Anzulernender, Günstling, Vertrauensschüler	G,W
mentoring:		3 Betreuung, Förderung	G
menu^1:		3 Menü, Speisekarte, Speisenfolge	G
menu^2:		3 Menü, Befehlsübersicht *(bei Rechnerprogrammen)*, *s. a.* **pop-up^1 (menu)**, **pull-down menu**	I
merchandising:		3 Absatzförderung, Verkaufsförderung, Vermarktung, Verkaufspolitik	W
Merchandise-Artikel:		2 Artikel zur Absatz- bzw. Verkaufsförderung	R,W
Merchandisingprodukt:		2 Produkt zur Absatz- bzw. Verkaufsförderung	R,W
merge:		3 fusionieren, verschmelzen	W
mergen:		3 fusionieren, verschmelzen	W

merger:	3	Fusion, Fusionierung, Unternehmenszusammenschluss, Verschmelzung	W
message:	3	Botschaft, Meldung, Mitteilung, Nachricht *(auch im übertragenen Sinn)*	A
messaging:	3	Datenaustausch, -transfer, Nachrichtenübertragung, -versendung	I
message board:	3	Aushang, Internetforum, Schwarzes Brett	A,I
messenger:	2	Kommunikationsprogramm *(allgemein* Bote)	I
messy:	3	schlampig, schmutzig, unordentlich, unsauber	A
messie:	3	Chaot, im Müll Lebender, Müllsammler, Sammelwütiger	A
metallic:	3	metallisch *(glänzend)*	T
me-too product:	3	*Auch-haben-Produkt, Ich-auch-Produkt, s. a.* **Must-have-Artikel**	A
metropolitan:	3	großstädtisch, hauptstädtisch	G
MFD:	2	*(Abk. für)* **multifunctional device** *(siehe dort), s. a.* **All-in-one-Gerät**	T
MHP:	2	*(Abk. für)* **multimedia home platform** *(siehe dort)*	I,T
micro:	3	Mikro-, *Vorsilbe in*	A,I,T
microblog:	3	Mikroblog	I
Mikrochip:	1	Träger eines Mikroschaltkreises, *s. a.* **chip**[3]	I
microcomputer:	3	Kleinrechner	I
microwave:	3	Mikrowelle	T
midcap:	2	mittelhoher Börsenwert	W
Middle East:	2	Naher Osten, Nahost *(nicht: Mittlerer Osten)*	G
midlife crisis, Midlifekrise:	2	Krise, Lebensmittelkrise	G
midnight:	3	Mitternacht	A
midterm:	3	Semestermitte *(an Universitäten)*	G
mile:	3	Meile	A
miles & more:	2	Vielflugrabatt	W
milestone:	3	Meilenstein	A,G
military[1]:	3	militär-, militärisch	G
military look:	3	Militärmode (Nachahmung von militärischer Bekleidung)	R
Military[2]:	2	Vielseitigkeitsprüfung im Reitsport	S
milk:	3	Milch	A

	1 ergänzend	2 differenzierend	3 verdrängend
milky:	3	milchig	A
milk shake:	3	Milchmischgetränk	A
millennium:	3	Jahrtausend *(auch als „Jahrtausendwende" gebraucht)*	G
millionaire on paper:	3	Papiermillionär *(der New Economy)*	W
mimsen:	2	Bild-Kurznachrichten (**MMS**) versenden *(per Mobiltelefon)*	A
mind:	3	Aufmerksamkeit, Gedächtnis, Erinnerung	A
mindbender:	3	Denksportaufgabe, Knobelaufgabe, Knobelei, Rätsel	G
mind map:	3	Gedankenkarte	T
mind mapping:	3	Arbeit mit Gedankenkarten	T
mindset:	3	Denkweise, geistige Haltung	G
mini:		klein, *lat.* Vorsilbe in	
minibike:	3	Kleinmotorrad, Kindermotorrad	T
minicar:	3	Kleinwagen	T
minicooler:	2	Minikühlschrank	T
Minijob:	1	geringfügige Beschäftigung	A,G,W
minitower:	2	(Rechner-)Kleingehäuse	I
minivan:	2	Minibus	T
miniweb:	3	Westentaschennetz	I
minimal consense:	3	kleinster gemeinsamer Nenner, Minimalkonsens	G
minority:	3	Minderheit, Minorität	G
mint:	3	minzfarben, Pfefferminz	A
minute book:	3	Geschäfts-, Protokoll-, Urkundenbuch	W
minutes:	3	Protokoll, Sitzungsbericht	G,W
mirror:	3	Spiegel	A
mirror site:	2	Alternativ(netz)standort, Entlastungs(netz)standort	I
misfit:	3	deplatziert, nicht gesellschaftsfähig	A
mismatch:	3	Missverhältnis	A
miss¹:	3	vermissen, verpassen	A
missing link:	2	fehlendes Glied, fehlendes Bindestück, Zwischenglied *(z. B. zwischen Affe und Mensch)*	T
miss²:	3	Fehlversuch	A,T
miss³:	2	Fräulein, Schönheitskönigin	P
Misswahl:	2	Schönheitswettbewerb	G
mission¹:	3	Auftrag	A,G

mission²:	③ Arbeitsprogramm	G,W
mission-statement:	③ Unternehmensleitbild	W
mix¹:	③ Gemisch, Mischung	A,T
mixture:	③ Mischung, Mixtur *(Arznei)*	A,T
mix²:	③ mischen, quirlen	A,T
mixed:	③ gemischt	A
mixed drinks:	③ Mischgetränke	A
mixed grill:	② Gemischtes vom Rost/Grill	A
mixed pickles:	② eingelegtes Mischgemüse	A
MMS:	② *(Abk. für)* **multimedia message** *(siehe dort)*, *s. a.* **multimedia messaging service** *und* **mimsen**	A,I
Mob¹:	1 Gesindel, Pack, Pöbel	A,G
mob²:	③ terrorisieren, unterdrücken, *s. a.* **bully**	A,G
mobben, mobbing: (PA)	1 ausgrenzen, schikanieren, *s. a.* **bossing**, **bullying**	A,G
mobile:	③ mobil	G,T,W
mobile blog, moblog:	② mobiles Netztagebuch *per Händi*, *s. a.* **blog**	I
mobile commerce:	② Einkauf per Mobilrechner, *s. a.* **m-commerce**	R,W
mobile marketing:	② Werbung per Mobiltelefon	R,W
mobile payment:	③ Mobilzahlung *(über Mobiltelefon)*	W
mobster:	③ organisierter Kleinkrimineller	G
mock-up:	② Attrappe, Vorführmodell	T
mode:	③ Betriebsart, Modus, Weise	T
model¹:	③ Modell, Muster *(auch im Sinne von: vorbildlich)*	T
model²:	② Mannequin, Modevorführer(in), Fotomodell	G
modeln:	② Modeschaulaufen	G
Modem:	1 Datenübertrager	I
modern style:	③ zeitgenössischer Stil	G
module: *(englische Lautung und Schreibung)*	③ Modul *(d.A.)*, Baugruppe, Baustein, Bauteil, Kapsel *(Raumfahrt)*	T
moisturizer:	③ Feuchtigkeitscreme	R
mom, mum:	③ Mama, Mami, Mutti	A,G

		1 ergänzend / 2 differenzierend / 3 verdrängend	
moment:	3	Moment, Augenblick	A
money:	3	Geld	A,W
money for value:	3	Geld für Leistung	A,W
moneymaker:	3	Geldmacher, Geschäftemacher	W
money trend:	3	Geldentwicklung	W
monitor:	3	Bildschirm	T
monitoring:	3	Überwachung	T
monorail:	3	Einschienenbahn	T
Monster:	1	Bestie, Ungeheuer, Ungetüm	A
monster show:	3	Monsterschau	A
mood:	3	Stimmung	A
moon:	3	Mond	A
moon boots:	3	dicke Winterstiefel	R
moonlight:	3	Mondschein	A
moonlight shopping:	3	Nachteinkauf(sbummel), *s. a.* **late-night shopping**	A,R,W
moonliner: (CH)	3	Nachtbus, *s. a.* **nightliner**	T
Moonshine-Tarif:	3	Nachttarif	A,G
mop:	3	Mopp, Flaumer *(CH)*, Staubbesen	A
MOP:	3	*(Abk. für)* **millionaire on paper** *(siehe dort)*	G
moral sense:	3	moralisches Bewusstsein	G
more:	3	mehr	A
morphing:	3	Formwandel	T
motel:	3	Motel, Autobahnhotel, Kraftfahrerhotel	A,W
motherboard:	2	Hauptplatine, Mutterplatine, *s. a.* **mainboard**	I
motion:	3	Bewegung, Geste	A
motion picture:	3	(Kino-)Film	G
motivation research:	3	Motivationsforschung	T
motocross:	2	Motorradgeländerennen	S
motorbike:	3	Motorrad, *s. a.* **bike**	S,T
motor caravan:	3	Wohnmobil	T
mount:	2	einhängen, zuordnen *(z. B. bei UNIX und LINUX)*	I
mountain:	3	Berg	A
mountain bike:	2	Berg(fahr)rad, Gelände(fahr)rad	A,S

mountainbike orienteering:	2	Geländerad-Orientierungsrennen	S
mountain biking:	2	Geländerad fahren	S
mountain sports:	3	Bergsport(-arten)	S
mounten:	3	einhängen	I
mouse:	3	Maus	A,I,T
mouse click:	3	Mausklick, Mausbetätigung, Mausdruck	I
mousepad:	3	Mausmatte, -unterlage	I
mousewheel:	3	Mausrad, Mausroller	I
move:	3	Zug, Bewegung	A
move in:	3	einziehen, Einzug	A
move out:	3	ausziehen, Auszug	A
movie:	3	Film, Kino	G
movie song:	3	Filmlied, -schlager	G
movie star:	3	Filmstar	G
movie wall:	3	Filmleinwand	G
movie world:	3	Filmwelt	G
moving:	3	bewegt, bewegend	A
m-payment:	2	mobiles Bezahlen, Zahlung per Händi	I,W
MPV:	2	*(Abk. für)* **multi purpose vehicle** *(siehe dort)*	T
Muffin:	2	Gebäck *(Keks, Kuchen, Törtchen)*	G
multi:		multi- *(d.A., lat.)*, mehr..., mehrfach..., viel..., *als Vorsilbe in*	
Multi-Channel-Vertrieb, multichannel sales:	3	Mehrkanalvertrieb	W
multifunctional device, MFD:	2	Verbundgerät, Kombigerät, Multifunktionsgerät (MFG), *s. a.* **All-in-one-Gerät**	T
multilevel marketing:	3	Mehrebenen-, Mehrstufenvertriebssystem, Direktvertrieb, Pyramidensystem, *s. a.* **network marketing**	W
multilevel selling:	3	Schneeballsystem *(beim Verkauf von Produkten)*, *s. a.* **pyramid selling**	W
multimedia home platform, MHP:	2	*Breitband-Kabelfernsehstandard für Multimedia-Anwendungen*	I,T

	1 ergänzend	2 differenzierend	3 verdrängend
multimedia message, multimedia messaging service, MMS:	2	*(durch Bildinformationen) erweiterter* Kurzmitteilungsdienst *(per Mobiltelefon), s. a.* **short message service**	A,T
multiplayer game:	3	Mehrpersonenspiel	A,I
multiple choice:	3	Wahlmöglichkeiten, Wahlvielfalt	T,W
multiple-choice test:	3	Ankreuzprüfung, Auswahlprüfung	G,T,W
multiplex^1:	3	Mehrwegkommunikationssystem	T
multiplex^2:	2	Großkino	G
multi purpose vehicle, MPV:	3	Allzweckfahrzeug	T
multistore:	3	Großkaufhaus	W
multitasking:	2	Mehrprogrammbetrieb *(Simultanerledigung verschiedener Aufgaben in demselben Speicherbereich des Rechners)*	I
multithreading:	3	Mehrfädigkeit *(Parallelverarbeitung innerhalb eines Programms)*	I
multiuser dungeon, MUD:	2	Rollenspiel *(im Internet)*	I
multiutility:	3	Rundumversorgung	T,W
muscle shirt:	3	Muskelhemd, Unterhemd	R
music:	3	Musik	G
Musical:	1	Musikschauspiel	G
music box:	2	Musikautomat	G
music hall:	3	Vaudevilletheater	G
music on demand:	3	Abrufmusik	G
musk:	3	Moschus(-Duft)	A
must (ein):	3	(ein) Muss	A
Must-have-Artikel:	3	*Auch-haben-Artikel, Ich-auch-Artikel, s. a.* **me-too product**	A
mute:	3	Stummschaltung	T
muting:	3	Rauschsperre *(bei Musikgeräten)*	T
mutual:	3	gegenseitig	A
my:	3	mein(e)	A
myself:	3	ich, ich selbst	A
mystery:	3	Geheimnis, geheimnisvoll, rätselhaft	A
mystery buyer:	3	Testkäufer	R,T
mystery call:	3	Testanruf	T

mystery letter:	3	Testschreiben	T
Mysteryserie:	3	Grusel-(Fernseh-)Serie	G
mystery thriller:	3	Mysterienfilm	G

N

Nacktscanner:	2	Körper(ab)taster, *s. a.* **body scanner**	A,P
nail:	3	Nagel, Fingernagel	T
naked bike:	2	Skelettmotorrad, unverkleidetes Motorrad	T
name-dropping:	2	Referenznennung, Namenserwähnung *(Einflechten prominenter Namen)*	A,G
nanny:	3	Kindermädchen	G
narrow-minded:	3	beschränkt, engstirnig	A
native:	3	Eingeborener, Einheimischer, Ureinwohner	A,G
native code:	3	Maschinensprache	I
native language:	3	Muttersprache, menschliche Sprache, Landessprache, Nationalsprache	G
native speaker:	3	Muttersprachler	A,G
nature:	3	Natur, Art, Beschaffenheit	A,T
navy:	3	Marine	G
necking:	3	schmusen, liebkosen	A
need-to-know:	3	Kenntnis nur wenn nötig, streng geheim	G
Need-to-know-Prinzip:	3	autorisierter Zugriff	G
neighbourhood:	3	Nachbarschaft	G
neighbourhood watching (AE), neighbourhood watching: (BE)	3	Bürgerwache, Bürgerwehr, Nachbarschaftsschutz	G
neighbourhood-viewing:	3	Nachbarschaftsfernsehen	G
nerd[1]:	3	Fachidiot, Sonderling	A,G
nerd[2]:	3	Depp, Einfaltspinsel, Trottel	A
net:	3	Netz, *auch im übertragenen Sinne wie:* Versorgungs-, elektronisches Netz, *letzteres*	I,T
netbook:	3	Leichtrechner, Kompaktrechner	I
netiquette:	2	Netzbenehmen, Netzgebaren, *s. a.* **chatiquette**	I
netizen(s):	3	Internetbürger, Netzbürger	I
net-lock:	3	Anbieterbindung (Telefonanbieter), Netzbindung	I,T
net news:	3	Internetnachrichten, Netznachrichten	I

net professional:	2	Netzfachmann, -spezialist	I
net shopper:	3	Interneteinkäufer, Netzeinkäufer	I
netspeak:	2	Netzsprech	I
net talk:	3	Netzgeplauder, Netzgespräch, *s. a.* **chat**	I
network:	3	Netz, Netzwerk, Sendenetz, *oft auch nur:* Zusammenarbeit	I
network marketing:	2	Mehrstufenvertrieb, *Produktvertrieb über persönliche Empfehlungen,* Strukturvertrieb, *s. a.* **multilevel marketing**	R,W
networking[1]:	3	Netzbetreuung	I
networking[2]:	3	Beziehungspflege, Kontakte knüpfen *(z. B. zwischen Geschäftspartnern)*	W
never:	3	nie, auf keinen Fall	A
new:	3	neu, erstmalig, taufrisch	A
newbie:	2	Anfänger, Grünschnabel, Neuling	A,I
New-Age-Bewegung:	2	Esoterikbewegung *(des „neuen [Wassermann-]Zeitalters")*	P
newcomer:	3	Anfänger, Neuling, Neuerscheinung	A,G
new deal:	3	Wirtschaftsreform *(nach Roosevelts New-Deal-Politik der 30er-Jahre)*	W
new economy:	2	neue Wirtschaft(sform), *s. a.* **Old Economy**	W
new generation:	3	neue Generation, Jugend, Neuentwicklung, neue Strömung	G
new hire:	3	neueingestellter Mitarbeiter	G,W
new look:	3	Neues Aussehen, Neue Mode *(ursprünglich: Langrockstil der 70er-Jahre)*	G
new wave:	3	Neue Welle, Musikstilrichtung	G,P,R
news:	3	Nachrichten, Neues, Neuigkeiten	A,W
newsbox:	3	Neuigkeiten, Nachrichtenbox	A,W
news center:	3	Nachrichtenstudio, Presseabteilung	A,W
news desk:	3	Nachrichtenredaktion	G,W
newsfeed:	3	Nachrichteneinspeisung, Meldungsstrom	I
news flash:	3	Blitz-, Eil-, Kurz-, Sondermeldung; erzählerisches Element *(in Filmen)*	A,W
Newsforen:	3	Nachrichtenforen	A,W
newsgroup:	3	Nachrichtenforum *(u.a. im Internet)*	I
newsletter:	3	Rundbrief, Infobrief	I,R,T,W
newslist:	3	Neuestes, das Neueste, Rundbrief	A,W
newsmagazine:	3	Nachrichtenmagazin	G
newspaper:	3	Zeitung	A,W
newsreader[1]:	3	Nachrichtensprecher(in)	G

	1 ergänzend	**2** differenzierend	**3** verdrängend

Term	Kat.	Bedeutung	Code
newsreader²:	2	Programm für Diskussionsforen, s. a. usenet	I
news server:	2	Nachrichtendienst(-leister) im Netz	I
news service:	3	Nachrichtendienst	A,W
news show:	3	Nachrichtenschau	A,W
News-Ticker:	2	Nachrichten-Ticker, *siehe* **Ticker**	A,W
news value:	3	Neuigkeitswert	A,W
next:	3	nächst/e/r/s	A
nice:	3	gefällig, freundlich, hübsch, schön	A
nice price:	3	Sonderangebot, Sonderpreis, günstiger Preis, heißer Preis	A
nice to have:	3	wünschenswert, nützliche Annehmlichkeit	A
nickname:	3	Pseudonym, Spitzname	G
night (AE, BE), nite: (AE)	3	Nacht	A
night auditor:	3	Nachtportier	W
nightcare:	3	Nachtpflege	G,R
nightclub:	3	Nachtklub, Bar	A,G
nightcream:	3	Nachtcreme	G,R
night groove:	3	Tanz- und Musiknacht	G,P
nightlife:	3	Nachtleben	A,G
nightliner:	3	Nachtbus, s. a. **moonliner**	T,W
night session:	3	Abendveranstaltung	A,G
nightshirt:	3	Nachthemd	R
Night-Shopping-Tarif:	3	Abend-, Nachtpreis(e)	A,R
nightwear:	3	Nachthemd, Schlafanzug	R
no:	3	*als Vorsilbe* kein/e/r, nicht	A
nobody:	3	(ein) Niemand, unbedeutender Mensch	A
no brainer:	3	leicht zu merken	A
no comment:	3	kein Kommentar	A
no entry:	3	kein Durchgang, kein Zugang	A
no future:	3	keine Zukunft, Zukunftsangst, Zukunftspessimismus	A,G
no future generation:	2	Jugend ohne Zukunftshoffnung	A,G
no go:	3	Tabu, Unding, ausgeschlossen	A
no-go area:	2	Meidezone	A
no-iron, non-iron:	3	bügelfrei	A
no-name:	3	markenfrei	W

no nukes:	3	keine Atomwaffen	G
no problem:	3	kein Problem, keine Ursache	A
no risk, no fun:	3	kein Erfolg ohne Risiko, Wer nicht wagt, der nicht gewinnt	A
no-show:	3	Nichterscheinen, Nichtantritt	G,T
no smoking:	3	Nichtraucher, Rauchen verboten	A,G
no way:	3	auf keinen Fall, unter keinen Umständen, „geht gar nicht"	A
nobility:	3	Adel, Ritterschaft, obere Zehntausend	G
node:	3	(Schwingungs-)Knoten, Nulldurchgang	T
noise:	3	Geräusch, Rauschen	T
nominee:	3	Nominierter, Vorgeschlagener, Kandidat	G
non, none:	3	engl. Vorsilbe keine/r/s, nichts	A
nonbook:	2	Nicht-Buch *(andere Artikel als Bücher in Buchläden)*	W
non-cooperation:	3	gewaltloser Widerstand, passiver Widerstand	G
nonfiction:	3	real, faktisch, nicht erfunden	G,I
nonfood:	3	Gebrauchsgüter	W
non-governmental organization, NGO:	3	nichtstaatliche Organisation, NSO	G,W
nonpaper:	3	Unpapier *(offiziell nicht existierendes Dokument)*	A,W
nonprofit:	3	gemeinnützig, ehrenamtlich *(nicht gewinnorientiert)*	G,W
nonprofit organization:	3	gemeinnützige Organisation, nicht auf Gewinn ausgerichtete Organisation, Wohlfahrtsverband	G,W
nonproliferation:	3	Nichtweitergabe	G
nonproliferation treaty:	3	Atomwaffensperrvertrag	G
nonsense:	3	Blödsinn, Quatsch, Unfug, Unsinn	A
nonsmoking area:	3	Nichtraucherbereich, Nichtraucherzone	G
nonstop:	3	durchgehend, ohne Zwischenlandung, ohne Unterbrechung	A,T,W
Nonstopflug:	2	Flug ohne Zwischenlandung	T,W
nordic walking:	3	Stockwandern	S
nose pad:	3	Nasenpolster	T
note:	3	Bemerkung, Notiz	A

		1 ergänzend	2 differenzierend	3 verdrängend
notebook[1]:	3	Notizbuch		A
notebook[2]:	2	Klapprechner, Mobilrechner, *s. a.* **laptop**		I
notepad:	2	(elektronisches) Notizbuch		I
not really:	3	eher nicht		G
novel food:	2	Genfutter, gentechnisch veränderte Nahrung, neuartiges Lebensmittel		G
nude look:	3	Nacktmode		G
nugget:	3	Goldklumpen		W
number:	3	Zahl, Nummer		A,W
nurse:	3	Kindermädchen, Krankenschwester		A,G,T
nut[1]:	3	Nuss		A
nut flakes:	3	Nussflocken		A
nut[2]:	3	(Schrauben-)Mutter		T
nuts:	3	verrückt, durchgedreht		A,G

O

object:	3	Gegenstand, Objekt	A,I
object broker:	3	Objektverwalter	I
object code:	3	Objektkode, ablauffähiges Programm	I
object manager:	3	Betreuer, *(für ein bestimmtes Gebiet)* zuständiger Verwalter	T
observer:	3	Beobachter	A
obsession:	3	fixe Idee, Versessenheit	A,G
occasion:	3	Gelegenheitsangebot	W
ocean:	3	Meer, Ozean	A,G,T
ocean-dumping:	3	Meeresverunreinigung	G,T
ocean liner:	3	Linienschiff	W
odds:	3	Wahrscheinlichkeit, Wettquote	A
oddset:	3	*(spezielle)* Sportwette	S
of:	3	von	A
of course:	3	gewiss, na klar, natürlich, selbstverständlich	A
off^1:	3	aus(-geschaltet)	A
off day:	3	Ruhetag	A,G
off^2:	3	weg, außerhalb, draußen, entfernt	A
off-board:	2	außerhalb des Fahrzeugs *(Diagnose, Navigation)*	T
off-brands:	3	Nicht-Markenartikel	W
off-limits:	3	Betreten verboten, Eintritt untersagt	G
off-line, offline:	2	vom Netz	I
offline reader:	2	Netzleseprogramm *(ohne im Netz zu sein)*	I
Offline-verfahren:	3	netzloses Verfahren	I
Offlinewelt:	2	normales (Arbeits-, Lebens-)Umfeld, „Realität" *(Gegensatz zur virtuellen Welt)*	A,G
off-peak:	2	außerhalb der Stoßzeiten, Billigzeit *(z. B. zum Telefonieren)*	W
offroad^1:	3	abseits *(der Straße)*, im Gelände, querfeldein	T,W
offroader:	3	Geländefahrzeug, Geländewagen	T
off-road kids:	3	Straßenkinder *(abstruse Fehlbildung)*	G
off-road^2:	3	geländegängig, Geländefahrzeug *(Gattungsbezeichnung)*	T,W

	1 ergänzend	2 differenzierend	3 verdrängend
off-season:	3	außerhalb der Spielzeit *(Theater)*	G
Offsetdruck:	1	Flachdruck	T
off-shore, offshore:	2	vor der Küste, im Küstengewässer	T
offshoring:	3	Auslagerung, *s. a.* **outsourcing**	W
offshore company:	3	Auslandsniederlassung, Briefkastenfirma	W
Offshore-Firma:	2	Auslandsniederlassung, Briefkastenfirma	T,W
offshore fund:	2	ausländischer Fonds	W
offside:	3	Abseits *(Fußball)*	S
Offszene:	3	freies Theater	G,P
off-taste:	3	schlechter Geschmack *(z. B. eines Weines)*	A
off topic:	3	sachfremdes Thema	A
off^3:	2	aus dem Hintergrund	G
Offsprecher:	2	Hintergrundsprecher	G
Offstimme:	2	Hintergrundstimme	G
off text:	3	Erzähler *(im Film)*	G
offer:	3	(Sonder-)Angebot	W
office:	3	Büro, Geschäftsstelle	A,W
office putting:	3	Bürogolfen	S
Ohr-Clip(s):	3	Ohrklip(s) *s. a.* **clip^2**	A,G
okay^1, OK:	1	i.O., in Ordnung, alles klar, abgemacht, einverstanden	A
okay^2:	3	Einverständnis, Erlaubnis, Genehmigung, grünes Licht, Zustimmung, *s. a.* **go^2**	A,W
old:	3	alt	A
oldie:	2	Dauerschlager	G
old-boys network, old-buddies network:	3	Filz, Klüngel, Seilschaft	G
old economy:	3	alte *(traditionelle)* Wirtschaft(sform), *s. a.* **New Economy**	W
old-fashioned:	3	altmodisch, überholt	A
old school:	3	alte Schule *(hauptsächlich Musik, z. B. Klassik oder Rock der alten Schule)*	G
Oldtimer: (PA)	1	Autoveteran	A,T
oldy but goldy:	2	betagter Renner	G,P
Olympic spirit:	3	olympischer Geist, olympischer Gedanke	S
on:	3	an, auf, bei, ein(-geschaltet)	A
on air:	3	auf Sendung	G

onboard diagnostics, OBD:	2	Bord-Funktionsüberwachung *(in Fahrzeugen)*	I,T
onboard unit, OBU:	2	Bordgerät *(für die Mauterfassung in Fahrzeugen)*	I,T
on call:	3	auf Abruf, auf Zuruf, in Bereitschaft	A,W
on demand:	3	auf Abruf, auf Bestellung, auf Knopfdruck, bei Bedarf	A,W
on top¹:	3	obendrauf, zusätzlich	A
on top²:	3	auf dem Höhepunkt	A
online:	2	am Netz, im Netz	I
onliner:	3	Internetbesucher	I
online ad:	2	Internetwerbeformat	I,R
online banking:	2	Internet-Kontoführung, Netz-Kontoführung	I,W
online broker:	2	Internetmakler, Netzmakler	I,W
online chat:	3	E-Gespräch	I
online gehen:	2	sich ins Internet einwählen	A,I
online marketing:	3	Internetvermarktung	I,W
Online-Redakteur:	2	Netzjournalist, Netzredakteur	I
online service, Online-Dienst:	2	(Daten-)Netzdienst	I
onlineshop:	2	Netzladen, Netzwarenhaus	A
online shopping:	3	Interneteinkauf, *vgl.* **armchair shopping**	I,W
online teaching:	2	E-Lehren, Netzlehren, *s. a.* **e-learning**	A,G,I
online trading:	3	E-Wertpapierhandel	W
online tutor:	2	E-Lehrer, Netzlehrer	G,I
on sale:	3	im Sonderangebot	W
on-screen display:	2	Bildschirmmenü, *Menü auf dem (Bild-)Schirm*	I
on stage:	3	auf der Bühne	G
on-the-job training:	3	Ausbildung am Arbeitsplatz	W
on the road:	3	auf der Straße, unterwegs	W
on the rocks:	3	auf Eis, Eisgetränk	A

	1 ergänzend	2 differenzierend	3 verdrängend
on tour:	3	auf (Konzert-, Gastspiel-, Rund-)Reise, unterwegs	G
one:	3	irgendeiner, jemand; ein, eine, eins	A
one by one:	3	Stück für Stück, eine(r) nach der/dem anderen	A
one-hit wonder:	3	Eintagsfliege, Zufallstreffer *(in der Musikbranche)*	A
one-man show:	3	Ein-Mann-Schau, Soloauftritt	A,G
one-night stand[1]:	2	Eine-Nacht-Sex, Sex für eine Nacht	A,G
one-night stand[2]:	3	einmalige Veranstaltung	A,G
one-page offer:	3	Kurzangebot, einseitiges Angebot	W
one-pager:	3	Einseiter	W
one-shot[1]:	3	Einmal- *oder* Sonderauflage	W
one-shot[2]:	3	Glückstreffer	A,W
one-stop agency:	2	Investorenleitstelle, *Beantragung von Fördermitteln in einem Schritt*	G,W
one-stop shopping:	3	alles aus einer Hand, Großkaufhaus	W
one-to-one marketing:	2	Individualvermarktung, individuelle, „maßgeschneiderte" Kundenbeeinflussung	W
one touch:	3	ein Griff	A
one-touch easy:	3	Eintastenbedienung	T
one-way:	3	Einbahn-	W
one-way-street:	3	Einbahnstraße	A
one-way-ticket:	3	Einzelfahrschein, Einzelfahrkarte, Billet (CH)	A,W
one world:	3	Eine Welt, Globalisierung *(de facto:* Amerikanisierung*)*	G,W
Oops!:	3	Ui!, Hoppla!	A
open:	3	offen, geöffnet	A
open data:	3	datenoffen, *(frei verfügbare Daten)*	I
opening:	3	Eröffnung, Öffnung	A,W
open access:	3	freier Zugang, freier Zugriff, offener Zugang	G,I,T
open-air:	3	Freilicht-, Freiluftveranstaltung	A,G
open-air festival:	3	Freilichtveranstaltung, Freiluftfest, -veranstaltung, im Freien, unter freiem Himmel	A,G
Open-Air-Kino:	3	Freilichtkino	A,G

Open-Air-Konzert:	3	Freilichtkonzert	G
open-end:	3	Ende offen	A,G
open house:	3	offen für alle, offene Tür	A,G
open-minded:	3	offen, tolerant	A
open source:	2	quelloffen *(unterliegt der Open-Source-Lizenz)*	I
operate, operating:	3	bedienen *(hauptsächlich technische Geräte)*	A,T
operator[1]:	2	Bediener, Telefonist(in), Wirkender	I,T
operator[2]:	3	Systembetreuer	I,T
operator[3]:	3	Operator *(d.A.)*	I,T
operating system, OS:	3	Betriebssystem, BS	I,T
operations manager:	3	Betriebs-, Werkleiter	G,W
operation set:	3	Operationsbesteck	T
opinion:	3	Meinung	A
opinion leader:	3	Meinungsmacher, -führer	A,G
optical character recognition (OCR):	3	*(optische)* Schrifterkennung	I
opt-out:	2	Ausnahmeregelung, Nichtbeitritt, wahlweiser Austritt *(Politik, speziell in der EU)*	G
orbit:	3	Umlaufbahn	T
order[1]:	3	Auftrag, Anweisung, Befehl	A,G,W
ordern:	3	bestellen, in Auftrag geben, verlangen	A,G,W
order[2]:	3	Kauf- *bzw.* Verkaufsauftrag *(Börse)*	W
organic:	3	Bio..., aus biologischem Anbau	G
organizer:	3	Terminplaner	A,W
orienteering:	3	Orientierungslauf, Orientierungsrennen, Orientierungssport	S
original:	3	Original	A
OS:	3	*(Abk. für)* **operating system** *(siehe dort)*	I,T
other:	3	andere/r/s, anders	A
out[1]:	3	aus, nicht, ohne	A
outen[1]:	3	bloßstellen, entlarven, sich bekennen, sich orten	A,G
outen[2]:	2	sich offenbaren, sich bekennen	A,G
outing:	2	Enthüllung, freiwilliges Bekenntnis	G
outback:	2	*(australisches)* Hinterland	G
outbound (calls):	2	ausgehende Telefonate, Telefonwerbung *im Kundendienst, s. a.* **inbound (calls)**	W

	1 ergänzend	2 differenzierend	3 verdrängend
outbox:	3	(Post-)Ausgang	G
outbreak:	3	Ausbruch *(von Seuchen und Epidemien)*	G
outcast:	3	Außenseiter	G
outcome:	3	Ergebnis, Resultat	A
outdoor:	3	draußen, im Freien	A
outdoorer:	3	Wanderer	A,G
Outdoor-Kleidung:	3	Freiluftkleidung	A
outdoorpark:	3	Park, Parkanlage, Klettergarten	A
outdoor sports:	3	Freiluftsport, Sport im Freien	S
outdrop:	3	gesellschaftlicher Abstieg	G
outer space:	3	Weltall	T
outfit:	3	Aufmachung, Kleidung	A,G,P,R
outgesourced:	3	ausgegliedert, ausgelagert	W
outlaw:	3	Außenseiter, Geächteter, Gesetzloser	G
outlet:	3	Verkaufsstelle, *s. a.* **factory outlet**	W
outlive:	3	überleben	A
Out now!:	3	Jetzt im Handel!	R
out of area:	2	außerhalb des Zuständigkeitsbereiches *(NATO-Terminologie)*	P
out of bounds:	3	Zutritt verboten *(eigentlich „außerhalb der Grenzen")*	G
out of focus:	3	unscharf, *symbolisch auch:* aus den Augen, aus dem Sinn	T
out-of-office note, Out-of-Office-Notiz:	3	Abwesenheitsmeldung, -notiz	G,W
out of stock:	3	ausverkauft, vergriffen	W
out of the box:	3	von der Stange	W
outperformer:	3	Spitzenwertpapier, Wertpapier mit überdurchschnittlicher Entwicklung	W
outplacing:	3	auslagern	T
outplacement:	3	Freistellung *(Entlassung mit Bemühung um Stellenvermittlung)*	T
output:	3	Ausbringung, Ausgabe, Ausstoß, Ergebnis, Produktion, *s. a.* **input**	I,T,W
output management:	2	Dokumentensteuerung, -verteilung	W
outside:	3	außen, Außenansicht	A
outsider:	3	Außenseiter, Nonkonformist	G
outsourcen:	3	auslagern, ausgliedern	T

outsourcing:	3	Ausgliederung, Auslagerung, Fremdvergabe *(von Betriebsaufgaben an Außenstehende)*, s. a. **offshoring**	T
outtake(s):	3	Drehpanne, Drehabfall, Filmabfall	G
outwear:	3	(Kleidungsstück) außen zu tragen	R
out²:	3	überholt	A,G
over:	3	über, Ende, herüber, hinüber, vorüber	A
Overall:	1	Arbeitsanzug, *Blaumann*	A,G
overdose:	3	Überdosis *(Drogen)*	G,P
overdosed:	3	überdrüssig, übersättigt	A
overdressed:	3	unangemessen gekleidet, zu fein, s. a. **overstyled**, *vgl.* **underdressed**	A,G
overdrive:	3	Schnellgang	T
overflow:	3	Überlauf	I,W
overhead:	3	Gemeinkosten	W
overhead costs:	3	Gemeinkosten	W
overhead projector:	3	Tageslichtprojektor, Folienprojektor	T,W
overkill¹:	2	Mehrfachvernichtungskapazität, (nukleare) Überbewaffnung	A,G
overkill²:	3	Übermaß, Überziehung	A
overknees:	3	Langstrümpfe	R
overnight:	3	über Nacht, während der Nacht	A
overpacen:	3	Tempo überziehen	S
overrule:	3	ablehnen, aufheben, umstoßen	A,W
oversell:	3	Marktsättigung	W
overshoot:	3	über das Ziel hinausschießen, zu weit gehen	A
oversize, oversized:	3	Übergröße, übergroß	A
overstaffed:	3	(personell) überbesetzt	W
overstatement:	3	Übertreibung	A
overstyled:	3	zu fein, s. a. **overdressed**, *vgl.* **underdressed**	G
over-the-counter, OTC:	3	über den Ladentisch, außerbörslich	W
Over-the-Counter-Medikament, OTC:	3	rezeptfreies Medikament	W
over-the-top:	3	übertrieben, verrückt	A
overtop:	3	herausragend	A

		1 ergänzend 2 differenzierend 3 verdrängend	
overtrousers:	3	Schmutzhosen, Überhosen	A
owner:	3	Besitzer, Eigentümer, Eigner, Halter, Inhaber	A,I,W
ownership:	3	Eigentümerschaft; Eignerschaft	W

P

pace:	3	Schritt, Tempo	A
pacemaker:	3	Schrittmacher *(besonders in der Herzchirurgie)*	S,T
pack:	3	Paket, Bündel	A
package:	3	Paket *(auch im übertragenen Sinn)*	A,W
package deal:	3	Koppelgeschäft	W
package tour:	3	Pauschalreise	W
package unit:	3	Verpackungseinheit	W
pact:	3	Abkommen, Vertrag	G
pad:	3	Polster, Kissen, *(auch im weiteren Sinn)* Stahlschwämme, Reinigungskissen, Wattekissen, s. a. **mousepad**	A
page:	3	Seite	A,I
pager:	3	Empfänger (für Kurznachrichten), Piepser	G,T
paging:	3	Seitenwechsel(-vorgang) *(im Rechner)*	I
page charge:	3	Seitengebühr	W
page impression:	3	Seitenabruf, Seitenaufruf	I
page one:	3	Titelseite, Schlagzeilenseite	G,W
page turner:	3	spannendes Buch	G
pageview:	2	Seitenabruf, Seitenzugriff	I
painnurse:	3	Schmerztherapieschwester, -pfleger	W
paint:	3	(an-, be-)malen, Farbe, schminken	A,G
painting:	3	Gemälde	A,G
paintball:	3	Farbbeutel, Farbbeutelschießen	G
paintbrush:	3	farbsprühen	A,G
pairing:	3	verkuppeln, zusammenführen *(auch symbolisch)*	A
palliative care:	2	Palliativmedizin, Schmerzbehandlung	T
palmtop:	3	Handrechner, (mobiler) Kleinstrechner	I
pamphlet:	3	Broschüre, *nicht gleichbedeutend mit* Pamphlet *(d.A., franz.)*, Schmähschrift, Streitschrift	A,G
pancake:	3	Pfannkuchen	A
panel[1]:	3	Arbeitsgruppe, Ausschuss, Entscheidungsgruppe, Forum, Gremium	G,W

		1 ergänzend	2 differenzierend	3 verdrängend
panel discussion:	3	Podiumsdiskussion	G,T,W
panel²:	3	Konsole, Platte, Täfelung	T
panel PC:	2	Komplettrechner, *s. a.* **All-in-one-Rechner**	I
pants:	3	Hose, *s. a.* **shorts**	A,R
panty:	3	Miederhose	A,R
Pantryküche:	3	Miniküche, Schrankküche	A
paper¹:	3	Papier	A
paperback:	3	Taschenbuch, Pappeinband, *im Gegensatz zu* **hardcover**, *s. a.* **softcover**	G,W
paper jam:	3	Papierstau, *s. a.* **jam²**	A,T,W
paper²:	3	Manuskript, Schriftstück, (wissenschaftliche) Veröffentlichung	G,T,W
paper³:	3	Thesenblatt, Thesenpapier	G,T,W
parachute:	3	Fallschirm	G,S
parachuting:	3	Fallschirmspringen	G,S
parachutist:	3	Fallschirmspringer, *s. a.* **skydiver**	G,S
paraglider:	2	Gleitschirmflieger	S
paragliding:	2	Gleitschirmfliegen, Gleitsegeln	S
parcel:	3	Paket, Päckchen, Schachtel	W
parcel service:	3	Paketdienst	W
parent:	3	Elternteil	G
parents:	3	Eltern	G
park:	3	parken, parkieren *(CH)*, abstellen	A,T
park and ride, P&R:	2	Parken & Reisen, Parkplatz	A,T
park coin:	3	Parkmünze	A
parsen, parsing:	1	Text analysieren	I
Parser:	1	Textsyntaxanalysator, *s. a.* **compiler**	I
part, parts:	3	Teil, Teile	A,T,W
parts per million, ppm:	2	Teile pro Million, PPM	T
part-time job:	3	Teilzeitarbeit	W
partner:	3	Partner *(d.A.)*	G
partnering:	3	(strategische) Partnerschaft	G
partner look:	2	Partnerkleidung, gleiche Kleidung eines Paares	A,R
partnership:	3	(Geschäfts-)Partnerschaft	A
Party:	1	Feier, Fest, Fete	A,G
partying:	3	feiern	A,G
Partygirl:	1	Fetenmädchen	A,G
party killer:	3	Partytöter	A

party queen:	3	Ballkönigin	G
Partyservice:	1	Festdienst, *Fetendienst*	G,W
party time:	2	Partyzeit, Zeit zum Feiern	A,G
passenger:	3	Reisender, Fahr-, Fluggast, Passagier	W
passing events:	3	Aktuelles, Tagesereignisse	G
passport:	3	Ausweis, Pass	G
password:	3	Kennwort, Passwort	G,I
pasten¹, paste:	3	kleben, Kleister	T
pasten², paste:	3	einfügen *(an der Schreibmarke)*	I
patch¹:	3	Flicken	A,I
patchen:	3	flicken	A,I
patchwork:	2	Flickendecke	A,W
patchwork family:	3	zusammengewürfelte Familie	G
patch²:	3	Korrektur (vorläufig, provisorisch), Flicken	I
patent pending:	3	angemeldetes Patent, *s. a.* **pending**	T
path¹:	3	Pfad	A
path² (name):	2	Pfad(-name), vollqualifizierter Dateiname, Zugriffspfad	I
patient education:	3	Patientenberatung, Patienteninformation	W
pattern:	3	Muster, Schema, Verhaltensmuster	T
pay:	3	zahlen	A,W
payback:	3	Rückerstattung, Rückzahlung, siehe **payout**	W
payback card:	3	Rabattkarte	W
pay card:	3	Geldkarte	W
payday:	3	Zahltag, Erfüllungstag	W
paying guest:	3	zahlender Gast	W
payment:	3	Zahlung	W
payment holiday:	3	Ratenaussetzung, ratenfreier Monat	W
payoff:	3	Gewinn, Lohn, Verdienst	W
payout:	3	Ausbezahlung *(Rückgewinnung von eingesetztem Kapital)*	W
payout time:	3	Auszahlungszeit, Lohnzahltag	W
PayPal:	2	zahlen per E-Post	W
pay-per-view	3	Einzel-Bezahlfernsehen	W
payroll:	3	Gehalts-, Lohnliste	W
Pay-Sender:	3	Bezahlsender	W
pay site:	2	Bezahl-Netzangebot	I,W

	1 ergänzend	2 differenzierend	3 verdrängend

pay-TV:	3 Bezahlfernsehen, *Zahlkanal*	W
paywall:	3 Bezahlschranke (kostenpflichtige Netzseiten)	I
PC:	1 Arbeitsplatzrechner	I
PDA:	2 *(Abk. für)* **personal digital assistant** *(siehe dort)*	I
PDF:	(EN) portable document format = plattformunabhängiges Dokumentenformat	I
peace:	3 Frieden	G
peacekeeping:	3 Friedenserhaltung, Friedenswahrung	G
peach:	3 Pfirsich	A
peach skin:	3 Pfirsichhaut	A
peak¹:	3 Höchstwert, Maximum, Spitzenwert	T,W
peak²:	3 Zacke, Bergspitze, Gipfel	A
peanut:	3 Erdnuss	A
peanuts:	3 Bagatelle, Klacks, Kleinkram	A
pearl-white:	3 Perl(mutt)weiß	A
pedigree:	3 Stammbaum	T
pedilec:	3 Elektrorad, *s. a.* **e-bike**	T
peeling¹:	3 Gesichtsschälung, Hautschälung *(Kosmetik)*	T
peeling²:	3 Rubbelcreme *(zur Hautpflege)*	T
peep show:	3 Erotikschau, Nacktschau, Schlüssellochschau, Spannerschau	G
peer:	3 Person von gleichem Status	G
peer group:	3 Gruppe Gleichartiger, Gleichgesinnter	G
peer review:	3 Kreuzgutachten, *(Wissenschafts-)Kollegenkommentar*	T,W
peersupporter:	3 Kameradenhelfer, Kumpel	G
Peer-to-Peer-Netz:	2 Partnernetz	I
Pellet:	1 Pressling *(z. B. aus Holz, Futtermittel, Erz)*	T
pen:	3 Stift, (Schreib-)Feder	A
penalty:	3 Strafstoß, Strafe	G,S
pending:	3 anhängig, schwebend *(Verfahren), s. a.* **patent pending**	T
penny stocks:	3 Billigaktien, *Pfennigaktien*	W
penthouse:	2 Dachwohnung Attikawohnung *(CH)*	W
people:	3 Leute, Menschen, Nation, Volk	A,G
peoplemover:	3 *(öffentliches)* Verkehrsmittel	T
people-ready business:	3 menschengerechte Arbeitsbedingungen	W

pep:	2	Schwung, Pfeffer, Energie	A
peppig:	2	pfiffig, schwungvoll, ausgefallen	A
percussion:	3	Abklingeffekt *(elektronischer Instrumente)*	T
percussion(s):	3	Schlagzeug, Schlaginstrumente	G,P
perfect:	3	perfekt, vollkommen	A
perfect ager:	3	kaufkräftige Altersgruppe	W
perfect world:	3	Paradies, Schlaraffenland, Utopia	G
perform:	3	arbeiten, aufführen, durchführen, erfüllen, leisten	A,G
performance[1]:	3	*(gutes oder schlechtes)* Abschneiden, Effektivität, Leistung, Leistungsfähigkeit	A
performance[2]:	3	Kursentwicklung, Rendite, Wertentwicklung einer Kapitalanlage	W
performance[3]:	3	Vorstellung, Auftritt, Darbietung, Darstellung	A,G
performer:	3	Akteur, Darsteller, Künstler	G
periodical:	3	Zeitschrift	W
permalink:	2	Festverweis, *Verweis auf eine feste Internetadresse*	I
permission:	3	Genehmigung, Erlaubnis, Zustimmung	A,G,T
personal:	3	persönlich, *nicht zu verwechseln mit* **personnel**	A,G
personality:	3	Persönlichkeit	A,G
personal computer, PC:	2	Arbeitsplatzrechner, PC, Rechner, *falsch:* Personalcomputer (**personal** = *persönlich*)	I
personal digital assistant, PDA:	2	Handrechner	I
personal identity:	3	persönliches Erscheinungsbild	G
personal identity number, PIN:	3	Persönliche Identifikations-Nummer, PIN	G
personality show:	3	Prominentensendung	G
personal-controlling:	3	Mitarbeiterkontrolle	T,W
personal-marketing:	3	Personalwesen	W
personal-service-agency, PSA:	3	Zeitarbeitsagentur	G
personnel:	3	Personal, *nicht zu verwechseln mit* **personal**	W

	1 ergänzend	2 differenzierend	3 verdrängend
personnel management:	3	Personalwesen	W
personnel manager:	3	Personalleiter	G,W
pervasive computing:	2	alles durchdringende Vernetzung *(des Alltags)*, Rechnerdurchdringung	I
pet:	3	Haustier, *auch:* Schätzchen, Liebling	A,G
pet-shop:	3	Tierhandlung	W
petticoat:	2	steifer Unterrock	A,G,R
petting:	2	fummeln	A,G
phantastic:	3	aus dem Fantastischen kommend *(Literatur, Kunst, Esoterik), nicht zu verwechseln mit* **fantastic**	A
pharmacy:	3	Apotheke, *s. a.* **drugstore**	A,W
pharming:	2	(betrügerisches) Umleiten auf gefälschte Netzstandorte *(gebildet aus* **phishing** *und* **farming***)*	A,I
phasing-in:	2	begrenzte, schrittweise Einführung *(Politik)*	G
phasing-out:	2	schrittweises Absenken, schrittweises Auslaufen *(Politik)*	G
phat *(Akronym für* **pretty hot and tempting***):*	3	überwältigend, hervorragend	A
Ph.D., PhD	2	*(angloamerikanischer und „Bologna"-)* Dr.-Grad	G,T
phishing:	2	Passwortbetrug, Passwortklau *(Diebstahl persönlicher Zugangsdaten, gebildet aus* **passwort** *und* **fishing***)*	I
phone:	3	Fon, *Kurzform für* Telefon	G,T
phone banking:	3	Telefon-Bankverkehr	W
phone book:	3	Telefonbuch	A,G
phone call:	3	(Telefon-)Anruf	A,G
phone card:	3	Telefonkarte	G,W
phone card phone:	3	Billighändi, Falthändi, Papphändi, Wegwerfmobiltelefon, Wegwerfhändi, *s. a.* **chat'n chuck cell phone**	I
phone guide:	2	Händiführer	T
phonemanship:	3	Telefonverkaufskunst	W
phone number, telephone number:	3	Telefonnummer	A,G,T
photo:	3	Foto	T

photoshop:		(EN) Bildbearbeitung	I
photoshooting:	2	Aufnahme von Fotos, Fototermin	R,W
physical exercise:	3	Leibesübung, Sport	S
pickle:	3	Sauerkonserve, *s. a.* **mixed pickles**	A
pick up¹:	3	aufheben	A
pickup²:	3	Pritschenwagen	T
pick up³:	3	anbaggern, angraben, anmachen, aufreißen	G
pickup⁴:	3	Tonabnehmer	T
picnic:	3	Picknick, Vesper im Grünen	A
pictophone:	3	Bildtelefon	T
picture:	3	Bild	A
picture viewer:	3	Bildbetrachter	I
Pidgin:	1	strukturarme, reduzierte Sprachform	G
pie:	3	Pastete, Torte	A
piece:	3	Stück	A
piece concept:	2	Gepäckstückprinzip, Gepäckbegrenzung *(bei Flugreisen)*, *s. a.* **weight concept**	G,W
pierce¹:	3	bohren, stanzen	A,T
pierce²:	3	hautstechen	A,P
piercen, piercing:	2	hautstechen, Hautschmuck, *(Anbringen von)* Körperschmuck	A,P
pig:	3	Schwein	A
pigeon:	3	Taube	A
pigeonhole:	3	Ablagefach, Brieffach *(eigentlich:* Taubenschlag*)*	A
pimp¹:	3	Lude, Zuhälter *(auch:* **dandy**, **playboy***)*	G
pimp²:	3	aufmotzen, *s. a.* **tune**, **tunen**	G,P
pin¹:	3	Anstecker, Bolzen, heften, (Steck-)Nadel, Pinn, Stift, stecken	A
pinboard:	3	Pinnwand	A
pinup:	3	Anheft-Bild	A,G
pinup girl:	3	Fotomodell, Spindmädchen	A,G
pin²:	3	Markierung	A
pin³:	3	Kegel, *s. a.* **bowling**	S
PIN⁴ (code):		*(Abk. für)* **personal identity number** = persönliche Erkennungsnummer	I,T
pine:	3	Kiefer *(nicht: Pinie)*	A
pineapple:	3	Ananas	A
pinewood:	3	Kiefernholz	A,W
pink:	3	(leuchtend) rosa	A

	1 ergänzend	2 differenzierend	3 verdrängend
pink slip:	3	Kündigungsschreiben	W
pipe¹:	2	Kommandokanal *(Ablage- und Verständigungsbereich aufeinanderfolgender Prozesse unter UNIX)*	I
pipeline¹:	2	Transportschlange *(im Prozessor)*	I
pipe²:	2	Internetverbindungskanal	I
pipe³:	3	Rohr, Pfeife	T
pipeline²:	3	(Öl-, Gas-)Rohrleitung	T
Pipeline stellen (in die):	3	aufgleisen *(CH)*, *(eine wichtige Sache)* auf den Weg bringen	A
pit:	2	Grübchen *(eine der beiden Informationseinheiten einer* **CD** *bzw.* **CD-ROM***)*	T
Pixel:	1	Bildpunkt	I,T
place:	3	Ort, Platz, Stelle	A
placement:	2	Produkt-, Warenplatzierung, *s. a.* **product placement**	R
placer:	2	Schleichwerber	R
place to be (the):	3	(Der) Platz zum Leben, *s. a.* **hot spot**¹	R
plaid:	3	karierte (Reise-)Decke, Karomuster	A,W
plain:	3	einfach, deutlich, klar, schlicht	A
plain text:	3	Klartext	I
planning:	3	Planung	W
plant manager:	3	Betriebsleiter, Werksleiter	G,W
plastics:	3	Kunststoffe, Plaste *(ehem. DDR)*, Plastik	A,T
play¹:	3	Spiel, spielen	A,G,S
player¹:	3	Spieler	G
player²:	3	Einkäufer, der im Internet Bestellungen aufgibt	W
player³:	3	Abspielgerät	T
playback:	3	Gesangsimitation, Musikkonserve	G,T
Playboy:	1	Lebemann	G
playgirl:	2	Lebefrau, *Spaßmädchen*	G
playlist:	3	Titelliste	G
playmate:	3	Gespielin	G
play-off:	3	Stichkampf-, Entscheidungsspiele	S
play²:	3	Aufführung, Bühnenstück, Theaterstück	G
PLC:	2	*(Abk. für)* **powerline carrier** *(siehe dort)*	I
pleasure:	3	Genuss, Vergnügen, Zufriedenheit	A
plot¹:	3	Handlung, Handlungsablauf *(eines Dramas oder Films)*	G

plot-begin:	3	Handlungsanfang	G
plot²:	3	Bild, Diagramm, Zeichnung	T
plotten:	2	(maschinell) zeichnen	T
plotter:	2	Zeichner, Zeichengerät	I,T
plug:	3	Stecker, Stöpsel	T
plug and play:	2	installationsfrei, sofort betriebsfähig, steck(er)fertig	I
pluggable:	3	einsteckbar	I,T
plug-in:	3	Ergänzungsmodul, Zusatz(-Programm), Steckmodul	I
plug-in-hybrid:	2	Steckdosenhybrid	T
plutoed:	3	abgewertet, zurückgestuft	A
p.m. (post meridiem):	2	*(Abk. für)* post meridiem (nachmittags und abends, *s. a.* **a.m.**	G,T
pocket:	3	Tasche	A
pocketbook:	3	Taschenbuch	A
pocket game:	3	Reisespiel, Taschenspiel	G
Pocket-Kamera:	3	Taschenkamera	T
pocket PC:	3	Minirechner, transportabler Rechner (*nicht:* Taschenrechner), *s. a.* **handheld**	I
Podcast:		(EN) Audio-Internetsendung, *s. a.* **vodcast** und **video podcast**	I
podcasting:	2	Herstellung und Vertrieb von Audiodateien	T
poetry slam:	2	Dichterwettstreit, *Lyrelei*	G
point:	3	Punkt, Standort, Treffpunkt	A
pointer¹:	3	Zeiger, Zeigestock	A
pointer²:	3	Hühnerhund, Vorstehhund	G
pointer³:	3	(Maus-)Zeiger, Verweis, *s. a.* **link²**	I
point of care (POC):	3	Untersuchung am Versorgungsort	W,T
point of conflict:	3	Konfliktpunkt	G
point of consider:	3	Ansichtssache, Standpunkt	A,G
point of information:	3	Auskunft, Informationsstelle, i-Punkt	A,G
point of interest:	3	Interessenschwerpunkt, Sehenswürdigkeit	A,G
point of no return:	3	Punkt ohne Umkehr(-möglichkeit) (*z. B. im Flugverkehr*)	T
point of sale¹, POS:	3	Filiale, Verkaufsstelle	W

	1 ergänzend	2 differenzierend	3 verdrängend
point of sale²:	3	optimaler Standort, Ort des Geschehens	W
poker face:	3	Pokergesicht, *undurchsichtiger Gesichtsausdruck*	G
pole:	3	Stab, Stange	A,S
pole dance:	2	Stangentanz	S,G
pole position:	2	Startplatz 1 *(erste Reihe)*	S
policy¹:	3	Verfahrensweise, (Firmen-, Verbands-) Politik, Taktik, Richtlinie	G
policy²:	3	(Versicherungs-)Police	W
polish:	3	Polier-, Putzmittel; polieren, blank reiben	T
politainment:	2	politische Unterhaltung, *Politunterhaltung, unterhaltende Politik*	G
political correctness:	2	politische Korrektheit, Linientreue, Obrigkeitstreue	G
politics:	3	Politik, Staatskunst	G
Polittalk:	3	politische Gesprächsrunde, *s. a.* **talk show**	A,G
Politthriller:	3	politischer Reißer, *s. a.* **thriller**	A,G
poll:	3	Abstimmung, Wahl, Befragung, Umfrage	G
pollen:	3	abstimmen	A,G
polling:	3	Stimmabgabe, Wahllokal	G
polo shirt:	3	Polohemd	G
pool¹:	3	Sammelbecken, Vorrat *(auch symbolisch)*	G,W
pool²:	3	8-Ball-Billard	G,S
pool billiard:	2	Billiard-Variante *(mit weißer Kugel als Spielball)*	S
pool³:	3	Schwimmbad, Schwimmbecken, Teich	A,S
pool⁴:	3	bündeln, Bündelung, Objektbeteiligungen	A
poolen¹:	3	Gewinne zusammenlegen und ausschütten, teilen	W
poolen²:	3	(Einkäufe) bündeln	W
Pop, popular:	1	Popp, populär	G
pop act:	3	Popspektakel	A
pop art:	2	moderne Kunst(-richtung)	A,P
pop music:	3	Popmusik, Schlagermusik	G
pop star: *(englische Lautung)*	3	Popstar *(d.A.)*	A,P
popcorn:	3	Puffmais, Flockmais	A
Popcornfilm:	2	Unterhaltungsfilm	A,P
popeye:	3	Glotzauge	A

popper: (PA)	③ Geck, Salonlöwe, *Stenz (süddeutsch), s. a.* **dandy**, *Bedeutung im Englischen: Druckknopf*	G
poppig:	③ modern, modisch *(der modernen Kunst entsprechend)*	A,P
population¹:	③ Bevölkerung, Einwohner *(Plural)*	G
population²:	③ Grundgesamtheit, Population	T
pop-up¹ (menu):	② Aufspringfenster, -menü	I
pop-up²:	② Aufspringwerbung, Werbeeinblendung	I,R
pop-up blocker, pop-up killer:	② Schutz vor (störenden) Werbeeinblendungen, Werbeunterdrückung	I,R
pop-up book, Pop-up-Buch:	③ Aufspringbuch, 3-D-Buch, Kulissenbuch, Szenarienbuch *(Kinderbuch mit aufspringenden 3-D-Elementen)*	G
pop-up window, Pop-up-Fenster:	③ Aufspringfenster	G
port¹:	③ Hafen, Stellplatz	A,G,W
port authority:	③ Hafenbehörde	A,G,W
port²:	② Geräteanschluss *(symbolischer)*	I
portable¹:	③ mobil, tragbar, *auch als*	I,T,W
portable²:	② tragbares (Fernseh-)Gerät	T
portable³:	③ Klapprechner, Mobilrechner	I
portfolio¹:	③ Sammelmappe	A
portfolio²:	③ Aktienbestand, Wertpapierbestand, Gesamtheit aller Anlagewerte eines Anlegers	W
portfolio management:	③ Wertpapierverwaltung	W
posen, pose:	③ posieren, angeben	G
poser:	③ Angeber, Aufschneider	G
position:	③ Standort, Standpunkt *(auch symbolisch)*	A
post-¹:	③ *Vorsilbe für* Post, *wie in*	T
postbox:	③ Postfach *(Deutsche Post)*	T
post card:	③ Postkarte	W
post-free:	③ portofrei	T
postman:	③ Postbote	G,T
post office box:	③ Postfach	G,W
post-²:		*Vorsilbe* nach, *in*
postpaid:	② Telefonvertrag auf Rechnung	W
post-production:	③ Nachbearbeitung, Reinzeichnung *(z. B. bei Werbeagenturen)*	W

	1 ergänzend	2 differenzierend	3 verdrängend
post sales:	3	Nachkauf(-betreuung)	W
postwar time:	3	Nachkriegszeit	G
post³, posting¹:	3	platzieren	A
posten:	3	senden, schicken, schreiben (mit E-Post), ins Netz stellen	A,I
poster:	2	Plakat, Schaubild, Großbild	A
poster shop:	3	Plakatgeschäft	A
posting²:	3	(E-Post-)Mitteilung	A
post-it:	3	Haftnotiz	A
pot¹:	3	Topf, Sammeldose	A
pot²:	3	Haschisch, Marihuana	P
potato:	3	Kartoffel	A
potato chips:	3	Kartoffelchips, *(geröstete)* Kartoffelscheiben	A
potato wedges:	3	Kartoffelspalten *(gebratene)*	A
powder:	3	Puder	A
power¹ (electric):	3	Strom *(elektrischer)*	I,T
power²:	3	Gewalt, Kraft, Leistung, Macht, Schlagkraft, Schwung, Stärke, Wucht	A,T,W
powern:	3	antreiben, voranbringen, eine Sache mit großem Einsatz betreiben	A
Powerboatrennen:	3	Schnellbootrennen *(Sportart)*	S
power drink:	3	Krafttrunk, *(aufbauendes)* Erfrischungsgetränk	A,R
powered by:	3	unterstützt von	A,R
Powerfrau:	2	*Kraftfrau,* starke Frau	A,G
powerful:	3	gewaltig, kraftvoll, leistungsstark, mächtig, schwungvoll, stark	A,T,W
power kids:	2	aufgeweckte Kinder	A,G
powerline carrier, PLC:	2	Datenübertragung mittels Stromkabel (DSK)	I
power management:	3	Energiehaushalt, Krafteinteilung	T
power nap:	3	Mittagsschlaf, *Nickerchen*	G,W
power pack¹:	3	Akku, Kraftpaket	T
power pack²:	3	Kompaktanlage *(kleine kompakte Bauweise elektronischer Anlagen)*	T
power play:	3	Druckspiel, druckvolles Spiel	S
power point:	3	Steckdose	T
powerriser:	3	Sprungstelzen	S
Powerschlaf:	3	Gesundheitsschlaf	A,G

power seller:	2	Verkäufer mit umfassendem Artikelangebot (bei Netzauktionen)	G,W
power shopping:	3	Gemeinschaftskauf, Kaufgemeinschaft	W
power station:	3	Kraftwerk	T
power walking:	3	Sportgehen, Kraftgehen	S
power-XYZ, Power-XYZ:	3	in z. T. unsinniger Weise kombiniert mit x-beliebigen deutschen und englischen Substantiven, wie -children, -Frau, -love, -Musik, -Preise, -Sex, *keine Übersetzung angeboten*	A,G,P
P&R:	2	*(Abk. für)* **park and ride** *(siehe dort)*	A,T
ppm:	2	*(Abk. für)* **parts per million** *(siehe dort)*	T
PR:	3	*(Abk. für)* **public relations** *(siehe dort)*	G,W
PR-Arbeit:	3	Öffentlichkeitsarbeit, Kontakt-, Meinungspflege	G,W
praise:	3	Lob, Lobpreis	A
prank call:	3	Scherzanruf	A
prawn:	3	Garnele, *s. a.* **king prawn**	W
pray station:	3	Betplatz, Gebetsstation	A
pre-:	3	*Vorsilbe vor u.a. für*	A
preface:	3	Vorwort	G
preference[1]:	3	Vorliebe	A
preferences[2]:	3	Benutzereinstellungen, Einstellungen, Voreinstellungen	I
preform:	2	Rohling *(z. B. für Plastflaschen)*	T
prepaid:	3	Vorkasse, vorbezahlt	W
prepaid card:	2	Guthabenkarte, Wertkarte	W
prepaid handy:	2	Wertkarten-*Händi*, Wertkarten-Mobilphon	T,W
prepay, prepayment:	3	Vorauskasse	W
preppy:	3	adrett, schnieke	P
preprint:	3	Vorabdruck	W
pre-production:	3	Vorproduktion, Vorbereitung	W
prequel:	3	Vorläufer *(z. B. eines Films)*	W
prerelesase:	3	Vorveröffentlichung, Vorabveröffentlichung	I,G,W
presales:	3	Interessentenbetreuung	W
preselection:	3	Vorauswahl, fester Vertrag *(bei Telefonanbietern)*	G,W
preset:	3	Voreinstellung *(von Geräten)*	T
pre-shave:	3	vor der Rasur, *s. a.* **after-shave**	A,R

		1 ergänzend	2 differenzierend	3 verdrängend
pre-shave lotion:	3	Rasierwasser, Vorrasurwasser, Vor-Rasierwasser		R
pretest:	3	Simulation, Vorprüfung		T
present:	3	Geschenk, Präsent		A
presentation:	3	Vorführung, Vorlage		G,W
presenter[1]:	3	Anbieter *(jemand, der etwas vorstellt)*		W
presenter[2]:	3	Vorführgerät, Vorführsatz		T
press[1]:	3	drücken, pressen, drängen, treiben		A
pressing:	2	drücken, massiertes Spiel		S
pressure:	3	Druck		T,W
pressure group:	3	Druckmacher, Interessengruppe, Interessenvertreter *(Plural)*		W
press[2]:	3	bügeln		A
press[3]:	3	Presse, Journalismus		G
press release:	3	Presseerklärung		G,W
Presseclipping:	3	Presse-, Zeitungsausschnitt(-dienst)		W
pretty:	3	hübsch, schön		A
preview:	3	Vorabvorführung *(von Produkten, Filmen)*, Vorschau		G
price:	3	Preis		W
pricing:	3	Kalkulation, Preisfindung, Preisgestaltung		W
price checker:	3	Preiskontrollgerät *(im Handel)*		W
price-earnings ratio:	3	Kurs-Gewinn-Verhältnis *(Börse)*		W
price leadership:	3	Preisführung		W
primary (election):	3	Vorwahl ·		G
prime:	3	Haupt-, wichtigst		A
prime minister:	3	Premierminister		G
prime rate:	3	Diskontsatz, Leitzins *(von US-Geschäftsbanken)*		W
prime time:	3	Hauptquotenzeit, Hauptsendezeit		G
print[1]:	3	Druck, drucken		W
printer:	3	Drucker		I,T
prints:	3	Fingerabdrücke		G
printed in:	3	gedruckt in		W
print(ing) on demand:	3	Abrufdruck, Bestelldruck		W
Printmedien:	3	Druckmedien: Bücher, Zeitungen, Zeitschriften		W

print out, printout:	3 ausdrucken, Ausdruck	I,T
print²:	2 Druck, *(gedruckter)* Abzug eines Digitalfotos	W
priority:	3 Priorität, Rangfolge, Vorrang	G
privacy:	3 Privatsphäre, Datenschutz	I
private:	3 privat	A
private banking:	3 Privatkundengeschäft	W
private equity:	3 privates Beteiligungskapital	W
Private-Equity-Gesellschaft:	3 private Beteiligungsgesellschaft, Risikokapitalgesellschaft	W
private-public partnership:	2 siehe **public-private partnership**	G,W
private tariff:	3 privater Tarif	G,W
prize:	3 Auszeichnung, Prämie, Preis *(bei Wettbewerben)*	A
problem:	3 Problem, Frage, Schwierigkeit	A
procedure:	3 Verfahren	G,T,W
proceedings:	3 Fortschrittsberichte, Tagungsbericht	T,W
proceeds:	3 Erlös, Ertrag	W
process:	3 Vorgang, Prozess	G,T,W
processing:	3 Verarbeitung, verarbeiten	T,W
processor:	3 Prozessor	I
process reengineering:	2 Prozessneugestaltung, -umgestaltung, Überdenken von Prozessabläufen	G,W
procurement:	3 Beschaffung	W
produce:	3 fertigen, herstellen, produzieren	T,W
producer:	3 Erzeuger, Fabrikant, Hersteller, Produzent	T,W
product:	3 Erzeugnis, Produkt	A,T,W
product scout:	3 Produktentwickler	W
production:	3 Fertigung, Produktion	T,W
production controller:	2 Fertigungsüberwacher	G,W
production manager:	3 Fertigungsleiter, Herstellungsleiter	W
production system:	3 Produktionssystem, Erzeugungssystem	W
product development:	3 Produktentwicklung	T,W
product key:	3 Produkt(identifizierungs)schlüssel, Produktzertifizierungsschlüssel	I

	1 ergänzend	2 differenzierend	3 verdrängend
product management:	3	Produktbetreuung	W
product manager:	3	Produkt(gruppen)betreuer	W
product marketing:	3	Produktvermarktung	W
product placement:	3	Schleichwerbung *(in Spielfilmen u.dgl.)*	W
product support:	3	Produktbetreuung, Betreuung	W
professional[1]:	3	berufsmäßig, fachmännisch, gekonnt	A
professional handling:	3	fachmännische Behandlung, Bearbeitung	W
professional, Pro[2]	3	Profi, Experte, Könner	A
profile:	3	Profil, Kurzbeschreibung, Kontur	A
profiler: *(englische Lautung)*	3	*Profiler (d.A.)*, (Täter-)Profilersteller, Fallanalytiker	G
profiling:	2	Persönlichkeitseinschätzung *(z. B. für Arbeitslose)*	G
profilike:	3	profimäßig	G,S
profit: *(englische Lautung)*	3	Profit *(d.A.)*, Gewinn	A
profit center:	3	Gewinnabteilung, Eigenwirtschaftsabteilung *(Abteilung mit Entscheidungsbefugnis für Investitionen)*	W
program (AE), **programme:** (BE)	3	Programm	A,W,I
program analyzer (AE), **programme analyzer:** (BE)	3	Programmanalytiker	I
program customization, customization:	3	Programmanpassung, Programmpflege, Pflege	I
program guide:	3	Programmführer, Programmheft, Programmzeitschrift *(für Fernseh- und Radiosendungen)*	G
progressive-scan:	3	Vollbildmodus *(beim Fernsehgerät)*	A,G
project:	3	Projekt, Plan, Vorhaben, Entwurf	A,T,W
proliferation:	3	Weitergabe, Vermehrung, *s. a.* **nonproliferation**	T,W

promise:	3	Versprechen, Zusage	A
promote:	3	fördern, für etwas werben	A,W
promoten:	3	fördern, für etwas werben	A,W
promoter:	3	Förderer, Organisator, Wettkampfveranstalter, *Werbefuzzi*	W
promotion¹:	3	(berufliche) Beförderung, Förderung	W
promotion²:	3	Werbung, Verkaufsförderung, Absatzförderung	W
prompt:	2	Eingabeaufforderung, Schreibmarke	I
proof:	3	Probeabzug, Probedruck	T,W
proof of concept, POC:	3	Machbarkeitsnachweis	W
prop:	3	Ausstattung, Requisite	G
propeller version:	3	Propellerversion *(beim Flugzeug im Gegensatz zur Jetversion)*	T
property¹:	3	Besitz, Eigentum	W
property management:	3	Hausmeisterei, Objektverwaltung, Vermögensverwaltung	W
property²:	3	Eigenschaft	A
proposal:	3	Vorschlag	A
protocol:	3	Protokoll, Dialogkonvention	I
proved damage:	3	preisreduzierte, beschädigte Produkte	W
provider:	2	Anbieter, Netzanbieter, Versorger *(Zugang zum Internet)*	I
provisioning:	3	Beschaffung, Bevorratung	IW
proxy(-server):	3	Vor-, Zwischenrechner	I
Psychothriller:	3	Psychoreißer, Psychoschocker, Schreckensfilm	G
pub:	1	englisch/irische Bierkneipe, Beisl (A)	A
public:	3	Öffentlichkeit, öffentlich, *s. a.* **going public**	G
public domain:	3	lizenzfrei, öffentlich zugänglich	G
public-domain software:	3	lizenzfreie Programmpakete	I
public health:	3	Gesundheitswissenschaften, Bevölkerungsmedizin	G,T
public management:	3	zielorientierte Verwaltung	W
public net:	3	öffentliches (Versorgungs-)Netz	G
public offering:	3	öffentliches Feilbieten, offener Verkauf	G,W
public office:	3	öffentliches Amt	G

	1 ergänzend	2 differenzierend	3 verdrängend

public-private partnership, PPP:	3 öffentlich-private Partnerschaft, ÖPP, s. a. corporate citizenship	G,W
public relations, PR:	3 Öffentlichkeitsarbeit *(wörtlich: öffentliche Beziehungen)*	G,W
public tarif:	3 öffentlicher Tarif	G,W
public viewing: (PA)	3 Großbildübertragung, Rudelgucken *(Bed. im AE: öffentliche Aufbahrung Verstorbener)*	G,S
publicity¹:	3 Öffentlich(-keit)	A,G
publicity²:	3 Bekanntheit, Popularität	G,W
publicity³:	3 Reklame, Werbung	R,W
publish:	3 herausgeben, publizieren, veröffentlichen	W
publisher:	3 Herausgeber	W
publishing:	3 veröffentlichen	W
pull:	3 ziehen	A
pull-down menu:	2 Ausklappmenü	I
pullunder: (PA)	3 Unterjacke, ärmelloser Pullover, PA existiert im Englischen nicht	A
pull-up:	3 Klimmzug	S
pulp fiction:	3 Groschenheft, Schundliteratur	A,G
pumpgun: (PA)	3 (Vorderschaft-) Repetierflinte *(Bez. im Englischen: pump action shotgun)*	G
pumps:	3 Pumps *(d.A.: „Pömps")*, leichter Damenschuh *(im Englischen nur singular)*	A
punch:	3 Hieb, Schlag, schlagen	S
punching ball:	2 Sandsack *(zur Boxübung)*	S
Punk:	(EN) Popmusikstil | Jugendkultur, Angehöriger der Jugendkultur	A,G,P
Punker:	1 Person provokanten Aussehens, **Punk**-Musiker	G
purchasing manager:	3 Einkaufsleiter	G,W
purple:	3 purpur	A
purpose:	3 Absicht, Zweck, Wirkung, Erfolg	A
purser:	3 Chef des Bordpersonals *(Flugzeug)*, Zahlmeister *(Schiff)*, Kabinenchef *(Flugzeug)*	W
push:	3 Stoß *(auch symbolisch)*, Förderung, drücken, stoßen	A
pushen:	3 antreiben, begünstigen, fördern, vorantreiben	A
pusher:	3 Hehler, Rauschgifthändler	P

Pushangebot:	3	Verkaufsförderungsangebot	W
push e-mail:	2	Netzpost-Übertragung *(auf Mobiltelefon oder sonstige Kleingeräte mit Netz-Zugriff)*	G,I
Push-up-BH:	3	Stütz-BH, s. a. **wonderbra**	A,G
push-ups: (AE)	3	Liegestütz, s. a. **Push-up-BH**	S
pussylicker:	3	Einschleimer *(übertragen)*	A
put:	3	Verkaufsoption	W
puts:	2	Optionspapiere *(auf fallende Aktien)*	W
put-call ratio:	3	Optionskennzahl, Optionsverhältnis	W
putter:	3	Golfschläger	S
puzzle: *(englische Lautung)*	2	Pussel *(d.A.)*, Geduldsspiel *(allg. für schwierige knifflige Sache)*	G
puzzlen, puzzeln: *(englische Lautung)*	2	pusseln *(d.A.)*, zusammensetzen	G
Puzzle-Spiel: *(englische Lautung)*	1	Pusselspiel *(d.A.)*, Zusammensetzspiel	A,G
pyjama:	2	Schlafanzug	A,R
pyramid selling:	3	Schneeballsystem, s. a. **multilevel selling**	W

Q

QoS:	3	(Abk. für) **quality of service** (siehe dort)	W
quad:	2	Vierradmoped, Gelände-Mini	T
quadrocopter:	3	Schwebeplattform	T
qualification:	3	Eignung	G,W
qualifier:	3	Eignungsgrundlage	G,W
qualifying:	3	Qualifikation, Qualifizierung(srennen) (im Motorsport), nicht zu verwechseln mit **qualification**	S,W
quality:	3	Qualität, Güte	T,W
quality (assurance) manager:	3	Leiter (der) Qualitätssicherung	G,T,W
quality control:	3	Qualitätssicherung	T,W
quality control manager:	3	Leiter (der) Qualitätskontrolle	G,T,W
quality management:	3	Leitung der Qualitätssicherung, Qualitätssicherung	T,W
quality of service, QoS:	3	Dienstgüte	W
quantity:	3	Menge, Quantität	T
quarter¹:	3	Vierteldollar	A
quarter²:	3	Viertel (auch als: Stadtviertel)	W
quarterback:	3	Spielmacher (im amerikanischen Fußball)	S
quarterdeck:	3	Achterdeck	S
Queen¹ (die):	2	die englische Königin (mit vorangestelltem Artikel)	G
queen²:	3	Königin	G
queen mother:	3	Königinmutter	G
queen of hearts:	3	Herzdame (im Kartenspiel), Herzkönigin	G
queen of pop:	3	Schlagerkönigin	G,P
Queensize-Bett:	3	(schmales) Doppelbett	A,W
queer¹:	3	seltsam, sonderbar, wunderlich	A
queer²:	3	homosexuell, schwul/lesbisch	A,G,P
query:	3	Frage, Suchanfrage (Internet)	I,T,W
quest¹:	3	Bestreben, Streben, Suche (nach), Trachten	A,G

quest²:	3	Aufgabe, Prüfung *(bei Rechnerspielen)*	I
question:	3	Angelegenheit, Frage, Zweifel	A
questionable:	3	fraglich, zweifelhaft	A
questionnaire survey:	3	Fragebogenumfrage	A
questions and answers, Q&A:	2	Fragen und Antworten, Fragenbeantwortung	A,I
queue:	3	Schlange, sich anstellen, Warteschlange	A
queue line:	3	Warteschlange	A
quick:	3	schnell, flink, geschwind, lebendig	A
quickie¹:	3	*Schnellfick,* Sex auf die Schnelle	G
quickie²:	3	Erledigtes, sehr schnell Abgehandeltes	G
Quickvermittlung:	3	Schnellvermittlung	A,G,W
quiet mode:	3	Leiselauf, Leisemodus	T
quit:	3	abbrechen, beenden	I
Quiz:	1	Frage- und Antwortspiel, Ratespiel	A,G
Quizmaster:	1	Fragespielleiter	A,G
quota:	3	Anteil, Kontingent, Quote, Soll	W
quote:	3	nennen, zitieren	A,T
quotation:	3	Zitat, Zitierung	A,T

R

race¹:	3 (Wett-)Rennen	S
racer:	3 Renner	A,S
racing:	3 Rennen (fahren)	S
racing team:	3 Renngemeinschaft, Rennstall	S
race²:	3 Rasse	A
racial profiling:	2 Fahndung nach rassischen Kriterien	G
racism:	3 Rassismus	A,G
rack:	3 Einbaugehäuse, Gestell, Radioturm, Regal	A
racket:	3 (Tennis-)Schläger	S
Radar:	(Abk. für) radio detection and ranging = Funkmesstechnik zur Ortung und Abstandsmessung	T
radio frequency identification, RFID:	2 drahtlose Datenerfassung, Funkerkennung, Identifizierung per Funkübertragung (Handel)	T
rafting:	3 Floßfahren, Wildwasserfahren, s. a. canyoning, river-rafting	S
raid:	3 Angriff, Überfall	G
rail:	3 Bahn, Schiene	T
rail & bike:	3 Rad und Bahn, per Rad zur Bahn	R,W
rail cabin:	3 Gleistaxi, Schienentaxi	T
rail & fly: (PA)	3 Zug zum Flug, Bed. im Englischen: „schimpf und fliege"	R,W
rail marshal:	3 Zugpolizist	G
railport:	3 Güterbahnhof, Güterabfertigung	W
rail & road:	3 Auto am Bahnhof, s. a. park and ride	R,W
rainbow press:	3 Regenbogenpresse	G
rainproof:	3 regendicht, regensicher	G
redundant array of independent disks:	3 Festplattenverbund	I
Rallye¹:	1 Orientierungsrennen	S
rallye²:	2 Börsenerholung, (schnelle) Aufwärtsbewegung (von Aktienkursen), (schnelle) Erholung (von Aktienkursen) (Börse)	W
RAM:	2 (Abk. für) random-access memory (siehe dort)	I,T
ranch:	2 Viehzuchtbetrieb, Viehhof (amerik.)	G
rancher:	2 Viehzüchter, Rinderhirt	G

random:	3	Zufalls-	I
random access:	3	Direktzugriff, wahlfreier Zugriff, *vgl.* **RAM**	I
random-access memory, RAM:	3	Arbeitsspeicher, Direktzugriffsspeicher	I
random sample:	3	Stichprobe	T
range:	3	Bereich, Raum, Reichweite	A,T
range extender:	3	Reichweitenverlängerer	T,S
ranger:	3	Förster, Park-, Wald-, Wildhüter, Parkwächter	G
ranking:	3	Rangfolge, Rangliste, Reihung	A,W
Rap:	1	rhythmischer Sprechgesang	G
Rapper:	1	*Sprechsänger*	G
rapid prototyping:	2	Musterfertigung *(Bauteil-Schnellfertigung für Nullserien)*	T
rate^1:	3	Quote	W
rate of return:	3	Ertragsquote	W
rate^2:	3	einschätzen	A
rater:	3	Beurteiler	A,W
rating:	3	Beurteilung, Bewertung, Einschätzung (einer Qualität), Bonitätsbeurteilung *(Börse)*, Listenplatz, (Einschalt-)Quotenmesser *(Fernsehen)*, Unternehmensbewertung *(Börse)*	A,W
Ratingagentur:	2	(privatw.) Agentur zur Beurteilung der Kreditwürdigkeit von Staaten und Unternehmen	W
rave:	2	Tanzorgie *(zu Technomusik)*	P
raver:	2	*Ausgeflippte(r), Orgast*	P
raw:	3	rau, roh, unverarbeitet	A
raw-intelligence:	3	Roherkenntnisse	G
reachable:	3	erreichbar	A
read:	3	lesen	A
reader^1:	3	Leitfaden, Lesebuch, Skript, Umdruck	A
reader^2:	3	Leser	A
reader^3:	2	Leseprogramm, *z. B. für das* **e-book**	I
reading head:	3	Lesekopf	I,T
reading room:	3	Leseraum, Lesesaal	G

		1 ergänzend	2 differenzierend	3 verdrängend
read-me file:	3	Lies-mich-Datei		I
read-only memory, ROM:	2	Lesespeicher		I
ready:	3	bereit, fertig		A
ready-made:	3	gebrauchsfertig, Massenkonfektion, von der Stange		A,R
Ready, steady, go!:	3	Achtung, fertig, los! *(Startkommando in der Leichtathletik)*		S
real:	3	wirklich		A
reality:	3	Realität, Wirklichkeit		A,G
reality show:	2	Echtunterhaltung, Wirklichkeitsschau		G
reality soap:	2	Seifenoper *(mit vorgeblicher Wirklichkeitsnähe)*		G
reality-TV:	3	*Echte-Leute-Fernsehen,* Echtfernsehen, Wirklichkeitsfernsehen		G
real asset:	3	Immobilienvermögen		W
real estate:	3	Grundbesitz, Immobilienbesitz, Liegenschaften		W
real estate investment trust, REIT	2	Immobilienanlagegesellschaft		W
real-life:	3	wirkliches Leben		G
Real-Life-Fernsehen:	3	*Realfernsehen,* Wirklichkeitsfernsehen		G
Real-Life-Gast:	3	Normalsterblicher *(im Fernsehen)*		G
real-time:	3	Echtzeit		I,T,W
realize:	3	*(etwas)* erkennen, begreifen *(nicht „realisieren" = verwirklichen)*		A,G
rear seat entertainment system:	3	Fond-Unterhaltungssystem		T
rebirth, rebirthing:	3	Wiedergeburt		G
Reboardsitz:	3	Autokindersitz *(gegen die Fahrtrichtung)*		T
rebound¹:	3	Abpraller *(Sport)*		S
rebound²:	3	Nichtnutzung von Energiesparpotenzialen		W
rebranding:	3	Neugestaltung des Erscheinungsbilds		W
rebrush:	3	Aufpolieren		R
recall¹:	3	sich erinnern		A
recall show:	3	Serienschau		G
recall test:	3	Wiedererkennungsprüfung *(Werbung)*		R
recall²:	3	Rückruf, Rückrufaktion		W
receiver:	3	Empfänger *(Rundfunk, Fernsehen)*		T

recipient:	3 Empfänger	W
recital:	3 Solistenkonzert	G,P
record¹:	3 Aufzeichnung, Niederschrift, Protokoll	G,W
recorden:	3 aufnehmen, aufzeichnen	P,T
recorder:	3 Aufnahmegerät, *Rekorder*	G,T
record²:	3 Datensatz, Datenverbund	I,T,W
record³:	3 Schallplatte	G,W
record⁴:	3 Akte, Anzeige, Dokument, Urkunde	G,W
recover:	3 sich erholen; wiederherstellen	A,W
recovery:	3 Erholung, Genesung, Gesundung; Wiederherstellung	A,W
recreation:	3 Freizeit, Entspannung, Erholung	G
recruiting:	3 Anwerbung, Personalbeschaffung, -einstellung, -suche *s. a.*	W
recruiting event:	3 Anwerbeveranstaltung	W
recruitment day:	3 Einschreibungstag *(an Universitäten)*	G
rectangle:	3 Rechteck	T
recyceln, recyclen:	2 wiederverwerten	T
recycelbar:	3 wiederverwertbar, regenerierbar, rezyklierbar *(CH)*	A,T
recycling:	2 Wiederaufbereitung, Wiederverwertung	T
Recyclingpapier:	2 Umweltpapier	T
Recyclingprodukt:	2 Altstofferzeugnis, Umweltschutzprodukt	T
redesign:	3 Auffrischung, Neugestaltung *(des Erscheinungsbilds)*	G
reduced:	3 reduziert, aufs Nötigste beschränkt	A,W
reeducation:	3 Umerziehung *(politische)*, Umschulung	G,T
reenactment:	3 Nachstellen, Nachspielen	G
reengineering:	3 Neugestaltung, Umgestaltung	T
referee:	3 Schiedsrichter, Unparteiischer, *s. a.* **umpire**	S
referrer:	2 Rückverfolgung, Rückverweis	I
refill:	3 Nachfüllen	A,T
reframing:	3 Umdeutung, Neurahmung	G
Refresherkurs:	3 Auffrischkursus	G
refrigerator, fridge:	3 Kühlschrank	A,T
refurbish:	3 aufarbeiten, *(*aufpolieren, generalüberholen, renovieren	T

| | 1 ergänzend | 2 differenzierend | 3 verdrängend |

regio call, regional call:	3 Nahgespräch, Umlandgespräch	T
regional booster:	2 regionale Wirtschaftslokomotive, regionaler Ankurbler der Wirtschaft	G,W
regio shuttle:	3 Nahverkehrszug	T
register:	3 eintragen	W
registered:	3 eingeschrieben *(Post)*, eingetragen, gesetzlich geschützt, patentiert	W
registration:	3 Anmeldung	A
rehabilitation:	3 Rehabilitation, Wiederherstellung	T
reinforcement¹:	3 Verstärkung	G,T
reinforcement²:	3 Erfolgsbestätigung	W
reinforcement³:	3 militärische Unterstützung	G
reissue:	3 Wiederveröffentlichung	W
relationship:	3 Beziehung, Verbindung	G
relationship marketing:	2 Kundenbindungsprogramm	R,W

relaunch:	3 Neueinführung, Wiedereinführung	W
relaunchen:	3 neu- oder wiedereinführen *(eines alten Produktes)*	W
relaxen:	3 entspannen, sich erholen	A
relaxed, relaxt:	3 entspannt, locker	A
release:	3 Freigabe, Veröffentlichung, veröffentlichen	G,T
releaser:	3 Entzieher, Entgifteter	G

release center:	3	Entzugsanstalt, Suchtheilanstalt *(für Rauschgiftsüchtige)*	G
reliability:	3	Zuverlässigkeit	W
re-live:	3	zeitversetzt	G
reloaded:	3	neuaufgelegt, wiederholt	A
remailing:	3	Postversendung aus dem Ausland *(von Inlandspost)*	W
remainder(s):	3	Restauflage, Remittende(n), Restbestand	W
remake:	3	Neuauflage, Neufassung, Neuverfilmung, Wiederverfilmung	W
rematch:	3	Rückrunde, Rückspiel	S
remastered:	3	überarbeitet	G
remember:	3	sich erinnern	A
remind:	3	erinnern	W
reminder:	3	Erinnerung	T,W
Reminder-Werbung:	3	Nachwerbung	W
remix:	3	Neuabmischung, Zusammenmischung *(von Musikstücken)*	G
remote:	3	fern-, Fern-	W
remote access:	2	Fernzugriff (vor allem Fernwartung bei Rechnern)	T
remote area:	3	abseits gelegene, einsame Gegend	W
remote computer:	2	Fernsteuerrechner	I,T
remote control, Remote-Steuerung:	3	Fernbedienung, -steuerung	T
remote diagnosis:	3	Ferndiagnose	I
remote maintenance:	3	Fernwartung	I
remote sensing:	3	Fernerkundung	T
remote support:	3	Fernwartung	I
remove:	3	beseitigen, entfernen	W
removal tool:	2	Entferner(-programm), Entfernungswerkzeug *(z. B. für Viren)*	I
rendering:	2	Übersetzung, Wiedergabe	I
rendern:	3	darstellen	I
renewal:	3	Erneuerung, Neugestaltung, Überarbeitung	W
renice:	3	verschönern	G

	1 ergänzend	2 differenzierend	3 verdrängend
rent:	3	ausleihen, leihen, mieten	W
rent a:	3	Verleih von, *als Bestandteil in*	W
rent-a-bike:	3	Fahrradverleih	R,W
rent-a-car:	3	Autoverleih	R,W
rent-a-phone:	3	Telefonverleih	R,W
repaint:	3	Neuanstrich, retuschieren	T
repayment:	3	Rückzahlung	W
repeat:	3	wiederholen, Wiederholung	W
repeater:	3	Signalauffrischer, Verstärker	T
repellents:	3	Abstoßer, Wasserabweiser	T
repetition:	3	Wiederholung, Lernaufgabe, Repetitorium	G
replacement:	3	Ersatz, Ergänzung, Wiederbeschaffung	A,W
replay:	3	Wiederholungsspiel	R,S
replenish:	3	auffüllen, erneuern	A,T
replenishment:	3	Erneuerung	A,T
reply:	3	(Rück-)Antwort	A
report:	3	Bericht	A,T
reporting:	3	Berichterstattung, Berichterstellung	A
repowering:	2	Kraftwerkserneuerung	T,W
reprint:	3	*(fotomechanischer)* Nachdruck	W
reprocessing:	3	Wiederaufbereitung *(von Kernbrennstoffen)*	T
request:	3	Anfrage, Bitte, Wunsch	A
rerelease:	3	Neuveröffentlichung, Wiederveröffentlichung	G
rerouting:	3	Neuorientierung, Umsteuern	W
resale:	3	Wiederverkauf	W
rescue:	3	Rettung, Notdienst	G
research:	3	Forschung, Forschungsarbeit, Untersuchung	T
research & development, R&D:	3	Forschung und Entwicklung (F&E)	T
reseller:	3	Wiederverkäufer	W
reselling:	3	Wiederverkauf, *s. a.* **selling**	G,W
reset:	3	rücksetzen *(eines elektronischen Systems, s. a.* **rollback**[4]*)*	I,T
resizen:	3	Größe ändern	T
resort:	3	Ferienanlage	W
resort (hotel):	3	Ferien-, Freizeit-, Tagungshotel	G,R,W
responder[1]:	3	(auf ein Heilmittel ansprechender) Patient	T
responder[2]:	2	Reflektor *(für Radarwellen)*	T
response:	3	Antwort, *s. a.* **flexible response**	A

result, resulting:	3 ergeben, Ergebnis	T,W
retail:	3 Einzelhandel, Kleinverkauf, *s. a.* **e-retail**	W
retailer:	3 Einzelhändler	W
retail banking:	3 Bankgeschäfte mit Privatkunden	W
Retailkunde:	3 Einzelhandelskunde	W
Retailpreis:	3 Regalpreis, Einzelhandelspreis	W
retention:	3 Haltezeit, Rückhaltung	I,T
rethink:	3 überdenken, neu denken	A
retrieve:	3 wiederauffinden, wiedererlangen	G
retrieval:	3 Wiederauffindung, Zugriff	G
retro-pants/ retro-shorts:	3 (enganliegende) Unterhose	G,R,W
return^1:	3 Rückkehr, *s. a.* **point of no return**	A
return to work:	3 Arbeitswiederaufnahme	G,W
return^2:	3 Ertrag	W
return of capital employed:	3 Kapitalrückfluss	W
return on investment, ROI:	2 Anlagerendite, Kapitalertrag, Rendite	W
return^3:	2 zurückgeschlagener Ball *(Tennis)*	S
reunification:	3 Wiedervereinigung *(politisch)*	G
reunion:	3 Treffen, Wiedersehensfeier, Wiedervereinigung	G
reverse:	3 rück-, rückwärts, umgekehrt	A
reverse charge:	2 Steuerschuldumkehr	W
reverse charging:	3 R-Gespräch *(der Angerufene bezahlt die Gesprächskosten)*	A
reverse angle:	2 Gegensicht	S
reverse engineering:	2 rekonstruieren, Rückgewinnung des Quellkodes, umgekehrt entwickeln	I
reverse gear:	3 Rückwärtsgang	T
Reverse-Taste:	3 Rückspultaste	T
review:	3 Durchsicht, Prüfung, Rezension	A
reviewen:	3 kritisch beurteilen, überprüfen	A
revisited:	3 erneut besucht, *s. a.* **reloaded**	A
revival:	3 Neubelebung, Wiederbelebung	A,G
rewind:	3 zurückspulen	T
rewritable:	3 überschreibbar	I
RFID:	2 *(Abk. für)* **radio frequency identification** *(siehe dort)*	T

	1 ergänzend	2 differenzierend	3 verdrängend

RFID tag, RFID-Etikett:	3 funkendes Etikett, Funketikett, Transponder, *s. a.* **radio frequency identification**	T
right:	3 recht, richtig, gesund	A
ringtone:	3 Klingelmelodie, Klingelton *(bei Mobiltelefonen)*	T
rippen:	2 Kopieren von Musik oder Filmen *(von CD/DVD auf eine Rechner-Festplatte)*	I
rip shirt:	3 Feinripphemd	R
rising star:	3 aufgehender Stern	P
risk:	3 Risiko	A
risk management:	2 Risikobearbeitung	W
river:	3 Fluss	A
riverboat:	3 Flussdampfer	T,W
river-rafting:	3 Floßfahrt, *s. a.* **rafting, canyoning**	S
road:	3 Straße, Weg	W
roadie:	2 Bühnentechniker *(der Musikgruppen auf Tourneen begleitet)*	G,P
roadster:	2 offener Sportwagen	T
roadblocking:	3 Straßenblockade	G
road map:	3 *(übertragen)* Strategie, Projektplan, Leitfaden *(z. B. zur Befriedung des Nahen Ostens)*	I,T,W
road movie:	2 Reisefilm *(dessen Handlung während einer Reise spielt)*	G
road novel:	3 Reiseroman *(dessen Handlung während einer Reise spielt)*	G
road pricing:	3 (Straßen-)Mauterhebung, Straßenzoll	W
road sharing:	3 Fahrgemeinschaft *(mit Mietwagen)*, *s. a.* **car sharing**	A
roadshow:	2 Tournee, mobile Werbeveranstaltung	G
roaming^1:	3 Umherstreifen	A
roaming^2:	2 Auslandsfreischaltung *(für Mobiltelefonieren)*	T
Roastbeef:	1 Rinderbraten	A
roger:	3 verstanden, Meldung erhalten	G,T
role model:	3 Vorbild *(nicht:* Rollenmodell*)*	G
role-playing game:	3 Rollenspiel	G
roll:	3 rollen, Rolle	A
rollerblader:	2 (Einspur-)Rollschuhläufer	S
rollerblades, roller skates:	3 (Einspur-)Rollschuhe, *Kufenroller, s. a.* **in-line skates**	S

roller coaster:	3	Achterbahn, *s. a.* **coaster**²	G
roller-skating:	3	Rollschuhlaufen	S
rollback¹:	3	Rücknahme *(einer Preiserhöhung)*, Rückschlag	G,W
rollback²:	2	Zurückdrängen, Zurückrollen *(z. B. des Einflusses der Sowjetunion während des Kalten Krieges)*	G
rollback³:	3	Restauration *(Zurückdrehen des gesellschaftlichen Fortschritts)*	G
rollback⁴:	3	Zurücksetzen *(einzelner Schritte bei einer Transaktion) s. a.* **reset**)	I
Roll-On(-Deo):	3	Deoroller	A
roll out¹:	3	Einführung, Markteinführung	W
roll out²:	2	erstes Ausrollen, Erstvorführung *(eines neuen Flugzeuges)*	T
roll-up:	3	Aufrollbanner	R
ROM:		*(Abk. für)* read-only memory = Lesespeicher	T
romantic comedy:	2	Film-, Fernsehschnulze, Liebesfilm	G
room:	3	Raum, Zimmer	A
room arranger:	3	Raumplaner	T
room boy:	3	Zimmerjunge *(Hotel)*	W
rooming-in:	2	mitwohnen *(von Mutter/Vater beim Kind im Krankenzimmer)*	A
roommate:	3	Mitbewohner, Wohngenosse, Zimmergenosse	G
roomservice:	2	Zimmerdienst, Zimmerservice	W
root:	3	Wurzel, Basis, Ursprung	A,T,W
root cause:	3	*(Haupt-)*Ursache	A
root directory:	3	Haupt-, Stamm-, Wurzelverzeichnis	I
rope skipping:	3	Seilspringen	S
round:	3	rund	A
roundabout¹:	3	umständlich, weitschweifig, *fälschlich in Denglisch für:* ungefähr	A
roundabout²:	3	Karussell; Kreisverkehr	W
round robin:	3	Umlaufverfahren	T,W
round robin test:	3	Ringversuch	T
Round-Robin-Turnier:	3	Jeder-gegen-jeden-Turnier	S
round table:	3	runder Tisch, Verhandlungsrunde	G
round trip:	3	Rundreise, hin und zurück	A,W

	1 ergänzend	2 differenzierend	3 verdrängend
roundup:	3	Zusammenfassung	A
router:	2	Richtkoppler	I
routing¹:	3	Leitwegbestimmung, Reiseplanung, Streckenplanung	I,W
Routing-System:	2	Transportsteuerungs-, Verteilersystem (z. B. für Aufträge)	I
routing²:	3	durchschalten	I
Rowdy:	1	Grobian, Rabauke, Rüpel	G
royals:	3	Königsfamilie, Hochadel	G
RSS-Feed:	3	Netzinhalte-Abonnement *(Internet)*, vgl. feed	I
rubber:	3	Gummi	A
Rugby:	1	*(hartes englisches)* Ballspiel	S
rule¹:	3	Lineal, Maßstab	A
rule²:	3	Regel, Vorschrift	T,W
rules of the game:	3	Spielregeln	A
rule³:	3	regieren, entscheiden	G
Rumpsteak:	1	Rumpfstück, Rinderlende	A
run¹:	3	Lauf, laufen	A
runner:	3	Aushilfe, Laufbursche, Läufer	G,S
runaway:	3	Ausreißer, Davongelaufener, Flucht	G
running gag:	3	Dauer-, Endloswitz *(wiederkehrende witzige Sequenz)*	G
running mate:	2	Mitrenner	G
runway:	3	Start- und Landebahn	T,W
run²:	3	(Kunden-)Ansturm, Andrang, Nachfrage	A,G,W
run³:	3	Gang, Verlauf	A
runtime:	3	Laufzeit, Dauer *(von Spielfilmen)*, Spielzeit *(beim Theater)*	I,G
rural:	3	ländlich, Land-	A
rush:	3	Ansturm	A
rush hour:	3	Hauptverkehrszeit, Spitzenverkehr, Stoßzeit	W

S

S:	2	*(Abk. für)* **small**, Kleidergröße klein	G
sabbatical (year):	3	Auszeit(-jahr), Freisemester	G,T
Safe¹:	1	Panzerschrank, Tresor	A
safe²:	3	sicher	A
safer sex:	3	geschützter (Geschlechts-)Verkehr	G
safer traffic:	3	sicherer Verkehr, sicher nach Hause	G
safety:	3	Sicherheit	A,T
safety car:	3	Sicherheitsfahrzeug (bei Autorennen)	S
safety first:	3	Sicherheit geht vor, Sicherheit zuerst	G,W
safety, health, and environment, SHE:	3	Schutz von Umwelt und Gesundheit	G,P
sailer:	3	Segler	S
sailor:	3	Seemann, Matrose	G
sale:	3	Abverkauf	W
sales:	3	Verkäufe	W
sales conference:	3	Verkaufskonferenz	W
sales department:	3	Verkaufsabteilung	W
sales engineer:	3	Verkaufsingenieur	G,W
sales forecast:	3	Verkaufsprognose	W
sales manager:	3	Verkaufsleiter	G,W
salesmanship:	3	Geschäftstüchtigkeit	W
sales point:	3	Verkaufsstelle	W
sales promoter:	3	Verkaufsförderer	W
sales promotion:	3	Absatzförderung, Verkaufsförderung	W
sales representative:	3	Verkaufsberater	G,W
sales target:	3	Verkaufsziel	W
sample:	3	(Stich-)Probe, Muster, repräsentative Gruppe, Warenprobe	T,W
samplen, sampeln:	3	abgreifen, aufnehmen, einlesen, Stichprobe nehmen, zusammenstellen	G,I,T
sampler¹:	3	Zusammenstellung *(z. B. einer CD mit mehreren Interpreten)*	P,T,W
sampler²:	3	elektronisches Musikgerät, Komponiergerät	P,T,W

	1 ergänzend	2 differenzierend	3 verdrängend
sandboarding:	3	Sandbrettern	S
Sandwich¹:	1	Klappstulle, Doppelbrot	A
sandwich²:	2	Mehrschichtenbauteil	T
Sandwichbauweise:	1	Verbundbauweise	T
Sandwichgeneration:	3	Elterngeneration *(eingeklemmt zwischen Fürsorge für Kinder und eigene Eltern)*	G
sanitize:	3	keimfrei machen	W
Santa Claus:	3	Nikolaus *(Weihnachtsmann der Angloamerikaner)*	G
save¹:	3	sichern, speichern, *nicht zu verwechseln mit* **safe²**	I
saven:	3	sichern, speichern	I
save the date:	3	Terminmerken, Vorankündigung	A,G
Save heaven!:	3	Um Himmels willen!	A
SOS:		(Abk. für) save our souls/ship = internationales Notrufsignal	G
save²:	3	sparen	W
SB-Terminal:	3	SB-Schalter, SB-Abfertigung	W
scall:	3	Funkrufdienst	T
scan:	3	Abtastung	I,T
scannen:	2	abtasten, einlesen, *skännen*	I,T
scanner:	2	Abtaster, Einleser, *Skänner*	I,T
scary:	3	angsteinflößend, furcherregend, schaurig	A,P
scatterplot:	3	Streudiagramm, Punktwolke	I,T
scene:	3	Szene, Milieu, Rahmen	P
sceptic (BE), skeptic: (AE)	3	Zweifler	A
schedule¹:	3	Termin, Ablauf, Reihenfolge planen	A
scheduler:	3	Zeitplaner	W
schedule²:	3	Plan, Ablaufplan, Stundenplan, Zeitplan, Terminplan, Terminübersicht	A
scheduling:	3	Ablaufsteuerung, Maschinenbelegungsplanung, Prozessverwaltung, Zeitplanung	I,T
Schokoflash:	3	Schokoladenschock	G
school:	3	Schule	G
school-out party:	3	Schulabschlussfete, *vgl.* **after-school party**	A,G
school-shooting:	3	Schießerei in der Schule	G
science:	3	Wissenschaft	G,T
Science-Fiction:	1	Wissenschaftsfantastik	G,T

science slam:	3	akademischer Vortragswettstreit	T
scientific management:	3	wissenschaftliche Betriebsführung	T,W
scientist:	3	Wissenschaftler	G,T
scoomo:	2	Elektrotretroller	S,T
scoop:	3	Sensationsmeldung, *Knüller*	A
scooter¹:	3	Seifenkiste	S
scooter²:	3	Roller	A,T
scooter³	2	Motorroller	S,T
scope:	3	(Geltungs-)Bereich, Umfang	A,T,W
scoping:	2	Erfolgsabschätzung	W
score:	3	Spielstand, Punktstand	S
scorer:	3	Torjäger, Punktejäger, *s. a.* **top scorer**	S
scoring¹:	3	Punkte erzielen, Punktesystem	G,S
scoring²:	3	Beurteilung, Bewertung	T,W
Scoring-Verfahren:	2	Ermittlung des Kundenverhaltens, Kundenklassifizierung, Verbraucherprofil-Ermittlung	R,W
scoring³:	3	Prüfung der Kreditwürdigkeit	W
Score-Karte:	3	Wertungsliste	S
scrabble¹:	3	herumwühlen	A
Scrabble²:	2	Wörterlegespiel, *Skräbbel*	G
scratch:	3	Kratzer, Schrammen, kratzen	A
screen:	3	Bildschirm (-oberfläche)	I,T
screen-capture:	3	Bildschirmkopie, *s. a.* **screen shot**)	I,T
screencast:	3	Kurz-Video	I
screener:	3	Filmvorschau	A
screen design:	3	Bildschirmgestaltung, -konstruieren	I,T
screen-reader:	3	Blindenlesegerät	I
screen saver:	3	Bildschirmschoner	A,T
screen shot:	3	Bildschirmkopie *(s. a.* **screen-capture***)*	I,T
screening¹:	3	Filmen	G,T
screening²:	3	Durchkämmung, Durchleuchtung, Überprüfung *(z. B. politische)*	G
Screeningsystem:	2	Zugriffsüberwachungssystem *(im Internet)*	I
screening³:	3	Reihenuntersuchung, Serientest	T,W
Screwball-Komödie:	2	skurrile Beziehungs-Komödie	G
scribble¹:	3	krakeln, kritzeln	A
scribble²:	3	Skizze, Grundentwurf, Grundrisszeichnung	A
script:	3	Drehbuch, Schriftstück, Skript	G,T

scripted reality:	3	Realität nach Drehbuch, Pseudodokumentation *(Fernsehformat)*	G
scriptgirl:	2	Ateliersekretärin	G
script kiddie:	2	Möchtegern-Hacker	I
scrollen:	3	rollen *(am Bildschirm)*	I
scrollbar:	3	Bildlaufleiste, *s. a.* **Scroll-Leiste**	I
Scroll-Leiste:	3	Bildlaufleiste, *s. a.* **scrollbar**	I
scout¹:	3	Pfadfinder, Fährtensucher, Führer	S
scout²:	3	Spielerbeobachter	S
seafood:	2	Fisch, Meeresfrüchte, Meeresspeisen	G,R
seal¹:	3	Robbe, Seehund	A
seal²:	3	Siegel	A
search:	3	suchen, Suche	A
searcher:	3	Fahnder, Prüfer, Sucher	G
search engine:	3	Suchmaschine *(für das Weltnetz)*	I
season:	3	Jahreszeit, Saison	A
seasoning:	3	Gewürz, Würze	A
second class:	3	2. Klasse	A
second-hand:	3	gebraucht, aus zweiter Hand	A,W
second-hand shop:	3	Gebrauchtwarenladen	A,W
second-level domain:	2	(eigentliche) Internetadresse, *s. a.* **domain²**	I
secret:	3	geheim, Geheimnis, *s. a.*	A
secret service:	3	Geheimdienst	A,G
secretary of state:	2	Außenminister *(in den USA)*, Minister *(in Großbritannien)*	G
section:	3	Abschnitt, Sektion, Teil	A
section approach:	3	Teilintegration	G
section control:	3	Streckenüberwachung *(z. B. Autobahn)*, Abschnittskontrolle	T,W
secure:	3	sichern, suchen	G,I,T,W
security:	3	Sicherheit	G
security analyst:	3	Sicherheitsanalytiker, Wertpapieranalytiker	G
security management, Security-Konzept:	3	Sicherheitskonzept	G
security scanner:	3	Schwachstellenanalyse(-programm)	I
sedcard:	3	Bewerbungsunterlage, Bewerbungsmappe	P

seedless:	3	kernlos *(Obst)*	A
seersucker:	3	Kräuselbaumwolle	W
see you:	3	bis bald, wir sehen uns	A
Selbst-Coaching:	2	selbstgesteuerte Kompetenzverbesserung	G
selection:	3	Selektion, Auswahl	A
self:	3	selbst	A
self-commitment:	3	Selbstverpflichtung	W
self-design:	3	Selbstdarstellung, Selbstinszenierung	A,G
self-destroying prophecy:	3	sich selbst zerstörende Prophezeiung	G
self-fulfilling prophecy:	3	sich selbst erfüllende Prophezeiung, Vorhersage mit Eigendynamik	G
self-made man:	2	Aufsteiger, Eigenerfolgs-Mensch, Emporkömmling, *Selbstgemachter*	G,W
self-service:	3	Selbstbedienung	W
sell, selling:	3	verkaufen, Verkauf, absetzen	W
seller:	3	Anbieter, Verkäufer	W
sellout:	3	Panikverkauf *(von Aktien)*	W
send up:	3	weiterleiten	A,W
senior:	3	Haupt-, Ober- *(vor Berufsbezeichnungen)*; der Ältere, der Dienstältere, der Ranghöhere	G,W
sensitive:	3	einfühlsam, empfindlich, sensibel, zart	A
sensitivity training:	3	Empfindsamkeitsschulung	G
sent:	3	gesendet, versendet *(einer E-Post)*	I
sequel:	3	Fortsetzung *(v.a. bei Filmen)*	G
serial:	3	in Serie, seriell, Serie, hintereinander	A,I,W
Server:	1	Dienstrechner, Dienstprogramm	I
server housing:	2	*Bereitstellung/Vermietung von Rechnerstellplätzen (in Rechenzentren)*	I,W
service:	2	Dienst, Dienstleistung, Kundendienst, Wartung	A,W
service center:	3	Kundendienstzentrum	W
service kit:	3	Ersatzausstattung	T
service line:	3	Kundentelefon	W
service pack:	3	Programmaktualisierung	I
service point: (PA)	3	Auskunft, Informationsstelle, *Bez. im Englischen:* **customer service desk**	W
service provider:	2	*Diensteanbieter, Dienstleister,* Dienstleistungsanbieter	I
session:	3	Sitzung, *s. a.* **jam session**	G,I,P

		1 ergänzend	2 differenzierend	3 verdrängend
set¹:	3	Satz, Garnitur		A
set list:	3	Abspielliste		G,P
set²:	3	Drehstab *(beim Film)*		G
setting:	3	Drehort, Hintergrund, Schauplatz, Szenerie		G
settings:	3	Einstellungen		I
set-top-box:	2	Zusatz-Empfänger, Empfangsadapter		T
setup:	3	Aufbau, Einrichtung, Installation, Vorbereitung, Vorbereitungsarbeiten (z. B. Tagungs-Setup)		I,W
Sex:	1	Geschlecht, Geschlechtsverkehr		A,G
sexism:	3	Sexismus		G
sexy:	1	aufreizend, scharf, sinnlich		A,G
sex appeal:	2	sexuelle, erotische Anziehungskraft, Ausstrahlung		A,G
sexual behavior:	3	Sexualverhalten		G
shadow show:	3	Schattenspiel		G
shake¹:	3	schütteln		A
shaken:	3	schütteln		A
shaker:	3	Mischbecher, Mixer, Schüttelbecher		A
shake hands:	3	Händeschütteln		A
shake out:	3	gesundschrumpfen, herausschütteln, umgestalten		A
shake²:	3	Schütteltrunk		A
shale gas:	3	Schiefergas		T
shampoo:	3	Haarwäsche, Schampon *(flüssiges Haarwaschmittel)*		G
shanty:	2	Seemannslied		G
Shantychor:	2	Seemannschor		G
shape:	3	Form		A
shapeware:	3	Formwäsche		W
share:	3	Aktie, Anteil(-schein)		W
shareholder:	3	Aktionär, *s. a.* **stakeholder**		W
shareholder value:	2	Aktionärsnutzen		W
shared-service center:	3	unternehmensinterner Dienstleistungsbereich		W
shared space:	3	Raum für alle, Gemeinschaftsstraße		G
share space:	3	Teile den Raum!		G
shareware:	2	Probeversion *vgl.* **freeware**		I
shave:	3	rasieren		A
shaver:	3	Rasierapparat, Rasierer		A

shaving lotion:	3	Rasierwasser	R
sheet:	3	Blatt, Platte, Scheibe, Tafel	A
shell¹:	3	Hülle, Muschel, Oberfläche, Schale	A
shell²:	2	Kommandointerpretierer	I
shell script:	2	Kommandoprozedur	I
shift¹:	3	Verlagerung	A,T,W
shiften:	3	verschieben, versetzen	A,T,W
Shift-Taste:	3	Umschalttaste	I
shift²:	3	(Arbeits-)Schicht	T,W
shipping, shippen:	3	Auslieferung, ausliefern	W
shirt:	3	Hemd, Bluse	A,R
shit¹:	3	Schitt, Scheiße	A
shitstorm:	2	Empörungswelle, (öffentlicher) Entrüstungssturm (im Internet)	A
shit²:	2	Haschisch	P
shock:	3	Schock, schokieren	A
shocker:	3	Reißer, *s. a.* **thriller**	A
shocking¹:	3	abschreckend	A
shocking²:	3	anstößig, schockierend, in moralische Entrüstung versetzend	A
shoe:	3	Schuh	A
shoot:	3	schießen	A
shooting:	3	Dreharbeiten *(eventuell:* Foto- bzw. Filmaufnahmen*)*	G
shooting star: (PA)	3	Senkrechtstarter, *Bez. im Englischen:* **newcomer**, **rising star**, *Bed. im Englischen:* „Sternschnuppe"	G
shoot-out:	3	Elfmeterschießen	S
shop:	3	Geschäft, Laden	W
shopaholic:	3	(Ein-)Kaufsüchtige(r)	A
Shop-Geschäft:	3	Ladengeschäft *(von Tankstellen)*	W
shoppen:	2	ladenbummeln, einkaufsbummeln, *lädelen (CH)*	W
shopper¹:	3	Kunde, Konsument	W
shopper²:	3	Einkaufswagen	W
shopping:	3	Einkaufs-, Ladenbummel, *lädelen (CH)*	A,W
shopping cart:	3	Einkaufswagen, Warenkorb *(im Netz)*	A,G
shopping center:	3	Einkaufszentrum	W

	1 ergänzend	2 differenzierend	3 verdrängend
shopping guide:	3	Einkaufsführer	W
Shopping-Kanal, Shoppingsender:	3	Einkaufsfernsehen, Einkaufsfernsehsender, Einkaufskanal	A,W
shopping mall:	3	Einkaufszentrum	W
shopping tour, shopping trip:	3	Einkaufsbummel	W
shop-in-shop:	2	Laden im Geschäft, „Laden im Laden"	W
Shopsystem:	3	geführtes Einkaufssystem *(im Netz)*, Ladengeschäft im Netz, virtuelle Handelsfiliale, *auch: zugehöriges Rechnerprogramm*	I,R,W
short¹:	3	kurz	A
Shorts:	1	Kurzhosen, *s. a.* **pants**	A,R
short call:	2	Verkauf einer Kaufoption *(Börse)*	W
shortcut:	3	Kurzbefehl, Kurzkode, Schnellzugriff, Tastenkürzel	I
short-distance flight:	3	Kurzstreckenflug	G,T
shortlist:	3	Auswahlliste	A
short meeting:	3	Kurzbesprechung, Kurztreffen	G,W
short message service, SMS:	2	Textnachricht *(per Mobiltelefon)*	T
short put:	2	Verkauf einer Verkaufsoption *(Börse)*	W
short story:	3	Kurzgeschichte	G
short-term:	3	kurzfristig	A
short², short-position:	2	Verkaufsposition, Verkäuferposition *(Börse)*	W
shot¹:	3	(Foto-)Aufnahme	T
shot²:	3	Versuch	A,T
shot³:	3	Schuss *(auch symbolisch, etwa bei Getränken)*	A
shoulder:	3	Schulter	A
shoulder pads:	3	Schulterpolster	A,R
shout:	3	Schrei	A
show:	3	Aufführung, Ausstellung, Darbietung, Schau, Veranstaltung	A,G
Show abziehen:	3	angeben, Schau abziehen	A,G
show act:	3	Unterhaltungsdarbietung *(innerhalb einer umfassenderen Veranstaltung)*	G

show business, showbiz:	3	Schaugeschäft, Unterhaltungs-, Vergnügungsindustrie	G,W
showcase¹:	3	Schaukasten	G
showcase²:	3	Schaulaufen	P
showdown¹:	3	Abrechnung, Endkampf, Kraftprobe, Machtprobe	G
showdown²:	3	Film-, Handlungshöhepunkt	G
Show-Geschäft:	3	*siehe* show business	W
showgirl:	3	Schaumädchen, Schautänzerin	G
showmaster: (PA)	3	*Schauleiter*, Leiter einer Unterhaltungsschau, *Bez. im Englischen:* **host of ceremonies**, *PA existiert im Englischen nicht*	G
showroom:	3	Ausstellungsraum	W
showtime:	2	Zeit für *(spektakuläre)* Veranstaltungen	G
shower:	3	Dusche	A
shower gel:	3	Dusch- (und Bade-)gel, Duschseife	R
showview:		(EN) Programmierhilfe *(für Videorekorder)*	T
shredder:	3	Häcksler, Reißwolf, Schredder	T
shrimp:	2	Garnele	A
shut:	3	(ver-)schließen, zumachen	A
shutdown:	3	abschalten, (den Rechner) herunterfahren, schließen	I
shuttle¹:	3	Pendelverkehr	W
shutteln:	2	(hin und zurück-) bringen, pendeln	W
shuttle bus:	3	Pendelbus	W
shuttle service:	3	Pendeldienst, Pendelverkehr	W
shuttle²:	3	Nahverkehrszug, *Kurzform von* **regio shuttle**	A,T
side¹:	3	Seite, Blatt	A
side bag:	2	Seitenprallkissen, *s. a.* **airbag**	T
sideboard:	2	Anrichte, Büfett	A
sideletter:	3	Zusatzvereinbarungen	W
sidestep:	3	Ausfallschritt, Schritt zur Seite	G
sidestick:	3	Seitenknüppel	T
side²:	3	Aspekt, Eigenschaft	A
sight:	3	Blick, Sehenswürdigkeit, Sicht	A
sightings:	3	(UFO-)Sichtungen	G,T
sightjogging:	3	Besichtigungslauf *(Dauerlauf in einer fremden Stadt mit Führer)*	G
sightseeing:	3	Stadtrundfahrt, Besichtigung, *s. a.* **tour**	A,G,W
signature:	3	Unterschrift	A,I

	1 ergänzend	2 differenzierend	3 verdrängend
sign-off / sign-out:	3	Abmeldung *(von Rechnern und Netzwerken)*	I
sign-on / sign-in:	3	Anmeldung *(von Rechnern und Netzwerken)*	I
silent butler:	3	Kleidergestell, stummer Diener	A
silicon:	3	Silizium *(nicht Silicon, häufige Verwechslung)*	T
silk:	3	Seide	A,W
silver:	3	Silber	A,W
silver economy:	3	Wirtschaftskraft der Alten	G,W
silversurfer:	3	Netzsenior	G
SIM:		(Abk. für) subscriber identification module = Erkennungsnummer	I,T
SIM-Card / SIM-Karte:		(EN) Telefonkarte *(für Mobiltelefone)*	I,T
SIM-lock:	2	Kartensperre	I,T
simply:	3	einfach	A
simsen, SMSen:	2	Kurznachrichten *("SMS")* versenden	G
single^1:	3	einzeln, *auch als bzw. in*	A
single-eyed:	3	einäugig, betriebsblind	G
single payment:	3	Einmalzahlung	W
single point of contact, SPOC	3	Anlaufstelle	W
single room:	3	Einzelzimmer	W
single sign-on:	3	Einmalanmeldung, einmalige Authentifizierung, zentrale Benutzeranmeldung	I
single speed:	3	Eingangrad	S
singleton:	3	Einzelkind, Einzelstück, Individuum	A,G
single^2:	3	Einzelspiel *(im Tennis)*	S
single^3:	2	*Eintitelschallplatte*	G,P
Single^4:	1	Jungeselle, -gesellin	G
Single European Payment Area (SEPA):	3	Euro-Raum	W
sit:	3	sitzen	A
sit-in:	2	Sitzblockade *(Demonstrationsform)*	G
sitter(in):	3	allg.: Betreuer(in), Hüter(in), Aufpasser(in) *(von Kindern, Häusern, Tieren, Wohnungen etc.)*	A,G
sit-up:	3	Bauchmuskeltraining, Bauchbeuge	S
sitcom:	3	Situationskomödie	G

site¹:	3	Fundstätte, Platz, Standort, Stelle	A,T,W
site²:	2	(Netz-)Standort, *s. a.* **website**	I
site map:	2	Seitenübersicht *(über einen Netzauftritt)*	I
six:	3	sechs	A
six days:	3	Sechstagerennen	S
six-pack¹:	3	Sechserpack, Sechserpackung	G
six-pack²:	3	Waschbrettbauch	A,G
sixties:	2	die Sechziger *(des 20. Jahrhunderts)*	G
size:	3	Größe	A
skate, skates:	3	Schlittschuh(e), Rollschuh(e), *s. a.* **in-line skates, rollerblades, roller skates**	S
skaten:	3	Rollschuh laufen, Rollbrett fahren	S
skater:	2	Rollschuhläufer, Rollbrettfahrer	S
skating:	3	Eislaufen, rollen, rutschen, schlittern	S
skateboard:	3	Rollbrett	S
skateboarden, skateboarding:	3	Rollbrett fahren	S
Skateboardfahrer:	3	Rollbrettfahrer	S
skeleton:	2	Rennschlitten, *Bed. im Englischen: Skelett*	S
Sketch:	1	kurze komödiantische Szene	G
Skiercross:	2	Querfeldeinskilauf	S
skills:	3	Fähigkeiten, Fertigkeiten	T
skimming:	2	ausspähen *(von Bankdaten)*	W
skin:	3	Haut	A,T
skin care:	3	Hautpflege	A
skin conditioner:	3	Hautpflegemittel	R
skinhead:	2	*(kahlgeschorener)* Glatzkopf	G
skinny-dipping:	3	nackt baden	G
skin serum:	3	Hautöl, Hautcreme	R
Skinverpackung:	3	transparente Kunststoffverpackung, *s. a.* **blister¹**	W
skip:	3	überschlagen, überspringen	A
skipper:	2	Bootsführer, Steuermann	A,G
skiwear:	3	Skibekleidung	R
sky:	3	Himmel, *nicht im religiösen Sinn von* **heaven¹**	A
sky beamer:	3	Diskoscheinwerfer, Himmelsstrahler, Werbestrahler	T

| | 1 ergänzend | 2 differenzierend | 3 verdrängend |

skydiver:	3	Fallschirmspringer, *s. a.* **parachutist**	G,S
skydiving:	3	Fallschirmspringen	G,S
skyline¹:	3	Horizont	A
skyline²:	3	Stadtsilhouette	A
sky marshal:	3	Bordpolizist	G
skyscraper:	3	Wolkenkratzer	A
skywalk:	3	Himmelssteg	G
skyway:	3	Flugweg, Flugbahn	T,W
skywriting:	3	Himmelsschrift	T,W
skypen:	2	*interfonieren (mit dem Programm Skype über das Internet telefonieren)*	T
slack:	3	schlaff, locker	A
slackline:	3	Gurtband, Schlaffseil	S
slacklining:,	2	Gurtbandlaufen *(ähnlich seiltanzen)*, Schlaffseillauf, Schlaffseilgehen	S
Slang:	1	Jargon, Gruppensprache	A,G
slapstick:	3	*Komikfilm,* komisch grotesker Film	G
slash:	2	Schrägstrich, Schräger (/), *s. a.* **backslash**	I
Slasherfilm:	2	(spezieller) Gruselfilm, *Schlitzerfilm*	A,G
sleep:	3	Schlaf, schlafen	A
sleeper:	3	Schläfer *(aktuell: Terrorist auf Abruf)*	G
sleep mode:	3	Ruhe-, Schlaf-, Stromsparmodus	T
slide¹:	3	gleiten, rutschen	S
slider:	3	*Schiebehändi, s. a.* **Handy²**	T
sliding tackling:	3	Grätsche, Seitangriff	S
slide²:	3	Schlitten, Rodelbahn, Rutsche	S
slide³:	3	Dia, Diapositiv, (Bildschirm-)Folie	T
slide show:	3	Diaschau, -vorführung, Diavortrag	T
slim:	3	schlank	A
slimmen:	3	abnehmen, Schlankheitskur machen	A
slim form:	3	Flachform, Schmalform, tailliertes Hemd	R,T
slip: (PA)	2	Schlüpfer, *(kurze)* Unterhose, *Bez. im Englischen:* **briefs**, *Bed. im Englischen: Damenunterrock*	A,R
Slipper:	1	verschlusslose Schuhe	A,W
slob:	3	Chaot, Lümmel, Schlampe, Tölpel	G
slogan:	2	Motto, Wahl-, Werbespruch, Schlagwort	R
slomo:	3	siehe **slow motion**	S,T
slot¹:	3	Nut, Schlitz, Spalt	T
slot machine:	3	Spielautomat, einarmiger Bandit	G

slot²:	3	Steckplatz *(für eine Platine oder einen Einschubrechner)*	I,T
Slot-in-Laufwerk:	2	Schlitzlaufwerk *(mit Einzugsschacht)*	I
slot³:	2	Zeit-/Raumzuteilung, Zeitfenster, *s. a.* **timeslot**	T,W
slow:	3	langsam	A
slowness:	3	Langsamkeit, Schwerfälligkeit	A
slowdown:	3	Drosselung, Verlangsamung	A,T
slow food:	2	genüssliches Speisen	A,G
slow motion:	3	Zeitlupe, *s. a.* **slomo**	S,T
slow-moving:	3	Ladenhüter, schwer verkäuflich	W
Slum:	1	Armenviertel, Elendsviertel	A,G
sluring:	2	Ausspionieren persönlicher Daten mit falschen Versprechungen *(gebildet aus service und luring)*, *s. a.* **phishing**	W
smack:	3	Klatsch	A,G
small:	3	klein, kurz, Kleidergröße S	A
small business:	3	(kleine) mittelständische Wirtschaft	W
small business act:	3	Existenzgründergesetz (EU)	G
small cap:	2	kleineres Wertpapier, kleines Unternehmen, Unternehmen mit geringer Marktkapitalisierung	W
small-screen device:	3	Kleinbild-Gerät *(Sammelbegriff für mobile technische Geräte mit kleinen Bildschirmen, z. B. Mobiltelefon mit Sonderfunktionen)*	T
small talk:	2	Plausch, *Plauderei*	G
smart¹:	2	geschäftstüchtig, gewitzt, schlau	A
smart card:	2	Plastikkarte (mit Mikroschaltkreis), *s. a.* **Chipkarte**	G,I
smartphone, smart-phone:	2	Schlaufon, Intellifon	T
smartshopper:	3	Schlaukäufer, gewiefter Käufer	G,W
smart tag:	2	Hypertextverweis	I
smart²:	2	fein, fesch, gutaussehend	A
smash:	3	Schmetterball	S
smash hit:	3	Riesenhit, Superhit	P
smile:	3	Lächeln	A
smiley:	2	Emotikon, Grinser, Lächler	A,I,P

	1 ergänzend	**2** differenzierend	**3** verdrängend
smirten, smirting:	2	Flirten beim Rauchen vor der (Kneipen-)Tür	P
Smog:	1	Dunstglocke	T
smoke:	3	Rauch	A,T
smoker:	3	Raucher	G
smoke-in:	3	Rauchdemo, Raucherkneipe	A,G
smoking area:	3	Raucherbereich, Raucherzone	G
smoking gun:	3	rauchende Tatwaffe, Beweisstück	G
smoothie:	3	Obstgetränk, Vollfruchtgetränk	A
smoothen:	3	ausgleichen, einebnen, glätten	A,T
SMS	1	*(Abk. für)* **short message service** *(siehe dort)*	T
SMSen, SMS-en:	2	*siehe* **simsen**	G
SMS voting:	2	Abstimmung, Wahl *(per Mobiltelefon)*	G
snack:	3	Imbiss, kleiner Happen, Zwischenmahlzeit	A
snack bar:	3	Imbissbude, -stube	A
snail mail:	3	Briefpost	T
snapshot[1]:	3	Schnappschuss	A,T
snapshot[2]:	3	Bildschirmabzug, Bildschirmkopie, *s. a.* **screen shot**	I
sneakers:	3	Laufschuhe, Sportschuhe, Turnschuhe	S,W
sneak preview:	3	Überraschungsvorschau *(im Kino)*	A,G
sniff:	2	Kokainportion	P
sniffen:	2	schnüffeln *(inhalieren von Rauschmitteln)*	P
sniper:	3	Heckenschütze, Scharfschütze	A,G
Snob:	1	Großtuer, Vornehmtuer, Stenz	G
snobiety:	3	Schickeria *(extravagante Gesellschaftsgruppe von reichen Nichtstuern)*	G
snooze button:	3	Schlummertaste *(am Wecker)*	T
snow:	3	Schnee	A
snowbike:	2	Schneegleiter	S
snowboard:	3	Skibrett; Gleitbrett, *s. a.* **Grasboard**	S
snowboarden, snowboarding:	3	Schneebrettern, Skibrett/Gleitbrett fahren	S
snow fun:	3	Schneespaß, Winterfreuden	P,S
snowkite:	2	Schneegleitschirm, Schneesegeln	S
snowmobile:	3	Schneemobil	S
snowscoot:	2	Schneefahrrad, Schneeroller	S
snow-tube:	3	Rodelreifen	S
soaker:	3	Wasserpistole	A,R

Der Anglizismen-INDEX 225

soap¹:	③ Seife	A
soap opera, soap²:	③ Seifenoper, rührselige Serie, Schnulzenserie, s. a. **daily soap**, **weekly soap**	A,G
soccer:	③ Fußball *im Englischen*	S
soccer ball:	③ Fußball *(Sportgerät)*	R,S
soccer shoes:	③ Fußballschuhe	R,S
soccer wear:	③ Fußballbekleidung	R,S
social:	③ gesellschaftlich, sozial	G
social coolness:	③ soziale Kälte	G,W
social costs:	③ Sozialkosten	G
social dumping, Sozialdumping:	③ Sozialabbau, unlauterer Wettbewerb durch Nichteinhaltung von Sozialstandards	W
social engineering:	② mentale Ausforschung, Herauslocken von kopfgespeicherten (Geheim-)Informationen	T,W
social event:	③ gesellige Veranstaltung	G
socializing:	③ Geselligkeit, Ausklang (einer Konferenz)	W
social marketing:	② Sozialbeeinflussung, Verhaltensmanipulation *(Maßnahmen zur Steuerung des sozialen Bewusstseins, z. B. Werbung)*	G
social media:	③ Soziale Medien	G
social network:	③ Kontaktnetz, soziales Netz	G,I
social power:	③ soziale Kraft, sozialer Sprengstoff	G
social responsibility:	③ soziale Verantwortung	G,W
social sciences:	③ Sozialwissenschaften	G
society:	③ Gesellschaft	G
socket:	③ Sockel, Sockelschnittstelle	I,T
soda:	③ Mineralwasser, Sprudel	A
soft:	③ weich, gefühlvoll	A
soften:	③ weichzeichnen	A
softie:	③ Memme, *Schlaffi*, Weichling, *Weichei*	A,G
softig:	③ weich, anschmiegsam	A
softball:	② Schlagball-Variante	S
softcopy:	③ Bildschirmausgabe	I
softcover:	③ Taschenbuch, *s. a.* **paperback**	G,W
soft drink:	③ alkoholfreies Getränk	A
soft ice:	② Cremeeis	A
soft key:	② virtuelle Taste	I

	1 ergänzend	2 differenzierend	3 verdrängend
soft link:	3	Namensverweis, symbolischer Verweis	I
soft-opening:	3	Voraböffnung, stille Eröffnung	W,G
softpack:	3	Weichverpackung	W
soft skill:	3	Sozialkompetenz, Sozialgeschick	G
soft tip:	3	weicher Anschlag *(etwa bei der Gangschaltung)*	G,T
softtop:	3	Faltdach, Stoffverdeck *(für ein Cabriolet)*, s. a. **hardtop**	T
software:	2	(Rechner-) Programme, Programmpakete, s. a. **hardware**	I
software engineering:	3	Programmiertechnologie	I
software technology:	3	Programmiertechnik	I
solar trap:	2	Solar-Speicher *(zur stromlosen Warmwasserbereitung)*	T,W
solid state disk, SSD:	3	Festspeicher *(mit der Leistung einer Festplatte)*, Halbleiterplatte	I
solution:	3	Lösung	G,T,W
some:	3	einige, etwas	A
something:	3	etwas	A
sometimes:	3	irgendwann, manchmal	A
song:	3	Gesang, Lied, Musiktitel	A,G
songbook:	3	Liederbuch	G
song contest:	3	Sänger-, Schlagerwettbewerb, *Talentsuche*	G,P
songwriter:	3	Liedermacher	G,P
Sonnyboy, *fälschlich:* sunnyboy: (PA)	3	*(jugendlicher)* Strahlemann, *(nicht gebräuchlich im Englischen)*	G
son of a bitch:	3	Hurensohn *(Schimpfwort)*, s. a. **bitch**	G
soothing:	3	beruhigend	A
sorry^1:	3	Entschuldigung, Verzeihung, tut mir leid	A
sorry^2:	3	bekümmert, traurig	A
sorter:	3	Sortierer, Sortieranlage	T
soul^1:	3	Seele, Gefühl	G
Soul^2 (music):	1	emotionale Jazz- oder Popmusik	G,P
sound^1:	3	Klang, Geräusch	G,I,P
sound card, Soundkarte:	3	Akustikkarte, Audiokarte, Klangkarte	I
sound check:	3	Klangabstimmung, Mikrofonprobe, Tonprobe	G
Sounddatei:	3	Klangdatei, Musikdatei	I
Sounddusche:	3	Musikberieselung	A,G

sound file:	3	Klangdatei, Musikdatei	I
soundtrack:	3	Filmmusik; Tonspur *(eines Filmes)*	G
sound²:	2	Musikrichtung, *musikalische Stilrichtung*	P
source:	3	Herkunft, Quelle, Ursprung	W
source code:	3	Quellcode, Quelltext	I
sour cream:	3	Sauerrahm	A
So what?:	3	Na und?, Was soll's?	A
spa:	3	Bad, Badekurort, Mineralquelle	G
space¹:	3	(Welt-)Raum, (Welt-)All; Zeitraum	T
spacy¹, spacig:	3	überirdisch, weltfremd, verrückt, außergewöhnlich, *s. a.* **abgespaced**	A,G
spacy²:	3	geräumig	A
space lab:	3	Weltraumlabor	T
space shuttle:	2	Raumfähre *(der NASA)*	T
spaciger look:	2	Weltraumschick	P
space²:	3	Leerstelle, Leerzeichen, Spalte *(auf Rechnertastaturen)*	I
spam:	2	E-Müll, *s. a.* **e-mail spam**	G,W
spam bot:	2	Programm zum Aufspüren von E-Post-Adressen	I
spammen, spamming	3	einmüllen, überfluten *(mit ungebetener Werbepost im Internet), s. a.* **e-mail spam**	A
spare:	3	entbehren, übrig	A
spare parts:	3	Ersatzteile	T
spareribs:	3	Schälrippchen	A
sparkling:	3	sprudelnd, Sprudel..., spritzig *(z. B. bei Mineralwasser mit Kohlensäure)*	A
Sparringpartner:	1	Übungsgegner	S
speaker:	3	Redner, Sprecher	G,T
special¹:	3	besonders, speziell	A
special effect:	3	Spezialeffekt, bestimmte gewollte Wirkung	G,T
special guest:	3	Ehrengast	G
Special-Interest-Sender:	3	Nischen-, Spezialsender	G
Special-Interest-Zeitschrift:	3	Spezialzeitschrift	G
special offer:	3	Sonderangebot	R,W
special²:	3	Sonderangebot, Sonderausgabe, Sonderbericht, Sondersendung, Sonderteil	A,G
speech:	3	Rede	A,G

		1 ergänzend	2 differenzierend	3 verdrängend
speech recognition:	3	Spracherkennung		I
speechwriter:	3	Redenschreiber, *s. a.* **ghostwriter**		A,G
speed¹:	3	Geschwindigkeit, Tempo, Eile		S,T
speedster:	3	Sportwagen		S,T
speedy:	3	(über-)eilig, schnell, rasch, rasend		A
speedboat:	3	Rennboot, Schnellboot		T
speeddating:	3	Partnersuche auf die Schnelle		G
speed flying:	2	Tempogleitfliegen		S
speed jumping:	3	Stelzenspringen		S
speed-reading:	3	Schnelllesen		G
Speedskaten:	3	Rollschnelllauf, (sportlich) Rollschuh fahren		S
speedway:	3	Rennstrecke *(ursprünglich für Sandbahnrennen)*		S,T
speed²:	3	Aufputschmittel		P
spell checker:	3	Rechtschreibprüfung		I
spicy:	3	würzig, feurig		A
spider¹:	3	Spinne		A
spider lines:	3	Fadenkreuz		A,T
spider²:	2	(offener) Sportwagen		S,T
spike:	3	Schuhnagel, Dorn		A
spikes¹:	2	Rennschuhe *(Laufschuhe mit Dornen)*		A,S
spikes²:	2	Dornenreifen, Autoreifen mit Dornen		T
spill over:	3	überfließen, überlaufen		A
spin¹:	3	Drall		A
spin²:	3	Drehimpuls *(der Elementarteilchen)*		T
spin³:	3	Effet *(beim Tischtennis und Billard)*		S
spin doctor:	2	Berater für gelenkte Öffentlichkeitsarbeit		W
spinning:	2	spezielles Übungsprogramm auf Ergometern in Fahrradform		S
spin-off¹:	3	Abfall-, Nebenprodukt		T,W
spin-off²:	3	Ausgliederung *(z. B. einer Abteilung)*, Ausgründung		T,W
spin-off³:	2	Weiterentwicklung, Weiterführung, *„Weiterspinnen"* *(eigentlich nur: „in Gang bringen")*		G
spin-off⁴:	2	Ableger einer Fernsehserie		G
spirit:	3	Geist *(in symbolischer Bedeutung)*		A,G
splatter movie:	3	blutrünstiger Gruselfilm, Schockfilm		G
spleen¹:	2	Macke, Marotte, Spinnerei, Verschrobenheit, Tick		G
spleenig:	2	verrückt, überspannt, eingebildet		G
spleen²:	3	Milz		G

splitten:	2	aufteilen, auftrennen, spalten, teilen	A,T
splitter: *(englische Lautung)*	3	Splitter *(d.A.)*, Breitbandanschlusseinheit	I,T
splitting¹:	2	aufteilen, aufspalten, Teilung, *s. a.* **Steuersplitting**	A,T
splitting², split:	3	Aktien(auf)teilung, Nennwertverringerung (von Aktien)	W
split-run test:	3	(Anzeigen-)Wirkungstest	R,W
split screen:	3	Bildschirmteilung, Bildteilung *(u.a. für gleichzeitige Ausstrahlung von Programm und Werbung)*	G,T
spoiler¹:	3	Spiel-, Karriereverderber	G
spoiler²:	3	Luftleitblech, Spoiler *(Automobil, d.A.)*, Störklappe *(Flugzeug)*	T
spoilern:	3	verraten	A
sponsor:	2	Förderer, Geldgeber, Gönner	G,S
sponsern:	2	(finanziell) fördern, subventionieren	G,S
sponsoring:	3	Förderung *(im Sport- oder Kulturbereich)*	G,S
spoofer:	2	Herkunftsfälscher, Programm zum Verfälschen von E-Post-Absenderadressen	I
spooky:	3	geisterhaft, gespenstisch, gruselig, spukhaft	A,P
spool:	3	Warteschlange	A,G,I
spoon:	3	Löffel	A
Sport:	1	Leibesübungen	A,S
sportive:	3	sportlich	S
sports aid:	3	Sporthilfe	S
sports watch:	3	Sportuhr, sportliche Armbanduhr	S,W
sportswear:	3	Sportbekleidung	R,S,W
sport-utility vehicle, SUV:	2	Mehrzweckfahrzeug, *Asphaltjeep, s. a.* **crossover SUV**	S,T
spot¹:	3	Stelle, Fleck	A
spot²:	2	Kurzwerbung	R
spotting:	2	beobachten und notieren *(z. B. von Zügen oder Flugzeugen)*, vermerken	G
spot³:	2	Richtscheinwerfer *(Beleuchtung auf einen Punkt)*	T
spotlight:	3	Punktstrahler, Schlaglicht	T
Spotmarkt:	2	Sofortmarkt *(Markt für Sofortgeschäfte im Gegensatz zu Termingeschäften)*	W
Spray:	1	zerstäubte Flüssigkeit, Zerstäuber	A,G,T
sprayen:	2	sprühen, zerstäuben von Flüssigkeit	A,G,T

		1 ergänzend 2 differenzierend 3 verdrängend	
sprayer:	2	Sprüher, Sprühkünstler	A,G,T
Spraydose:	2	Sprühdose, Zerstäuber	T,W
spreadsheet:	3	Tabellenkalkulation, Tabelle	I
Sprint, sprinten:	1	Rennen	S
Sprinter:	1	Kurzstreckenläufer	S
spyware:	2	Ausspähprogramm(e), Schnüffelprogramm(e), Spionierprogramm(e) *(zur Weitergabe persönlicher Daten an Dritte)*	I
square-dance, square-dancing:	2	Amerikanischer Volkstanz *(Tanz nach Ansage)*	G
Squash:		(EN) Wandtennis	S
squeeze-out:	3	Zwangsausschluss, Herausdrängen *(von Minderheitsaktionären)*	W
stack:	3	Stapel(-Speicher)	I
Stadtrallye:	3	Stadtspiel, Stadterkundung *(verbunden mit Fragespiel)*	G
staff:	3	Personal, Stab	W
stage:	3	Bühne	A
stage-diving:	3	Sprung von der Bühne *(ins Publikum)*	P
stage-door:	3	Bühneneingang	G
stainless:	3	rostfrei	T
stakeholder:	3	Interessenvertreter, *s. a.* **shareholder**	W
stalk:	2	sich anpirschen, jemanden verfolgen, belästigen	G
stalker:	3	Nachsteller	G
stalking:	3	(belästigendes) Nachstellen	G
stampede:	3	panikartige Flucht, Massenansturm	W
stamp it:	3	digitale Frankatur *(Deutsche Post)*	W
stand:	3	stehen	A
standing^1:	3	Ansehen, Rang	G
standing^2:	3	anhaltend, dauernd	A
standing invitation:	3	Dauereinladung	G
standing ovation:	3	anhaltender Beifall, *auch:* Stehapplaus *(aber nicht: stehender Beifall)*	G
standby:	3	Bereitschaft, Bereitschaftsbetrieb	A,T
Stand-by-Passagier:	2	Wartelistenpassagier, Passagier auf Warteliste	T
stand-in:	3	Ersatz, Aushilfe	G,W
stand-up:	2	spontan	G
stand alone:	2	eigenständig, autonom, selbstständig arbeitend *(Anwendung/Gerät/Lösung/Programm)*	I,T

standard¹:	3 Norm; Maßstab	T
standardize:	3 normen	T
standard²:	3 Standard	G,T,W
(englische Aussprache)		
standardize:	3 standardisieren, vereinheitlichen	G,T,W
(englische Aussprache)		
standard of living:	3 Lebensstandard	G
star¹:	3 Stern	A
star wars:	3 Krieg im All, Krieg der Sterne	G,T
star²:	3 Star *(d.A.)*	G
(englische Lautung)		
starlet:	3 Filmsternchen	G
start:	3 abfahren, abfliegen, anfangen, starten	A,S
starter:	3 Vorspeise, Vorgericht	W,A
Start up-Unternehmen:	2 Jungunternehmen	W
startup workshop:	3 Einführungslehrgang, -seminar, -kurs	A,G
state¹:	3 Staat	G
state²:	3 Stand, Lage, Zustand	T,W
state of the art:	3 Stand der Technik	T
statement¹:	3 Aussage, Darstellung, Erklärung, Stellungnahme, Verlautbarung	G
statement of income:	3 Einkommensteuererklärung	G,W
statement of profit and loss:	3 Gewinn- und Verlustaufstellung	W
statement²:	3 Anweisung *(Programmierung)*	I
station id:	3 Senderkennung, *s. a.* **logo id**	G
stay¹:	3 stehen	A
stay²:	3 bleiben, warten	A
steadicam:	2 Schwebestativ	T
steady state:	3 Fließgleichgewicht	T
Steak:	1 kurz gebratene Fleischschnitte	A
stealth:	3 Tarnkappentechnik	T
steering committee:	3 Lenkungsausschuss	G
step:	3 Schritt, Stufe	A

	1 ergänzend	2 differenzierend	3 verdrängend

Stepper:	2	Heimstapfer *(Fitnessgerät für Arm- und Beintraining)*	S
step-by-step:	3	Schritt für Schritt	A
Steuersplitting:	1	Einkommensteuerveranlagung von Ehepaaren	G,W
Steward, Stewardess:	1	Flugbegleiter(in), Bordkellner(in)	G,W
stick:	3	Stift, *s. a.* **Deostick**, **memory stick**, **UMTS-Stick**, **USB-Stick**	A
stick-slip / slip-stick Effekt:	3	Haft-Gleit-Effekt	T
sticker:	3	Aufkleber, Anstecknadel	A
still:	3	Standbild	T
stock¹:	2	Bestand, Lager(-Bestand)	W
stockcar:	2	Schrottauto *(für Autorennen mit Rempeln)*	S
stock²:	3	Aktie(n), Stammaktie(n), Wertpapier(e)	W
stockbroker:	3	Börsenmakler	W
stock exchange:	3	Wertpapierbörse	W
stock (holding) company:	3	Aktiengesellschaft, AG	W
stockjobber:	3	Börsenspekulant, Effektenhändler	W
stock options:	3	Aktienoptionen	W
stone:	3	Stein	A
stoned:	3	berauscht, bekifft, benebelt *(von Haschisch oder Marihuana)*	A
stonewashed:	3	steingewaschen *(unter Zusatz von Bimsstein vorgewaschener Stoff)*	R
stop:	3	Stopp, stopp, Halt, halt	A
stop-and-go:	3	Schleichverkehr, stockender Verkehr, Verkehrsstockung, zähfließender Verkehr, *Stopp-und-Hopp-Verkehr*	A,T
stopover:	3	Fahrtunterbrechung, Zwischenhalt, Zwischenlandung	A,T
store:	3	Geschäft, Laden, Lager, Warenhaus	A,W
storage:	3	Speicher, Speicherung	I,W
storen:	3	lagern, speichern	A,W
story¹:	3	Erzählung, Geschichte, Handlung	G
storyboard:	3	Ablaufplan *(bebildertes Drehbuch)*	G
storyboarding:	3	zeichnerische Darstellung eines Drehbuchs *(vor der Verfilmung)*	G
story in progress:	2	Fortsetzungsgeschichte, Geschichte in Arbeit	G

story line:	3	Handlungsstrang	G
story²:	3	Fiktion, Gewinnversprechen	W
straight:	3	bürgerlich, normal	P
strange:	3	fremd, merkwürdig, schräg, seltsam, sonderbar, skurril, unbekannt	A
strangeness:	3	Seltsamkeit	A
Straps:	1	Strumpfhalter	A,R
strawberry:	3	Erdbeere	A
stream(s):	3	Datenstrom	I
streamen, streaming:	2	Datenstromübertragung; (in Echtzeit) übertragen	I,T
streamer (tape):	3	Bandgerät, Magnetband	I
street:	3	Straße	W
streetart:	3	Straßenkunst	G,P
streetball:	3	Straßenbasketball	S
streetballer:	3	Straßenbasketballer	S
street credibility:	3	Glaubwürdigkeit beim Volk	G
street entertainment:	3	Straßenkunst	G
street fighter:	3	Straßenkämpfer	G
street party:	3	Straßenfest	G
streetsoccer:	3	Straßenfußball, s. a. **soccer**	S
streetview:	3	(*Produktname von Google*) Straßenansicht, Straßenblick	I,T
street wear:	3	Straßenkleidung	G,R
streetwise:	3	bauernschlau	G
streetworker:	2	Außendienstsozialarbeiter	G
strength:	3	Kraft, Stärke	A
Stress¹:	1	Anstrengung, Anspannung, Aufregung, starke Belastung	G
stress²:	1	Belastung, Spannung (*technisch: Kraft pro Flächeneinheit*)	T
Stresstest:	1	Belastungsprüfung	T,W
stressig:	1	anstrengend, aufreibend, belastend	A,G,T
stretch¹:	3	dehnen	A,T
stretching:	3	Dehnübung	A,T
stretcher-limo:	3	*Langauto*, Langlimo gestrecktes Auto	T
stretch²:	2	dehnbarer Stoff	A
strike:	3	Schlag	A,G
string¹:	3	Zeichenfolge, Zeichenkette	I

	1 ergänzend	2 differenzierend	3 verdrängend

string²:	2	Minitanga	G
stringer:	2	Längssteife *(Flugzeugbau)*	T
strip¹:	3	(Pflaster-)Streifen, Klebestreifen	A
strip²,	2	ausziehen, entkleiden	G
strippen:	2	nackttanzen	G
Striptease:	1	Entkleidungstanz, Nackttanz	G
stroke unit:	3	Schlaganfallstation, Schlaganfall-Intensivstation	G,T
strong:	3	kräftig, stark	A
strong buy:	2	unbedingt empfehlenswertes Wertpapier, Muss-Aktie	W
strong sell:	2	*Heiße-Kartoffel-Aktie*, schleunigst abzustoßendes Wertpapier *(Börse)*	W
struggle for life:	3	Kampf ums Dasein, Überlebenskampf	T
stunt:	2	Gefahrendarstellung, gefährliche Filmszene	G
stuntman, stuntwomen:	2	Double *(für gefährliche Filmszenen)*, Ersatzmann (-frau), Gefahrendarsteller(in)	G
style:	3	Ausdrucksmittel, Lebensart, Stil	G
stylebook:	3	Stilbuch, Stilfibel	I
stylen:	3	*aufmotzen*, gestalten, sich schön machen	G
styling:	3	Aufmachung, Gestaltung	G
stylish, stylisch:	3	angesagt, in, modern, trendgemäß, dem (modernen) Lebensstil entsprechend *(weit verbreitet in der Jugendsprache)*	A,G
stylist:	2	Gestalter; Entwerfer, Maskenbildner	G
styleguide¹:	2	Gestaltungshilfe, Bedienungsanleitung	I,W
styleguide²:	3	Stilführer	G
stylesheet:	2	Formatvorlage, Formvorlage	I,W
sub-:	2	Neben-, Sub-, Teil-, Unter-, Zweit-, *in*	A
subdirectory:	3	Unterverzeichnis, Unterkatalog	I
subdomain:	3	Sub-, Unterdomäne	I
subnotebook:	3	*besonders kleiner und leichter Klapprechner*	I
subtask:	3	Teilaufgabe, Unteraufgabe	A
subteen:	3	Unterzehn(-jährige/r)	G
subtext:	3	unterschwellige Botschaft	A
subtitle:	3	Untertitel *(bei originalsprachigen Filmen)*	G
suburb:	3	Vorstadt	A
subway:	3	U-Bahn	W
subwoofer:	3	Tieftöner	T
subject heading:	3	Rubrik(-überschrift)	G,W
subscribe:	3	abonnieren, unterschreiben, unterzeichnen	A,I

subscription:	3	Abo, Abonnement	W
such:	3	solch/e/s	A
sudden death¹:	3	plötzlicher *(unerwarteter)* Tod *(meist Herztod)*	S,T
sudden infant death:	3	plötzlicher Kindstod	T
sudden death²:	3	Entscheidungs-, spielentscheidendes Tor *(beim Eishockey)*, s. a. **golden goal**	S
sugar:	3	Zucker	A
sugar-free:	3	zuckerfrei	A
suitcase:	3	Koffer, s. a. **Bordcase**	W
summary, s. paper:	3	Zusammenfassung, Kurzfassung	T,W
summer:	3	Sommer	A
summer school:	3	Sommerschule, Ferienkurs	G
sun:	3	Sonne	A
sundowner:	3	Abendtrunk	A
sunny:	3	sonnig	A
sun lotion, sun spray, sunblocker:	3	Sonnencreme, Sonnenschutzzerstäuber, Sonnenschutzmittel *(verschiedener Konsistenz und Stärke)*	A,R
sun milk:	3	Sonnenmilch	A,R
sunrise:	3	Sonnenaufgang	A
sunrise period:	3	Startphase, Vorzugsphase	A
sunset:	3	Sonnenuntergang	A
sunset clause:	3	Auflösungsklausel, Verfallsklausel	W
sunshine:	3	Sonnenschein	A
super:		*Vorsilbe* über-, *in*	
supercomputer:	3	Hochleistungsrechner	I,T
superflat screen:	3	Superflach-Bildschirm, *besonders flacher Bildschirm*, s. a. **flat screen**	I,T
superlearning:	3	Schnelllernen	G
supermarket:	3	Kaufhalle, (Groß-)Kaufhaus, Supermarkt	W
supermodel:	2	Schönheitsideal	G
superseller:	3	Kassen-, Verkaufsschlager	G,W
superstar: *(englische Lautung)*	3	Superstar *(d.A.)*, besonders herausragende (Bühnen-, Film-)Berühmtheit	G
supervision:	3	Supervision *(d.A.)*, Beratung	W,T
supervisor:	3	Anweiser, Aufseher, Verwalter	G,W
supply:	3	Belieferung, Versorgung	W

	1 ergänzend	2 differenzierend	**3 verdrängend**

supply chain:	3	Lieferkette, Versorgungskette	W
support¹:	3	Auflage, Halterung, Strebe, Stütze	T
support², supporting:	3	Betreuung, Hilfestellung, Kundendienst, Kundenbetreuung, Unterstützung; unterstützen	A,W
supporter:	3	Helfer, Unterstützer; Fan	A,W
supreme...:	3	höchst..., oberst...	A
supreme court:	2	Höchstes Bundesgericht (der USA und verwandten Rechtssssystem)	A
sure:	3	sicher, gewiss	A
surface freeze:	3	Formfestlegung *(Zwischenschritt in der Produktgestaltung)*	T
surfen¹:	1	wellenreiten	S
Surfer:	1	Wellenreiter	S
surfboard:	2	Surfbrett, Wellenreitbrett	S
Surfbrett:	1	Surfbrett, Wellenreitbrett	S
surfen²:	1	navigieren *(im Internet)*, s. a. **browser**	I
surfwatch:	3	Internetzugriffsfilter	G
surplus:	3	Überbestände	W
surprise party:	3	Überraschungsfeier	G
surround sound:	3	Raumklang	T
survey:	3	Erhebung, Markt-, Meinungsforschung, Umfrage	W
survival:	3	Überleben	G
survivalkit:	3	Überlebenspaket	G
survivaltraining:	3	Überlebenstraining	G
suspense:	3	Spannung, Ungewissheit	A
sustain:	3	aufrechterhalten	G,W
sustainability:	3	Nachhaltigkeit	G,W
sustainable:	3	nachhaltig	G,W
sustainable development:	3	nachhaltige Entwicklung	G
sustainable growth:	3	nachhaltiges, selbsttragendes Wachstum, s. a. **growth**	W
SUV:	3	*(Abk. für)* **sport-utility vehicle** *(siehe dort)*	A,T
swap¹:	3	Austausch	W
Swapgeschäft:	3	Tauschhandel	W
swap², swapping:	3	Seitenwechsel	I
sweatshirt:	3	Sporthemd	R

sweet:	3	süß	A
sweets:	3	Süßigkeiten	A
sweetheart:	3	Liebling, Liebste(r)	A
swimming pool:	3	Schwimmbecken	A
swing¹:	3	schwingen	A
swinger:	2	Partnertauscher	G
swinger club:	3	Partnertauschtreff	G
swinging:	3	Partnerwechsel	A
swing²:	3	Wählerbewegung	G
swing state:	3	Wankelstaat	G
swing von Wählern	3	Wählerwanderung	G
swing³:	2	höchste Kreditgrenze im Außenhandel	W
Swing⁴:	1	betont rhythmischer Jazz	G
switch¹:	3	schalten, Schalter, Weiche	T
switchen¹:	3	umschalten, überwechseln	T
switchen²:	3	umstellen, umwandeln	W
switcher:	3	Schalter	I,T
switch²:	3	Netzverteiler, Richtkoppler	I
sync, syncen:	3	(Daten-)Abgleich, Daten abgleichen	I
synergy:	3	Zusammenarbeit, Energie *oder* Erfolg durch gemeinsamen Einsatz	T,W
Synthesizer:	1	(elektronisches) Musik- und Geräuschinstrument	G,T
synthetics:	3	Kunstfasern, Kunststoffe	T
system:	3	System	T,W
system manager:	3	Systemverwalter	A,I
systems engineering:	3	Prozess-, Systemgestaltung, Systementwicklung	T,W
system software:	3	Systemprogramm(e)	A,I

T

tab:	2	Tabulator, Einzugstaste *bei Rechner und Schreibmaschine*, (Karten-, Mappen-) Reiter, *s. a.* **tabulator**	W
table:	3	Aufstellung, Tabelle, Tafel, Tisch, Verzeichnis	A,I,T,W
tabel, tabeln:	3	AE: verschieben, vertagen; BE: zur Diskussion stellen	A
table of content:	3	Inhaltsverzeichnis	A,G,T
tabletop game:	3	Brettspiel	G
tablet-PC:	2	Tafelrechner	I
table water:	3	Tafelwasser, Mineralwasser	A,W
tabulator:	3	Einzugs-, Karteikartenmarkierung, Tabulator	A,I,W
tacker:	3	Klammerhefter	A,W
tackling:	2	Körperangriff *(im Sport)*	S
tag:	3	Anhänger, Etikett, Markierung, Schild	A,I,W
taggen:	3	kennzeichnen, markieren	W
tag-cloud:	3	Verweiswolke	I
take^1:	3	(mit-, weg-) nehmen	A
take-away^1:	3	zum Mitnehmen	A
take-away^2:	3	(Essen) zum Mitnehmen	A
take care:	3	Pass auf dich auf!, Gib acht! *(salopper Gruß zum Abschluss)*	A
take-home message:	3	Fazit, Mitnehmbotschaft	A
Take it easy!:	3	Nimm's leicht!, Mach dir nichts draus!	A
takeoff^1:	3	Abflug, Start	W
takeoff^2:	3	Abhub, Abzug	T,W
takeover:	3	Firmenübernahme *(durch Erwerb der Aktienmehrheit)*, *s. a.* **unfriendly takeover**	W
take^2:	3	Aufnahme, Szene *(ohne die Kamera zu stoppen)*	G
talent pool:	3	Talentschmiede	G
talk:	3	Gespräch, Plausch	A
talken:	3	sprechen, plappern, plaudern, reden, zwanglose Unterhaltung	A
Talkgast:	2	Gesprächsgast	G
talking points:	3	Diskussionspunkte	A,W

talk master: (PA)	2	Diskussionsleiter, Gesprächsleiter, *Bez. im Englischen:* **talk show host**, *PA existiert im Englischen nicht*	G
talk show:	2	Gesprächsrunde *(im Fernsehen)*	G
tank top:	3	ärmelloses Hemd	A
tape:	3	(Ton-, Film-)Band, Magnetband, Audiokassette	I,T
tapen:	3	verbinden *(Verband anlegen)*, *s. a.* **dress**[2]	T
tape deck:	3	Bandgerät, Kassetten-, Tonbandgerät	T
target:	3	Ziel	A,W
targeten:	3	zielen auf	A
target group:	3	Zielgruppe	A,W
taser:	3	Elektroschocker	A,G
task:	3	Aufgabe, Auftrag	A,I
taskbar:	3	Aufgabenleiste, Funktionsleiste	I
task force:	2	Eingreiftruppe, Projektgruppe	A
Taskleiste:	3	Funktionsleiste, schaltfähige Aufgabenleiste	I
task manager:	3	Aufgabenverwalter	G,W
taste:	3	Geschmack	A
tattoo:	2	Tätowierung	A,G,P
tax:	3	Steuer	W
tax-free:	3	steuerfrei	W
taxpayer:	3	Steuerzahler	W
taxpayment:	3	Steuerzahlung	W
T-bone steak:	2	*Rindskotelett,* Rinderlende am Knochen	A
tea:	3	Tee	A,W
teacake:	3	Plätzchen zum Tee	A,W
tearoom:	3	Teestube	A,W
teashop:	3	Teeladen	A,W
teatime:	3	Teezeit	A
teach:	3	lehren	G
teacher:	3	Lehrer, Betreuer, *s. a.* **coach**, **instructor**, **trainer**[1]	G
teach-in:	2	aufklärende Protestaktion	G
teaching unit:	3	Lehreinheit, Lerneinheit, Unterrichtseinheit, *s. a.* **learning unit**	G
teachware:	3	Lehrprogramm, Unterrichtsprogramm	I
Team:	1	Mannschaft, Arbeitsgruppe	G
teamer:	3	Arbeitsgruppenleiter, Referent, Seminarleiter	T
Teamarbeit:	2	Gemeinschaftsarbeit	G

| | 1 ergänzend | 2 differenzierend | 3 verdrängend |

Term	Kat.	Bedeutung	Markierung
teambuilding:	2	(Arbeits-)Gruppenentwicklung, Kollektiventwicklung	G
Teamchef:	2	Trainer *(meist Trainer ohne Lizenz im Fußball)*	S
teamfähig:	2	gruppenfähig, gemeinschaftsfähig	G
Teamgefährte:	2	Mannschaftsgefährte, -kollege	G,S
Teamgeist:	2	Gruppen-, Mannschaftsgeist, Zusammengehörigkeitsgefühl	G
team leader:	3	Gruppenleiter, Mannschaftskapitän	G,S
team manager:	3	Gruppenleiter	G
team player:	3	Mannschaftsspieler	S
team spirit:	3	Gruppen-, Mannschaftsgeist, Zusammengehörigkeitsgefühl	G
team teaching:	3	Ringvorlesung	G
teamwork:	2	Gemeinschaftsarbeit, Gruppenarbeit, Zusammenarbeit	G
teaser:	3	Aufmacher, Vorschau, Anreißer	G,I,W
technical:	3	technisch	T
technical advancement:	3	technischer Fortschritt	T
technical documentation:	3	technische Dokumentation	T
technical services manager:	3	Kundendienstmitarbeiter	G,W
technical writing:	3	technische Redaktion, Verfassen von Gebrauchsanweisungen, technisches Schreiben	T
technology:	3	Technik, Technologie *(im Deutschen traditionsgemäß Lehre von der Technik, heute aber auch gleichbedeutend mit Technik verwendet)*	T
teen, teenager, teenie:	3	Jugendliche(r)	G
teen court:	3	Schülergericht	G
teeny:	3	*wie* **teenager**, *auch:* klein, winzig	G
tele-:		Fern- *(griechische Vorsilbe)*	
telebanking:	2	fernbanken, *s. a.* **banking**	W
telecommunication:	3	Nachrichtenverbindung, Telekommunikation	W
telelearning:	3	Fernsehkolleg, Fernkurs, Fernlernen, Netzlernen	G
teleprompter:	2	Textverfolger *(für Moderatoren im Fernsehen)*	A,T,W

teleshopping:	3	Einkauf per Fernseher, Fernkauf, Fernseheinkauf	W
teleteacher:	2	Ferndozent, Fernlehrer	G
teleteaching:	2	Fernunterricht, interaktives Seminar	G
teletutor:	2	Ferndozent, Fernlehrer	G
television, TV:	3	Fernsehen, Fernsehgerät	T,W
televoting:	3	fernabstimmen, Telefonabstimmung	G
telly:	3	Fernseher, *kurz für* **television**	T,W
telex:	2	Fernschreiben	T,W
tempered glass:	3	gehärtetes Glas	T
template:	3	(Dokumenten-)Vorlage, Muster, Schablone	W
temp-to-perm:	2	Festeinstellung, Übergang in ein festes Arbeitsverhältnis	G,W
term:	3	Dauer, Laufzeit, Zeitraum	W
terms of payment:	3	Zahlungsbedingungen	W
terms of trade:	3	Handelsbedingungen	W
terminal[1]:	2	Abfertigung, Abfertigungshalle für Fluggäste, Abfertigungsrampe am Bahnhof	W
terminal[2]:	2	Datenendgerät, Endgerät	I
Test:	1	Prüfung, Versuch	T,W
Test Report:	1	Prüfbericht	T,W
test result:	3	Prüf-, Test-, Versuchsergebnis	T,W
testimonial:	3	Referenz, Zeugnis	R
textbook:	3	Schulbuch, Lehrbuch	T
textmarker:	3	Markierungsstift	A
text mining:	3	Auswertung von Textdaten, *vgl.* **data mining**	I,T
text-to-speech:	3	Sprachausgabe	I,T
that's:	3	das ist, so ist	A
theme park:	3	Themenpark, *themenbezogener Freizeitpark*	G
thesis[1]:	3	These	G
thesis[2]:	3	Abschlussarbeit	G
think:	3	denken	A
thinkpad:	3	Mobilrechner, *siehe* **notebook**[2]	I
think shop:	3	Beratungsgremium, gemeinsame Ideenproduktion	G
think tank:	3	Denkfabrik, Ideenschmiede	G
Third-Person-Perspektive:	3	Ansicht Außenstehender	G
thread[1]:	3	Faden, Gewinde	T

	1 ergänzend	2 differenzierend	3 verdrängend
thread²:	3	Diskussion, Gedankengang, Handlungsstrang *(in Internet-Diskussionsforen)*	G
three-letter code:	3	*(dreibuchstabige)* Flughafenkennung	W
thrill:	3	Spannung, Nervenkitzel	G
thriller:	3	Reißer, spannender Film, spannendes Buch	G
thumb:	3	Daumen	A
thumbnail¹:	3	Daumennagel	A
thumbnail²:	3	Vorschaubild *(wörtlich: Daumennagel)*	I
thumbwheel:	3	Rändelstellrad	I,T
Ticker:	1	Laufbandnachricht	T,W
ticket¹:	3	Strafmandat, Strafzettel	G
ticket²:	3	Eintrittskarte, Fahrkarte, Flugschein, Karte	G
ticketing:	3	Eintrittskarten(vor)verkauf, Buchung	S,W
ticket booth:	3	Kartenverkaufsstelle	W
ticket counter:	3	Fahrkartenschalter	G
ticket hotline:	3	Kartentelefon, Kartenfernverkauf, telefonischer Kartenvorverkauf	G,W
ticket office:	3	Kartenverkauf	G
ticket service:	3	Kartendienst, Kartenverkauf	W
tie¹:	3	Krawatte, Schlips	G,R,W
tie-in:	3	Werbegeschenk	W
tie²:	3	Unentschieden	S
tiebreak:	2	Entscheidungsspiel *(Überwindung des Unentschiedens beim Tennis, s. a.* **break**³*)*	S
tights:	3	Strumpfhose, (hautenge, lange) Sporthose	R,S
tilt:	3	kippen, neigen, abstürzen	A,T
time:	3	Zeit, Zeitraum, Zeitpunkt, Dauer	A,T
timen:	3	zeitlich abstimmen, *zeiten*	G,T,W
timer¹:	3	Adress- und Notizbuch, Terminkalender	W
timer²:	3	Schaltuhr, Zeitgeber	G,T
timeframe:	3	Zeitrahmen	A
timing:	3	Zeitplanung	G,W
time is money:	3	Zeit ist Geld	A,W
time lag:	3	Zeitkrankheit, *s. a.* **jet lag**	W
timeless:	3	zeitlos	A
timeline:	3	Zeitschiene	G,I,T
time management:	3	Zeiteinteilung, Selbstorganisation, *Steuerung des Zeitablaufs*	G
time-out¹:	3	Ausfallzeit, Auszeit, Spielpause, Unterbrechung	A,S
time-out²:	3	Zeitgrenze	I,S

Time-Planer:	3	Kalender, Terminkalender, Terminplaner	W
time scale:	3	Zeitmaßstab	T
time-sharing[1]:	3	Zeitverteilung *auf mehrere Sachen, Angelegenheiten*	G
time-sharing[2]:	2	Zeitzuteilung, Zeitverteilung *(für Arbeit, Wohnungs- oder Gerätenutzung)*	T,W
time shift:	3	Zeitversatz, Terminänderung	T,W
time-shift TV:	2	zeitverschobener, zeitversetzter Fernsehempfang	G
timeslip:	3	Zeitverschiebung, zeitversetzte Ausstrahlung, zeitversetztes Fernsehen	T
timeslot:	3	Zeitfenster	W
timetable:	3	Fahrplan, Zeitplan	W
time-to-market:	3	Produkteinführungszeit	W
time board:	2	elektronische Zeiterfassung	I,T
Tintenkiller:	3	Tintenlöscher	A
tip[1]:	3	Anregung, Hinweis, Tipp, Wink	A
tip[2]:	3	Trinkgeld	A
tip top:	3	fein, tadellos, tipptopp	A
tipping point:	3	Umkipp-Punkt, Kipp-Punkt	T
tissue[1]:	3	Gewebe, Kosmetiktuch, Papiertaschentuch	W
tissue[2]:	3	Bindegewebe, Gewebe	T
tissue engineering:	2	Gewebezüchtung, Züchtung menschlicher Organe	T
toast[1]:	2	rösten	A
Toastbrot:	1	Röstbrot	A
Toaster:	1	Brotröster	A
toast[2]:	3	Trinkspruch	G
tobacco:	3	Tabak	G,W
to be continued:	3	Fortsetzung folgt	A,G
to-dos:	3	zu Erledigendes	A,W
to-do list, To-do-Liste:	3	Aufgabenliste, Erledigungsliste	A,G,W
toffee:	2	(Weich-)Karamell	A
to go:	3	zum Mitnehmen	R
to-go business:	3	Laufkundengeschäft	A,W
toilet:	3	Toilette	A,G
token[1]:	3	Anzeichen, Gutschein, Spielmarke, Wertmarke	W
token[2]:	2	Lexem *(Hauptbezeichnung)*, lexikalisches Element, Sprachelement	I,T
toll:	3	(Wege-, Brücken-, Hafen-)Gebühr	W

		1 ergänzend 2 differenzierend 3 verdrängend	
Toll Collect:		(EN) Mauterhebungsfirma	W
tollfree:	3	gebührenfrei	W
toner:	3	Druckerfarbe, (Drucker-)Farbpulver	T
tongue twister:	3	Zungenbrecher	G
tonic, tonic water:	2	Chininlimonade	R,W
too:	3	auch, zusätzlich	A
tool¹:	3	Werkzeug, (Hilfs-)Mittel	T
toolbar:	3	Hilfsmittel-, Symbol-, Werkzeugleiste	I
toolbox:	3	Werkzeugkiste	T
tool kit, tool set:	3	Werkzeugsatz	T
tool²:	3	(Hilfs-)Programm	I
top¹:	2	*spitze*, brilliant, hervorragend	A
toppen:	3	steigern, übertreffen, überbieten	A
topping:	3	*(essbare)* Garnierung (auf Speisen)	A
top act:	3	Hauptauftritt, Hauptereignis	A
top case:	3	(abnehmbarer) Motorradkoffer, -gepäckbehälter	T
top down:	3	von oben, abwärts, *s. a.* **bottom up**	A,T
top-down-communication:	3	Abwärtskommunikation	T,W
topfit:	2	in Spitzenform	A
top girl:	3	Spitzenmodell	A
top jobber:	3	Spitzenkraft	A,W
toplist:	3	Hitliste, *s. a.* **hit list**	A
top management:	3	Führungsspitze, oberste Führungsebene eines Unternehmens	A,W
topmodisch:	3	hochmodisch, letzter Schrei	A,R
top news:	3	Spitzenmeldungen, wichtigste Nachrichten	A,G
top scorer:	3	Punktejäger, Punktemacher, Torjäger, Trefferkönig	S
top-secret:	3	streng geheim, strengste Geheimhaltung, vertraulich	A,G
top seller:	3	Spitzenverkäufer, Verkaufsschlager	A,W
top-sharing:	3	Aufteilung von Führungspositionen	W
top shop:	3	Klasseladen, Spitzengeschäft	A,W
top story:	3	Spitzen-Artikel	A,G
top team:	3	Spitzenmannschaft	A,S
top ten:	2	die ersten Zehn	A,G
Topthema:	3	Schlagzeile, Spitzenthema	A,G

top²:	3	Oberteil, ärmel- *oder* trägerloses Hemd	R
topless:	3	*oben ohne*, barbusig	R
topic:	3	Thema, Gegenstand	G,T,W
top-level domain:	2	Länderkennung, Bereichskennung *(Teil der Internetadresse), s. a.* **domain²**	I
topspin:	3	Drall	S
tornado:	3	(starker) Wirbelsturm *(im südlichen Nordamerika)*	A
torque:	3	Drehmoment	T
total costs:	3	Gesamtkosten, Bruttokosten	W
total cost of ownership (TCO):	3	Lebenszeitkosten, Gesamtbetriebskosten	W
total sell, sale:	3	Komplettausverkauf	W
tote bag:	3	Henkeltasche	A
touch:	3	Anflug, Anstrich, Berührung, Hauch	A
touchdown:	3	Punkt *beim* **American football**	S
touch & travel:	3	Mobilbuchung, Funkbuchung	W
touch in / touch out:	3	einbuchen / ausbuchen	W
touchpad:	3	Tastfeld	I
touchpoint:	3	Berührungspunkt *(Mobilfunk-Buchungsstation der Verkehrsbetriebe)*	W
touch-screen:	3	Berührungsbildschirm, Tippschirm	I
tough: *englische Schreibung*	3	robust, taff, zäh	A
toughline:	3	Straffseil	S
toughlining:	3	Straffseilsport, Straffseillauf	S
Tour: *(d.A.)*	1	Abstecher, Ausflug, Reise	A,W
touren¹:	1	reisen, unterwegs sein	A,W
touren²:	1	Auftritt von Künstlern, Musikern in verschiedenen Städten	A
tourer:	3	Tourenrad	A,S
touring:	3	Reise	A,W
touring service:	3	Reisedienst	W
tourist:	3	Reisender, Tourist, Urlauber	A
tourist guide:	3	Reiseführer *(Person oder Buch)*, Stadtplan	A,W
tourist office, tourist service:	3	Fremdenverkehrsamt, Tourismusbüro, Touristeninformation	W
tournament:	3	Wettkampf, Turnier	S

	1 ergänzend	2 differenzierend	3 verdrängend
tower¹:	3	Turm, *auch symbolisch*	G
tower²:	3	Turmgehäuse	I
tower³:	2	Kontrollturm *(am Flughafen, Sitz der Fluglotsen)*	T
town:	3	Stadt, *vgl.* **downtown**	G
town house:	3	Reihenhaus, Stadthaus	G
township:	2	Bezirk, Gemeinde *(speziell bei Ureinwohnersiedlungen in der Republik Südafrika)*	G
townhall-meeting:	3	Bürgerforum, Bürgerfragestunde	G
toy:	3	Spielzeug	A,G
toyboy:	3	junger Gespiele, Spieljunge	G
TP:	3	*(Abk. für)* **traffic program** *(siehe dort)*	T
trace:	3	aufspüren, (Ablauf) verfolgen, nachvollziehen, Spur	A,G
traceability:	3	Rückverfolgbarkeit	T
track¹:	3	Spur, Datenspur	G,I
tracker:	3	Verfolger	A,I,T
track and field:	3	Leichtathletik	S
trackball:	3	Spurball, Kugelmaus	I
tracklist:	3	Titelliste	G,I
trackpad:	3	Sensorfeld *(zur Mauszeigersteuerung)*, *s. a.* **touchpad**	I
trackwheel:	3	(Such-)Laufrädchen *(an der Maus)*, (Ein-)Stellrädchen *(an elektrischen Geräten)*	I
track², tracking:	3	jemanden jagen, verfolgen	A,G
trackback:	2	Rückverfolgung	A,I
tracking software:	3	Überwachungsprogramm	I
track³:	3	Musiktitel *(z. B. auf einer Platte)*	A,G,P
trade:	3	Geschäft, Handel	A,W
traden:	3	*(an der Börse)* handeln	W
trader:	3	Händler	W
trading:	3	Handel *(Börse)*	W
trading floor:	3	Handelsparkett	W
trademark:	3	Marken-, Warenzeichen	W
trade-off:	3	Zielkonflikt, Kompromiss, Ausgleich	W
trade union:	3	Gewerkschaft	G
traffic¹:	3	Verkehr	W
traffic jam:	3	(Verkehrs-)Stau	A,T

traffic-message channel:	3	Verkehrsmeldungskanal	T
traffic program, TP:	3	Staumelder	G
traffic²:	3	Datenaufkommen, Datenverkehr	I
trail:	3	Pfad, (schmaler) Fuß- oder Radweg	A,S
trailrunning:	3	Geländelauf, *s. a.* **crossrunning**	S
trailer¹:	3	Anhänger, Wohnwagen	T
trailer²:	2	Vorschau	G
trainee:	3	Auszubildender, Anzulernender, Azubi, Lehrling	G,W
Trainer¹:	1	Ausbilder, Betreuer, Übungsleiter, *s. a.* **coach**	G,S
trainer²:	2	*(in CH auch kurz für:)* Trainingsanzug	A,S
Training:	1	Ausbildung, Schulung, Übung	G,S
training manager:	3	Ausbildungsleiter, Leiter Weiterbildung	G,W
training on the job:	3	Ausbildung am Arbeitsplatz	G,W
train the trainers:	3	Ausbildung der Ausbilder	G,S
tramp:	3	Landstreicher, Mensch auf Wanderschaft	G
trampen:	2	per Anhalter fahren, *s. a.* **hitchhiking**	A,G
tramper:	2	Anhalter, Autostopper	A,G
tramway:	3	Straßenbahn	W
tranquillizer:	3	Beruhigungsmittel, Antidepressivum, Besänftiger	T
transceiver:	2	kombinierter Sender und Empfänger, *Übertrager*	T
transfer:	3	Übermittlung, Überweisung, Überführung, Wechsel	W
transfer protocol:	3	Übertragungsprotokoll *(etwa im Internet)*	I
transfiguration:	3	Umgestaltung, Verwandlung	A,G
transient:	3	durchgehend, flüchtig, vergänglich, vorübergehend	A
translation:	3	Übersetzung	G
translator:	3	Übersetzer	G
transmitter:	3	Sender, Umformer	T
transponder:	3	Reaktionsschaltkreis	I
trash:	3	Abfall, Müll, Schund	G
trashy, trashig:	3	kitschig, Schund-, wertlos	A

		1 ergänzend 2 differenzierend **3 verdrängend**	
trash film:	2	Schrottfilm	G
trash talk:	3	Gelaber	A
travel:	3	Reise	W
traveln:	3	reisen	A
traveler (AE), traveller: (BE)	3	Reisender	W
travel agency:	3	Reisebüro	W
travel center:	3	Reisebüro	W
traveler's check (AE), traveller's cheque: (BE)	3	Reisescheck	W
travel lock:	3	Einschaltsperre; Reisesperre	A,T
travel management:	3	Reisestelle, Reiseplanung	W
travel manager:	3	Reiseorganisator *(professioneller)*	W
travel service:	3	Reisedienst *(Deutsche Post)*	W
travel shop:	3	Reisebüro	G,W
trawl:	3	Schleppnetz	W
Trawler:	1	Schleppnetzboot, -dampfer, -kutter	W
treasurer:	3	Kämmerer, Schatzmeister	G,W
treatment:	3	Behandlung, Handhabung, Handlungsskizze	T,W
treck, trekking:	3	(Langstrecken-)Wandern, Wildniswandern	G,S
trekking (cross) bike:	2	(bequemes) Geländerad	A,S
Trenchcoat:	1	Wettermantel	R
Trend:	1	Entwicklung, Richtung, Tendenz	G,W
trendy:	3	dem Zeitgeist folgend, in Mode, modisch, trendig, zeitgemäß	G,W
trend check:	3	Tendenzumfrage	W
Trendfrisur:	3	modische Frisur	R
trend letter:	3	Fortschrittsbericht	G,W
trend line:	3	Entwicklungsverlauf	G,W
trend scout:	3	Modekundschafter, Trendjäger	G,W
trendsetter[1]:	3	Schrittmacher *(für eine bestimmte Entwicklung)*, Vorreiter	G,W
trendsetter[2]:	3	Vorreiter, Wegbereiter	G,W
Trendsport:	2	Modesport	S
trial:	3	Probe, Probelauf, Versuch	T,W
trial and error:	2	*(lernen durch)* Versuch und Irrtum	A

tricksen:	1	täuschen, überlisten	A
tricky:	2	durchtrieben, listig, trickreich, verschlagen	A
trigger:	2	Auslöser, Auslöseimpuls, Abzug *(Schusswaffe)*	T,W
triggern:	2	auslösen, einleiten, aktivieren	T,W
trike:	3	Motordreirad	T
Trip¹:	1	Ausflug, Reise	A
Trip²:	1	Drogenrausch	P
triple:	3	Dreifachsieg eines Sportlers	S
triple A:	2	(beste) Bonitätsbewertung	W
trivia:	2	Bagatelle	G
trolley:	3	Karren, Rollkoffer, Wagen *(in vielen Verbindungen*: Einkaufs-, Förder-, Hand-, Labor-, Servier-)	T
trolley bus:	3	Oberleitungsbus	T
trophy:	3	Trophäe, Pokal	S
tropical:	3	tropisch	T,W
trouble:	3	Ärger, Aufregung, Schwierigkeit, Unannehmlichkeit	A
troublemaker:	3	Querulant, Streithammel, Störenfried	A,G
trouble sheet:	3	(schriftliche) Fehlermeldung	I,T
troubleshooter:	3	Problemlöser, Schlichter, Vermittler	A,G
troubleshooting:	3	Störungsbehebung, Problemlösung	A,I
trousers:	3	Hose	A,R
troyer:	3	Kragen-Pullover	G
truck:	3	Laster, (Schwer-)Lastkraftwagen, LKW	W
trucker:	3	*Brummifahrer,* Fern(last)fahrer, Lastwagenfahrer, LKW-Fahrer	A,G,W
truck system:	3	Entlohnung durch Naturalien, Tauschhandel	W
truck wash:	3	LKW-Waschanlage	W
trunks: (BE)	3	Herrenunterhose	A
trust¹:	3	trauen, vertrauen, sich verlassen auf	W
trust center:	3	Zertifizierungsstelle, Vertrauenszentrum	G,W
trust receipt:	3	Vertrauensbescheinigung	G
trust²:	2	Kartell, Syndikat, Unternehmenszusammenschluss	W
trustee:	3	Treuhänder	W
try:	3	Versuch, versuchen	A
try it:	3	versuch es, probiere es aus	A
try-out:	3	Versuchs-, Erprobungs-	A,T

	1 ergänzend	2 differenzierend	3 verdrängend
T-shirt:		Trikothemd, T-Hemd	R
tumble dryer:		Wäschetrockner, *s. a.* **dryer**	T
tumbler:		Wäschetrockner	T
tune:		abstimmen, einstellen, *s. a.* **pimp**^{2}	S,T
tuner:		Rundfunkgerät, Empfänger	T
tuning^1:		Abstimmung, Einstellung, Verschönerung	A
tuning^2:		frisieren, *aufmotzen (eines Motors zur Leistungssteigerung)*	T
Turf: *(englische Lautung)*	Pferderennbahn, *(engl. Rasen)*		S
turkey:		Puter, Truthahn	A
turn:		Drehung, Runde, *Segel*-Törn, Wende	A,S
turnaround:		Umkehr, Umschwung, Wende	A
turning point:		Wendepunkt	W
turnkey:		schlüsselfertig, betriebsbereit	G,W
turnover:		Umsatz	W
turntable:		Schallplattenspieler	T
tutorial:		Kurs, Einführung, Einführungskurs, Lehrgang	W
TV:		*(Abk. für)* **television** *(siehe dort)*	T
TV guide:		Fernsehprogramm, Fernsehzeitschrift, Programmführer	A,G
TV movie:		Fernsehfilm	A,G
tween:		Jugendliche(r) zwischen 9 und 14 Jahren	A,G
tweening:		(spezielle) Animationstechnik, *s. a.* **morphing**	T
tweet:		Twitter-Nachricht	G
tweeter:		Hochtöner	T
twen: (PA)		Mitzwanziger, *PA existiert im Englischen nicht*	A,G
twins:		Zwillinge	G
Twinset:		(Damen-)Strickkombination *(pseudoenglisch, deutsche Wortschöpfung)*	G
twist^1:		drehen, winden	A
twister:		Tornado, Windhose, Wirbelwind	T
twist-off:		Drehverschluss, Schraubdeckel	T
Twist^2:		(EN) Gesellschaftstanz	G
Twitter:		(EN) Blitzblog, Kurzblog, *s. a.* **blog**	I
twittern:		blitzbloggen *(wörtl.: zwitschern, schnattern, s.* **bloggen***)*	I
two:		zwei	A

two-coloured (BE), **two-colored:** (AE)	ᛂ zweifarbig	A
two-in-one:	ᛂ zwei in einem	A
two-tone, **two-toned:**	ᛂ zweifarbig	A
tycoon:	ᛂ Großindustrieller, Industriemagnat, Wirtschaftsgigant	W
type[1]:	ᛂ Buchstabe, Druck, tippen *(auf der Tastatur schreiben)*	T,W
type[2]:	ᛂ Art, Typ	A

U

überpacen:	3	zu schnell sein	A,S
ubiquitous computer:	2	Überallrechner, Ubiquitärrechner	I
ultralight:	3	ultraleicht *(Flugzeug)*	T
unaccompenied minor, UM:	3	alleinreisendes Kind	G,W
umpire:	3	Schiedsrichter, *s. a.* **referee**	S
UMTS:	2	*(Abk. für)* **universal mobile telecommunication system** *(siehe dort)*	T
UMTS-stick:	2	UMTS-Stift, *s. a.* **stick**	I,T
un-:	3	*Vorsilbe* un- in	A
unbias(s)ed:	3	unparteiisch, unvoreingenommen	A
unbundled, unbundelt:	3	entbündelt *(z. B. Energieversorgung)*	T
unbundling:	3	Entbündelung *(von Energieerzeugung, -übertragung und -lieferung)*	T
uncompress:	3	entpacken, auspacken	I
uncool:	3	uninteressant, langweilig, spießig	A
undo:	3	rückgängig (machen)	A,I
uneconomic:	3	unwirtschaftlich	W
unemployed:	3	arbeitslos, *s. a.* **jobless**	W
unfair:	1	regelwidrig, unanständig, ungerecht, *vgl.* **fair**	S,W
unfriendly takeover:	3	feindliche Übernahme	W
unlike:	3	verschieden von, unähnlich	A
unlimited:	3	unbegrenzt, uneingeschränkt	W
unlock:	3	offen, öffnen	A,T
unplugged:	3	ausgestöpselt *(nichtelektronisch verstärkte Musik)*	G,P
unprintable:	3	druck-ungeeignet, nichtabdruckbar	G,I
unseasonable:	3	unzeitig, *(zeitlich)* unpassend	G
unship:	3	Ladung löschen	W
untouchable:	3	unberührbar	G
unzippen:	3	entpacken	I
under:	3	*Vorsilbe* unter-	A
undercover:	3	geheim, unerkannt, verdeckt ermittelnd	G
Undercover-Agent:	3	Geheimagent, V-Mann, Spitzel	G

undercut:	3	(Preis) unterbieten	W
underdog:	3	Außenseiter, Benachteiligter, Unterlegener	G
underdressed:	3	unpassend, zu einfach angezogen, *s. a.* **overdressed**	A
underfashion:	3	Unterwäsche	R
underground¹:	3	Untergrund, geheim, Widerstand	G
underground² : (BE)	3	U-Bahn	W
underline	3	Unterstrich	A
under-performer:	3	Wertpapier mit unterdurchschnittlicher Entwicklung	W
underpriced:	3	unterbewertet	W
understanding:	3	Verstehen	A
under-statement:	3	tiefstapeln, Untertreibung	A,G
under way:	3	unterwegs, auf dem Weg, in Arbeit	A
underwear:	3	Unterwäsche	R
underwriter:	3	Unterzeichner, Versicherer, Versicherungsagent	W
unique:	3	einmalig, einzig	A
unique selling point, USP:	3	Alleinstellungs-Merkmal, Freistellungsmerkmal	W
unique selling proposition, USP:	2	das einzigartige Verkaufsargument	R
unit¹:	3	Abteilung	G,W
unit²:	3	Einheit	G,T
united:	3	vereinigt, vereint, gemeinsam	G
unit³:	3	Aggregat, Baueinheit, Bauteil	T
unit⁴:	3	Lerneinheit, Kapitel	G
universal mobile telecommunication system, UMTS:	2	*(neuer)* Mobiltelefonstandard *(u.a. für* **MMS***)*	T
universal serial bus, USB: *(englische Lautung und Schreibung)*	3	universeller serieller Bus *(d.A.)*, USB	I,T
university:	3	Hochschule, Universität	G,T
up-¹:	3	*Vorsilbe* auf-, bis zu, oben, *in*	A

	1 ergänzend	2 differenzierend	3 verdrängend
update:	3	Aktualisierung, Aufrüstung *(vor allem bei Rechnerprogrammen)*; Erneuerung, Fortschreibung	I,T
updaten:	3	aktualisieren	I,T
upgespaced:	3	abgefahren, abgehoben, *s. a.* **abgespaced**	A
upgrade:	3	Auffrischung, *s. a.* **downgrade**	I,T
upgraden:	3	nachrüsten, verbessern, höher stufen	I,T
uploaden, upload:	3	laden, hochladen	I,T
upshot:	3	Ausgang, Endergebnis, Resultat	A,W
upside-down:	3	kopfstehend, kopfüber, umgedreht, umgekehrt	A
Upside-Down-Gabel:	3	auf den Kopf gestellte, umgekehrte Teleskopgabel	T
uptime:	3	Betriebszeit, Klarzeit *(von Rechnersystemen)*	I
up²:	3	auf, bei	A
up-and-coming:	3	auf dem aufsteigenden Ast, vielversprechend	A,G
up-and-down:	3	auf- und absteigend, -nehmend, auf und nieder	A
uptake:	3	Aufnahme, Verstehen	G
up-to-date:	3	aktuell, auf dem neuesten Stand, modern, zeitgemäß	A,G
uprate:	3	Hochladerate *(Übertragungsgeschwindigkeit eines Internetanbieters zum Hochladen von Dateien)*, vgl. **downrate**	I
up to you:	3	liegt bei dir / bei Ihnen	A
upper¹:	3	Ober-	A
upper class:	3	Oberklasse, Oberschicht	G
uppercut:	3	Aufwärtshaken, Kinnhaken	S
upper²:	2	Aufputschmittel, Amphetamin, *s. a.* **downer**	A,P
ups and downs:	3	Auf und Ab, Erfolge und Tiefschläge, *Aufs und Abs*	A
urban legend:	2	Ammenmärchen, Wandermärchen	A
urban mining:	2	Bergbau auf der Abfallhalde	W,T
usable:	3	anwendbar, brauchbar, geeignet	A
usability:	3	Gebrauchstauglichkeit	A,I,T
USB:	3	*(Abk. für)* **universal serial bus** *(siehe dort)*	I,T
USB-stick:	3	USB-Stift, Speicherstift, Datenstift*s. a.* **stick**, **memory-stick**	I,T
use:	3	nutzen, gebrauchen	A
user¹:	3	Anwender, Nutzer, Benutzer	A,W

usage:	3	Behandlung, Gebrauch	A,W
use case:	3	Anwendungsfall	W,I
user account:	3	Benutzerkonto, Kennung, Benutzerzugang *(zu Rechner oder Netz)*	I
user id:	3	Benutzerkennung	A,I
user helpdesk:	3	zentrale Nutzerhilfe	I
user profile, profile:	3	Benutzerprofil(-datei)	I
user test:	3	Anwendertest	A,W
user²:	3	Rauschgiftkonsument	A,G
usenet:	2	Datennetzwerk, *weltweites Netz für Diskussionsforen, s. a.* **newsreader²**	I
USP:	3	*(Abk. für)* **unique selling point** *bzw.* **uique selling proposition** *(siehe dort)*	W
utility¹:	3	Dienst-, Hilfsprogramm	I
utility²:	3	Versorgung	T,W
utility drive:	3	Hilfsantrieb *(besonders in Flugzeugen)*	T
U-turn:	3	U-Wende, Kehrtwende	A

V

valid:	3	gültig	A
validity:	3	Gültigkeit *(z. B. von Messergebnissen)*	W
value:	3	Wert	A,W
value added:	3	Mehrwert, Wertschöpfung eines Unternehmens	W
value-added tax, VAT:	3	Mehrwertsteuer, MwSt.	W
value analysis:	3	Wertanalyse	W
value-at-risk:	3	Verlustpotenzial	W
value chain:	3	Wertschöpfungskette	W
value control:	3	Wertkontrolle	W
value driver:	3	Wertgenerator, Werttreiber	W
value for money:	3	geldwerte Leistung, (gutes) Preis-Leistungs-Verhältnis	W
value sourcing:	3	Wertschöpfung im Einkauf	W
Vamp:	1	erotische Verführerin	A,G
Van:	1	Kleinbus, Lieferwagen	T
van jumping:	3	Lückenspringen *(gefährliches Überholen von Lastwagen)*	W
vanity:	3	Eitelkeit	G
vanity fair:	3	Jahrmarkt der Eitelkeit	G
vanity number:	3	personifizierende Telefonnummern *oder* Kennzeichen	G,T
variable:	3	variabel, veränderlich	A,T,W
variation:	3	Abweichung, Änderung, Variation	T,W
variety:	3	Auswahl, Mannigfaltigkeit	A,W
variety seeking:	3	was Neues ausprobieren	G,W
various:	3	viel, vielfältig, verschieden, verschiedenartig	A
VAT:	3	*(Abk. für)* MwSt., *siehe* **value-added tax**	W
vegetable:	3	Gemüse	A,G
velvet:	3	Samt	R
vend:	3	verkaufen	W
vendor:	3	Verkäufer	W
venerable:	3	ehrwürdig	G
venture:	3	mutiger Einsatz, Risiko, Wagnis, *s. a.* **joint venture**	W

venture capital:	3	Risikokapital, Wagniskapital, Beteiligung bei Firmengründungen, Beteiligungskapital	W
venture capitalist:	3	Risikoanleger	W
ver-:		deutsche Vorsilbe ver-, verbunden mit deutsch konjugierten engl. Verben in	
verchartern:	1	vermieten *(meist eines Schiffs oder Flugzeugs)*, s. a. **chartern**	A,W
vergagt:	3	voller Scherze, witzig, *vgl.* **gagig**	A
verlinken:	2	*durchverweisen,* verknüpfen, mit Verweisen versehen, s. a. **link**²	I
verslumen:	2	verelenden, verfallen, zum Elendsviertel verkommen	A,G
versnobt:	1	angeberhaft, prahlerisch, s. a. **snob**	A
vertrusten, Vertrustung:	3	monopolisieren, Monopolisierung, *vgl.* **trust**²	W
verifier:	3	Prüfer, Prüfgerät, Überprüfer	T
very:	3	sehr, viel, besonders	A
vibes:	3	Ausstrahlungen, Schwingungen	T
vibrations:	3	Schwingungen, Vibration	T
vice president:	3	Vizepräsident	G,W
victory:	3	Sieg	G
Video:		Video *(lat.: ich sehe)*, wird in Verbindung mit Anglizismen verwendet, z. B. in **home video** und	
video blog, vlog:	3	Netztagebuch mit Videosequenzen	I
video card:	3	Videokarte, Videoplatine	I,T
video chat:	3	Videodiskussion, -konferenz, Bildtelefonieren	I,W
video clip:	2	Kurzfilm, Kurzvideo, Videozusammenfassung	G
video game:	3	Telespiel, Videospiel	A,G,T
video-jockey, VJ:	3	Moderator(in) von Musiksendungen, Videoclip-Präsentator	G
videomessaging:	3	Videodiskurs *(Austausch)*	I,W
video on demand:	3	Filmabruf, Video auf Abruf	A,G
videophone:	3	Bildtelefon	T
Videorecorder:	1	Gerät zur Aufnahme und Wiedergabe von Filmen	T
video podcast:	2	Video-Internetsendung, s. a. **podcast**	T

	1 ergänzend	2 differenzierend	3 verdrängend

videotape:	3	Videoband, Videofilm	T
video trailer:	2	kurzer Videofilm, Kurzvideo	G
video wall:	3	Videowand	T
view:	3	Ansicht, Anblick, Aussicht, Blick	A
viewer^1:	3	Betrachter, Zuschauer	A,G
viewer^2:	2	Betrachtungsprogramm, *Betrachter*	I
viewer^3:	2	Sucher, Lesegerät	T
village^1:	3	Dorf, Gemeinde, *s. a.* **global village^2**	G
village^2:	3	(Stadt-)Viertel	G
vintage:	3	altmodisch, klassisch *(Bekleidung, Auto: siehe* **oldtimer***), auch:* Jahrgangswein	A
vintage car:	3	Autoveteran, *s. a.* **Oldtimer**	T,G
violence:	3	Gewalt	G
VIP:		*(Abk. für)* **very important person** = sehr wichtige, prominente Person	G
VIP lounge:	2	Prominenten(ruhe)raum *(auf Flughäfen und Bahnhöfen)*	G,W
virgin^1:	3	Jungfrau	G
virgin^2:	3	alkoholfrei *(bei Cocktails)*	G
virtual:	3	virtuell	A
virtual community:	3	Internetgemeinde	I
virtual life:	3	rechnererzeugtes "Leben"	I
virtual private network, VPN:	3	virtuelles, privates Netz	I
virtual reality:	2	erdachte, virtuelle Realität, Scheinwirklichkeit	I
vision^1:	3	Vision	A,G
vision^2:	3	Erscheinung, Vision	A,G
visions:	3	Gewinnversprechen, Erwecken von Gewinnerwartungen *(bei Anlegern)*	W
visibility:	3	Sichtbarkeit	A
visit:	3	Besuch, besuchen, besichtigen	A,G
visitor:	3	Besucher	A,G
visitor attraction:	3	Sehenswürdigkeit	A,W
visualizer:	2	grafischer Ideengestalter, Sichtbarmacher	T
vital^1:	3	lebenswichtig, unerlässlich	A
vital^2:	3	lebendig, gesund, munter, vital	A
vlog:	2	ladbare Bilddatei *(von bewegten Bildern)*	I,T
V-neck:	3	V-Ausschnitt	R
vocals:	3	Gesang	G

vocal-coach:	3	Gesangslehrer	G
vocal coaching:	3	Gesangslehre, Stimmbildung	G
vocal group:	3	A-cappella-Gruppe, *im Jazz für:* Gesangsgruppe	G
vodcast:	2	*siehe* **video podcast**	T
voice:	3	Sprache, Stimme, Äußerung	A,G
voice box:	3	(Telefon-)Anrufbeantworter, *s. a.* **answering machine**	T
voice chat:	3	Telefonkonferenz, Gesprächsrunde *(mit Sprechverbindung), im Gegensatz zu* **chat**	I,W
voice commerce:	2	Fernsprechhandel, *gesprochene Beantwortung von Kauf- bzw. Suchanfragen (per Mobiltelefon)*	I,W
voice data:	3	Sprachdaten	I,T
voice mail:	2	Sprechpost, gesprochene Nachricht	I,T
voice message:	3	gesprochene Mitteilung, Sprachmitteilung, Sprachnachricht	I,T
voice over IP, VoIP:	2	Internettelefonie	I,T
voipen:	2	Internet telefonieren	I,T
voice recorder:	2	Stimmaufzeichner *(in der Flugzeugkanzel)*	T
void:	3	Leere, leer, ungültig	W
volley:	2	im Fluge *(Ballannahme)*	S
Volleyball:		(EN) Prellball, Flugball, *s. a.* **beach volleyball**	S
volume^1:	3	Lautstärke	T
volume^2:	3	Ausgabe, Auflage, Band, Jahrgang (z. B. einer Zeitschrift)	G,W
volunteer:	3	Freiwilliger, ehrenamtlicher Helfer	G
vote:	3	Wahl, Stimmabgabe, Stimme, Zustimmung, Abstimmung	G
voten, vote:	3	abstimmen, wählen	G
voting:	3	Abstimmung, Wahl	G
vote getter:	3	Stimmenfänger, Wahlgewinner	G
voucher:	2	Gutschein	A,W
voyage:	3	Reise *(auch französisch)*	W
voyager:	3	Reisender	W
VPN:	3	*(Abk. für)* **virtual private network** *(siehe dort)*	I

W

waste watchers:	3	Müllwächter, Müllstreife	E
wait:	3	warten	A
wait-and-see:	3	warten und wachen, lauern	A
waiter:	3	Kellner	A
waiting room:	3	Warteraum, Wartezimmer	A
wakeboard:	3	(Wasserski-)Gleitbrett, Wasserbrett	S
wake-boarding:	3	Wasserbrettfahren	S
wake-up:	3	aufwecken, Aufwachen, Wach auf!	A
wake-up call:	3	Weckruf	A
walk:	3	Gang, gehen	A
walken:	2	gehen, marschieren, *sportgehen,* sportlich gehen	A,S
walker:	2	Geher, *Marschierer, Sportgeher,* sportlicher Geher	A,S
walking:	2	Sportgehen, Kraftgehen *(nicht die Leichtathletikdisziplin „Gehen")*	S
walking stick:	3	Wanderstab	A,S
walkie-talkie:	2	*(tragbares)* Funksprechgerät	T
walking acts: (auch **walk act,** walkact)	3	Straßenkleinkünstler, (auch Straßenpantomime)	G
walking bus:	2	Schulweggeleit	G
walking character:	3	Maskottchen, Plüschcharakter *(z. B. in Freizeitparks oder bei Sportveranstaltungen)*	G
walkman: (PA)	2	Kassettenspieler *(tragbar),* s. a. **discman** und **iPod**	P
walk-through:	3	Laufgeschäft *(auf der Kirmes oder im Freizeitpark)*	W
wall:	3	Mauer, Wand	G
wallpaper:	3	Bildschirmhintergrund *(Bedeutungserweiterung von* **wallpaper** *= Tapete)*	I,T
Wall Street:		(EN) „Mauerstraße" in New York, Sitz der dortigen Börse	W
want:	3	fordern, wünschen, wollen	A
wanted:	3	gesucht (wird)	A,G
WAP:	2	*(Abk. für)* **wireless application protocol** *(siehe dort)*	I,T

wappen:	2	mit Mobiltelefon ins Internet	A,I
war:	3	Krieg	G
war games:	3	Kriegsspiele	G
warlord:	3	Kriegsfürst, Kriegsherr	G
warehouse:	3	Lager, Speicher	A,W
warm:	3	warm, wärmen	A
warm-up:	3	aufwärmen, *(sich)* warm machen	A,S,T
Warming-up-Phase:	3	Aufwärmphase	I,W
warm-upper:	2	Anheizer, Stimmungsmacher	G,P
warning:	3	Achtung, Warnung	A,G
warrant:	3	Lagerschein, Anteilschein, Befugnis, Garantie(schein), Optionsschein *(Börse)*	W
warranty:	3	Gewährleistung	G
warrior:	3	Krieger	A
wash:	3	Wäsche, waschen, *s. a.* **car wash**	A
wash-and-go:	3	waschen und fertig	A
wash-and-wear:	3	bügelfrei	A,R
washboard:	3	Waschbrett *(Rhythmusinstrument)*	G
wash out:	3	verwaschen, verblassen, verschwimmen	A
waste¹:	3	öde, unbebaut	A
waste²:	3	Müll	A,G
waste management:	3	Abfallentsorgung	G,W
watch¹:	3	Uhr, Armbanduhr, Taschenuhr	T
watch²:	3	Aufsicht, beobachten, Wache	A,G
watcher:	3	Aufpasser, Beobachter	A,G
watchcam:	3	Überwachungskamera, *auch:* Spannerkamera	I,T
watchlist:	3	schwarze Liste, Überwachungsliste	A,G
watchman¹:	3	*(tragbarer)* Kleinstfernseher	T,W
watchman²:	3	Nachtwächter, Wachtposten	G
water:	3	Wasser	A
waterboarding	3	simuliertes Ertränken *(Foltermethode)*	A
water cooler:	3	Wasserkühler, Wasserspender	T
watermarking:	3	Wasserzeichen(-markierung)	I
waterproof:	3	wasserdicht	A,T
water screen:	3	Wasserwand	G
wave:	3	Welle	A,T
way¹:	3	Straße, Weg	A,W
way²:	3	Art, Weise	A,G

	1 ergänzend	2 differenzierend	3 verdrängend
way of life:	3	Lebensart, Lebensweg	A,G
WBT:	2	*(Abk. für)* **web(-based) training** *(siehe dort)*	G,I
weak:	3	schwach, schwächlich	A
wealth management:	3	Vermögensverwaltung	W
weaning station:	3	Entwöhn(ungs)station *(in Kliniken)*	T
wear¹:	3	Kleidung *(in vielen Wortverbindungen)*	R
wear²:	3	tragen	A
wearable computer:	3	*(in der Kleidung tragbarer)* Kleinstrechner	W
wearable computing:	3	Rechnertragbarkeit	T
weather:	3	Wetter, Witterung	G
weatherproof:	3	wetterfest	R,W
web:	2	Netz, Weltnetz	I
web(-based) training, WBT:	2	Netzlernkurs, Internetlektionen, *Teil des* **e-learning**	G,I
webcam:	2	Netzkamera	I,T
web card:	2	*Postkarte mit Hinweis auf einen Netzstandort*	G,I
web cast:	2	(interaktives) Netzreferat *(von Spezialisten)*	G,I
webciety:	3	Netzgesellschaft	I
web clipping:	2	*Übertragung von Internetinhalten auf Minirechner ohne Netzanschluss*	I
web design:	2	Netzgestaltung	I
web designer:	3	Netzgestalter	I
web-fähig:	2	netzfähig	A,I
webhits:	2	Standortzugriffe *(im Internet)*	I
webhoster:	3	Anbieter für Speicherplatz	I
webhosting:	3	Netzdienstleistung	I
weblog:	2	(digitales) Netztagebuch, *s. a.* **blog**	G,I
web-logging, web-blogging:	2	Netztagebuchschreiben, Selbstdarstellen (im Netz), *s. a.* **bloggen, blogging**	G,I
webmaster:	3	Netzwart, Netzbetreuer	I
webpad:	3	Netz-Surfbrett	I
webpage:	2	Netzseite	I
Webpreis:	2	Netzkaufpreis	A,I,W
web publishing:	2	Netzpublikation, Internetveröffentlichung, Verbreitung von Informationen im Internet	I

web service:	2	*(erweiterter und vereinheitlichter)* Netzdatendienst	I
web sharing:	3	Netzfreigabe	I
web shop:	3	Internetladen	I
website:	2	Netzauftritt, Netzstandort	I
webspace:	3	(persönlicher) Netzspeicher	I
web special:	2	Internet(sonder)angebot, Netzangebot	I,W
websurfer:	2	Weltnetznutzer	A,I
web-TV:	2	Netzfernsehen	A,G
webwasher:	2	Netzfilter	I
webzine:	3	Netzzeitschrift	I
week:	3	Woche	A,G
weekend:	3	Wochenende	A,G
weekender:	3	Wochenendgepäck	W
weekend feeling:	3	Wochenendgefühl, Wochenendstimmung	A,G
weekend of sport(s):	3	Sportwochenende	A,G
weekly soap (opera):	3	wöchentliche Seifenoper, *s. a.* **soap opera**, **daily soap**	A,G
wegzappen:	2	(Sender) wegschalten, *s. a.* **zappen**	A
weight:	3	Gewicht, Last	T,W
weight concept:	2	Gepäckbegrenzung nach Gewicht *(bei Flugreisen)*, *s. a.* **piece concept**	G,W
weight watcher:	3	Gruppentherapie zur Gewichtsabnahme, Übergewichtstherapie	G,T
Weinguide:	3	Weinführer	W
welcome:	3	willkommen	A
welcome package:	3	Begrüßungs-, Startpaket	R,W
welcome-party:	3	Willkommensparty, Begrüßungsparty	G
well:	3	gut, in Ordnung	A
wellness:	3	Wohlgefühl, Erholung	A,G
wellness-center:	2	Wohlfühloase	A,G
wellness drink:	3	Gesundheitsgetränk	A
wellness-programm:	3	Wohlfühlprogramm	A,G
well-done:	3	durchgebraten *(Steaks)*; gut gemacht, prima	A,G
well-dressed:	3	elegant, richtig gekleidet	A,G

	1 ergänzend	2 differenzierend	3 verdrängend
Werbebreak:	3	Werbepause, Werbeunterbrechung, Reklamepause	W
Werbe-Pop-up:	2	Aufspringwerbung	I,R
Werbespot:	1	*(kurzer)* Werbebeitrag, Werbeeinblendung, s. a. **spot**²	R
west end:	3	eleganter Stadtteil	G
wet-look:	3	Feuchtoptik, Nassoptik	A,R
whalewatching:	3	Walbeobachtung *(touristische Attraktion)*	G
wheel:	3	Rad, Reifen	T
whirlpool:	2	Sprudelbad	A,T
whisper:	3	flüstern	A
whistleblower:	3	Informant, Alarmbläser	G
white:	3	weiß, hell	A
whiteboard:	3	Schreibtafel	G
White-Collar-Kriminalität:	3	Schreibtischverbrechen *(in Politik und Wirtschaft)*	G,W
white noise:	3	weißes Rauschen	T
white pages:	3	Telefonbuch *(wörtlich: Weiße Seiten)*	A,G
white paper:	3	Weißbuch	G
white space:	3	Leerzeichen, Leerraum	A,I
who is who:	2	Wer ist wer?, Prominenz, was Rang und Namen hat	G
whole:	3	ganz, vollständig	A
wholesaler:	3	Großhändler	W
wholesale rates:	3	Großkundenhandelspreise, Reiseveranstalterpreise, Verhandlungspreis	W
whopper:	3	Mordsding, Riesending; Mordskerl, Pfundskerl	A
why not:	3	warum (auch) nicht	A
widescreen:	3	Breitbild(format) *(in Fernsehen und Kino)*	T
wide area network, WAN:	3	weitreichendes Anwendernetz	I
widget:	2	Dialogelement, Steuerelement, Bedienelement	I
wireless application protocol, WAP:	2	Zugriffstechnik von Mobilfunk auf Internetinhalte	I,T
wild:	3	wild, Wild	G,W
wildcard:	3	Freilos, Platzhalter, Zusatzstartrecht	I,S
wildlife:	3	Tier- und Pflanzenwelt	G
win:	3	gewinnen, Sieg, Triumph, triumphieren	A
winner:	3	Gewinner, Sieger	A,S

winner and loser:	3 Gewinner und Verlierer	A
Wintyp:	3 Gewinnertyp, Siegertyp	A,G
win-win-Situation:	3 Vorteilspartnerschaft	W,G
win-win-Strategie:	2 Zwei-Gewinner-Strategie	G,W
wind:	3 Wind	A
windbreaker:	3 Windjacke	R
wind-chill:	3 gefühlte Kälte, gefühlte Temperatur	G
windfallpofit:	3 unverhoffter Gewinn	W
windsurfen:	2 brettsegeln, standsegeln, vgl. **surfen**[1]	G,S
window:	3 Fenster	I,T
window (air) bag:	2 Fensterprallkissen, s. a. **airbag**	A,T
window co(u)lors:	3 Ausmalfarben	G
window-dressing[1]:	3 Schaufensterdekoration	R
window-dressing[2]:	3 Bilanzverschleierung, Manipulation von Wirtschaftsstatistiken	W
window-shopping:	3 Schaufensterbummel	A,G
wing:	3 Flügel, Tragfläche	T
win-win (win/win):	3 zu beiderseitigem / aller Vorteil	A,W
wire:	3 Draht, Kabel	A,T,I
wireless:	3 Funk ...	A,T
wireless local area network, WLAN:	2 drahtloses lokales Netzwerk, s. a. **local area network**	I
wish:	3 wollen, wünschen, erhoffen	A
wishlist:	3 Wunschliste	A,G
witness:	3 Zeuge	G
wizard:	3 Assistent *(meist zur Installation oder Einrichtung von Anwendungen)*	I
WLAN:	*(Abk. für)* **wireless local area network** = drahtloses lokales Netzwerk	I
woman, women *(Plural)*:	3 Frau, Dame	G
womanizer:	3 Schürzenjäger, Weiberheld	A,G

		1 ergänzend	2 differenzierend	3 verdrängend
women's lib(eration):	2	Frauenemanzipationsbewegung		G
women's wear:	3	Damenbekleidung		R
wonder:	3	Wunder		A
wonderbra:	2	Stütz-BH, *s. a.* **Push-up-BH**		A
wonderful:	3	wundervoll, erstaunlich		A
wood:	3	Gehölz, Holz		A,G
woofer:	3	Tieftöner		T
wool:	3	Wolle		W
woopie:	2	wohlhabende(r) Rentner(in)		G
word:	3	Wort, Nachricht		A,G
wording:	3	Sprachregelung, Formulierung		G
word-of-mouth-Effekt:	3	Mund-zu-Mund-Kommunikation		R
word processing:	3	Textverarbeitung		I
wordrap:	2	Blitzwort		A,G
work:	3	Arbeit, arbeiten		G
workaholic:	3	Arbeitssüchtiger, Arbeitstier		G
workaround:	3	Umweglösung, Behelfslösung		A
workbook:	3	Arbeitsbuch		A
work camp:	2	Arbeitslager *(ohne negative Bedeutung)*		G
workflow:	3	Arbeitsablauf		G,T,W
workflow management:	3	Arbeitsablaufgestaltung		G,T,W
work force:	3	Belegschaft		G,W
working capital:	3	arbeitendes Kapital, Nettoumlaufvermögen		W
Working-Holiday-Visum:	3	Aufenthalts- und Arbeitserlaubnis *(z. B. für Australien, Japan, Neuseeland)*		G
working poor:	3	Schlechtverdiener, Niedriglöhner		G
work in progress:	3	in Arbeit		A
work-life balance:	2	Arbeit und Freizeit im Einklang		G
workload:	3	Arbeitslast		G,W
workout:	3	Konditionstraining		S
workpackage:	3	Arbeits-, Leistungs-, Aufgaben-, Auftrags-, Forschungspaket		G,T,W
work paper:	3	Arbeitspapier, Entwurf, Vorentwurf		G,W
workplace:	3	Arbeitsplatz		G

Der Anglizismen-INDEX 267

worksheet:	3	Arbeitsblatt, Tabellenblatt *(bei Tabellenkalkulationsprogrammen)*	I,W
workshop¹:	3	Werkstatt	T
workshop²:	2	Arbeitstagung, *Arbeitstreff,* Kurs, Seminar	G,W
work simplification:	3	Arbeitsvereinfachung	W
workstation:	3	Arbeitsplatzrechner	I
workwear:	3	Arbeitsanzug, Arbeitskleidung	R
world:	3	Welt, Erde	G
world cup:	3	Weltmeisterschaft, Weltpokal	S
world-famous:	3	weltberühmt	A
world trade:	3	Welthandel	W
worldwide:	3	weltweit, -umspannend	A
worship:	3	Anbetung	A,G
worst case:	3	schlimmster Fall, ungünstigste Annahme	W

WORST CASE MIT MOUSE

wrap¹:	3	einwickeln, einpacken, verpacken	A
wrapper¹:	3	Hülle, Umschlag, Verpackung	T,W
wrapper²:	3	Packer(in)	T,W
wrapper³:	2	Schnittstellenhülle (*z. B. NDISWrapper*)	I
wrap industry:	3	Verpackungsindustrie	W
wrap²:	3	(gefüllte) Teigtasche	A

		1 ergänzend 2 differenzierend 3 verdrängend	
wrestle:	3	ringen	S
wrestler:	3	Ringer	S
wrestling:	3	Ringen, *vgl.* **catch-as-catch-can**, **catchen**	S
wristphone:	3	Handgelenktelefon	T,W
write:	3	(nieder-)schreiben	A
writer:	3	Schreiber, Schriftsteller	G
write off:	3	abschreiben	W
wrong:	3	falsch, fehlerhaft, unzutreffend	A
wrongdoing:	3	Übertretung, Rechtsverletzung	A,G
WWW:		*(Abk. für)* **World Wide Web** = weltweites Netz	I

X

X¹:	③	*(Abk. für)* sehr, z. B. **XS**, **XL**, **XXL**: *Kleidergrößen, siehe auch* **extremely**	G
X²:	③	*(Abk. für)* Kreuz, Kreuzung, *z. B.:* **X-ing** *(für crossing)*: Kreuzung, **X-roads** *(für cross roads)*: Kreuzung, **BMX**: *Bike-Motocross – auch Abkürzung für:* **ex-** *(ohne eigene dt. Bedeutung)*	A,G
x-by-wire:	③	*(variable)* elektronische Antriebssteuerung *(bei Kfz)*	T
X-chromosome:	③	Geschlechtschromosom, X-Chromosom	T
XL (extra large):	③	*(Abk. für)* **extra large** Kleidergröße sehr groß	A
X-mas:	③	*(Abk. für)* Weihnachten, *siehe* **Christmas**	A
X-ray:	③	Röntgenstrahlen, *auch für:* Röntgenschirm, Röntgenbild	T
XXL (extremely large):	③	*(Abk. für)* **extremely large** Kleidergröße übergroß	A
XXX:	③	Porno-, Sexfilm *(Bewertungszeichen der amerikanischen Filmaufsichtsbehörde für extreme Pornofilme)*	G

1 ergänzend **2** differenzierend **3** verdrängend

Y

year:	**3** Jahr	A,G
yearly:	**3** jährlich	A
yellow:	**3** gelb	R
yellowback:	**3** Billigtaschenbuch	R
yellow pages:	**3** Branchenbuch, Gelbe Seiten	G
yellow press:	**3** Klatschpresse, Regenbogenpresse	R
yesterday:	**3** gestern	A
young:	**3** jugendlich, jung	A,R
youngster[1]:	**3** Junger, Jugendlicher	A,R
youngster[2]:	**3** Neuling, Jüngster *(jüngster Teilnehmer an einem Sportwettkampf)*	A,R,S
young fashion:	**3** junge Mode, Mode für junge Menschen	R
young professional:	**3** Berufsanfänger	G,W
youngtimer:	**2** jüngerer Autoveteran, *im Gegensatz zum* **oldtimer**	A,T
youth:	**3** Jugend	A,R
youth bulge:	**2** demografischer Jugendüberschuss, Jugendüberhang	W
youth center:	**3** Jugendzentrum, Haus der Jugend	G
youthful:	**3** jugendlich	A,G
youth hostel:	**3** Jugendherberge	A,G
Yuppie *(Akronym für "**y**oung **u**rban **p**rofessional people"):*	**1** Karrierist (Akronym: young urban professional people = junger „smarter" Stadtbewohner)	A,G

Z

zappen:	1	durchschalten, herumschalten	A,G
Zapper:	1	Programmspringer, Senderwechsler	A,G
zero:	3	Null, Grundwert	A,T
zero-based budgeting:	3	Nullbasisbudgetierung	W
zero-bond:	2	abgezinste Anleihe, Null-Kupon-Anleihe, *Null-Prozenter (Börse)*	W
zero-defect:	3	fehlerfrei *(Produktion)*	T
zero tolerance:	3	Nulltoleranz, s. a. **broken windows**	G
zip, zipper:	3	Reißverschluss	A,T
Zipp-off-Hose:	3	Abtrennhose	A,T
zippen:	2	komprimieren, packen, verdichten	I
zombie:	2	Untoter, Scheintoter, Wiedergänger *(willenlos wandelnde Leiche)*	A,G
Zoom^1:	1	*Gummilinse,* Varioobjektiv	T
zoom^2, zoomen:	1	*(meist stufenlos)* verkleinern *oder* vergrößern	T
Zuckerflash:	3	Zuckerschock, Zuckeranfall	G

4 Textbeiträge
4.1 Anglizismen, die in die Irre führen
Gerhard H. Junker

Anglizismen wie „Ticket" verdrängen nicht nur gute und aussagekräftige deutsche Wörter, sondern häufig ganze Wortfelder (Fahrkarte, Eintrittskarte, Flugschein, Kinokarte, Knöllchen); sie verflachen nicht nur die deutsche Sprache und verderben ihre Aussagekraft, sondern sie führen auch in die Irre. Betroffen sind vor allem deutschsprachige Besucher in den Mutterländern der englischen Sprache, wenn sie Pseudo-Anglizismen gebrauchen, die es im Englischen nicht oder nicht in der Bedeutung gibt, in der sie in den deutschsprachigen Ländern gebraucht werden.

Im „Konzept" des Anglizismen-INDEX heißt es deshalb: "Zudem kann der INDEX deutsche Besucher englischsprachiger Länder vor der Peinlichkeit bewahren, Pseudoanglizismen zu verwenden, die im Original-Englisch nicht vorkommen oder eine völlig andere Bedeutung haben."
Im Folgenden werden 10 krasse Fälle aufgezeichnet und besprochen.

airbag:
(Webster's Unabridged Dictionary) → *an inflatable plastic bag mounted under the dashboard or on the back of the front seat of a car: it cushions the driver and passengers by inflating automatically in the event of collision*

Der „airbag" nimmt eine Sonderstellung ein, denn er ist sowohl in der englischen wie in der deutschen Version eine Fehlinformation der Öffentlichkeit. Denn nicht Luft schießt beim Aufprall des Fahrzeuges in den „bag" (= Sack) ein, sondern ein Explosionsgas, entstanden durch die Zündung eines Festbrennstoffes, und zwar ein giftiges – zumindest in der Frühphase seiner Anwendung.

Der „air bag" ist ein früher Bote der Anglomanie, falls man seinen Erfindern nicht bewusste Täuschung der Öffentlichkeit unterstellen will. Erste Versuche zur Entwicklung eines Sicherheitssystems für Kraftfahrzeuge wurden in den 60er Jahren des vorigen Jahrhunderts in den USA durchgeführt, auch ein Patent auf das entwickelte Gerät wurde erteilt – aber das Gerät arbeitete mit Druckluft und erfüllte den Zweck nicht: Die Luft strömte beim Aufprall nicht schnell genug in den Luftsack ein. Erst die danach von Daimler-Benz (DB) begonnene Entwicklung war erfolgreich, sie basiert auf Pyrotechnik; das beim Aufprall des Fahrzeuges durch die Zündung eines Festbrennstoffes entstehende Explosionsgas schießt in Millisekunden in das Kissen ein. 1971 wurde darauf DB das deutsche Patent 2152902 C2 erteilt: Der *funktionierende* Airbag" ist also eine deutsche Erfindung! Die ersten Fahrzeuge mit diesem Sicherheitssystem wurden auf der IAA 1980 von DB vorgestellt, zunächst noch unter der Bezeichnung „Luftsack". Erstes mit einem „Airbag" ausgerüstetes Auto war der Mercedes-Benz W126 (S-Klasse). Der „Luftsack" war in „Airbag" umbenannt worden. Müßig zu fragen, ob man schon damals in Stuttgart meinte, eine Fehlinformation ließe sich dadurch kaschieren, dass man sie auf Englisch gibt.

Der Anglizismen-INDEX nennt seit seiner ersten Ausgabe 2002 dieses nützliche Gerät funktionsgerecht „Prallkissen". Eine allgemeine Verbreitung dieser Fakten würde die Einführung der Benennung „Prallkissen" sicher fördern.

blockbuster
(Webster's Unabridged Dictionary). → *an aerial bomb containing high explosives and weighing from four to eight tons, used as a largescale demolition bomb*

Wenn Ihnen, verehrte Leser, der „Blockbuster", der heute gedankenlos als Synonym für „Kassenschlager" verwendet wird, schon einmal begegnet ist, dann gehören Sie der Kriegsgeneration an und zu den Glücklichen, die diese Begegnung überlebt haben. Als Synonym für „Kassenschlager" gebraucht, stellt er eine Taktlosigkeit gegenüber den Opfern des Luftkrieges im 2. Weltkrieg dar. Durch die tonnenschweren Luftminen, genannt „blockbuster" (= Wohnblockknacker), sind im Zweiten Weltkrieg Tausende von Menschen umgekommen. Wenn ihn die Nachfahren englischer und amerikanischer Bomberpiloten verwenden, muss man das hinnehmen, von Deutschen jedoch nicht. Auch die, denen die Schrecken des Luftkrieges erspart geblieben sind, müssten sie kennen, aus den Büchern von Ralph Giordano und Jörg Friedrich (Der Brand) oder von Sendungen im Fernsehen. Schätzungen gehen von 600.000 Opfern aus. Maßgeblich beteiligt waren daran diese „Blockbuster", die ganze Straßenzüge in Schutt und Asche gelegt haben, bevor nachfolgende Phosphorbomben die verheerenden Feuerstürme entfachten.

body bag:
(Webster's Unabridged Dictionary) → *large bag made of heavy material and used to transport a dead body, as from a battlefield to a place of burial (Webster's Unabridged Dictionary).*

Der „*body bag*" ist ein makaberes Beispiel in der Serie von Anglizismen rund um den „body", die der Englischwahn gezeugt hat; denn „body" ist im Englischen nicht nur der Körper (ohne Kopf und Extremitäten), sondern wird auch ohne das Adjektiv „dead" als menschliche Leiche verwendet. Das schert offenbar den Ladenbesitzer nicht, wenn er in seinem Schaufenster eine Umhängetasche als „body bag" auszeichnet, der im Englischen ein Leichensack ist, in dem z. B. die im Irak und in Afghanistan umgekommenen GIs zum Heldenfriedhof in Arlington geflogen wurden.
Textbeispiel aus Wikipedia: *„Body Bags (zu deutsch: Leichensäcke) ist ein US-amerikanischer TV-Horrorfilm von John Carpenter und Tobe Hooper aus dem Jahr 1993.*

happy hour:
(Wikipedia) → *Die Happy Hour (englisch für Glückliche Stunde) bzw. Blaue Stunde ist diejenige Stunde des Tages, ab der dem gesellschaftlichen (englischen) Comment gemäß nach Arbeitsende der Konsum von Alkohol angemessen ist und gestattet erscheint.*

Die „glückliche Stunde" entpuppt sich in diesem Land oft als „Nepp-Stunde", wenn die Teilnehmer von Bus- und Schiffsfahrten zurückkommen, auf denen ihnen nicht nur billige Getränke verabreicht wurden, sondern bei denen ihnen eloquente Verkäufer alle Arten von Ramschware aufgeschwätzt hatten, an deren Kauf sie vor Antritt der Happy-Hour-Fahrt nie gedacht hätten.

Mac:
(Duden) → *keltisch, »****Sohn****« (Bestandteil von schottischen [oder irischen] Namen [z. B. MacLeod]; Abk. M', Mc)*

Die Vorsilbe „Mac" oder abgekürzt „Mc" bedeutet also in (ursprünglich) keltischen Familiennamen „Sohn des", ebenso wie die Nachsilbe „son" in germanischen. Trotzdem wird derzeit in der deutschen Geschäftswelt alles Mögliche „ver-mact". Man fasst sich an den Kopf und fragt sich, was in die Protagonisten dieser Mac-Welle gefahren ist; ihre „Mac-Sucht" ist eine der verrücktesten Auswüchse der Anglomanie in diesem Land. Spitzenreiter der Verrücktheit ist der „McClean" fürs Bahnhofsklo – also der Sohn des „Sauber", sprich des „Sauber-*Machers*" (und der Klofrau). Selbst die Deutsche Post schämt sich nicht, diesen Blödsinn mitzumachen und ihre Papierwarenläden McPaper zu nennen – also „Sohn des Papiers": Wo soll die Mac-Sucht" enden? Bei „McGermany"?

oldtimer:
(Concise Oxford English Dict) → *informal a very experienced or long-serving person. North American an old person --*
-- vintage car → *an old style or model of car*

Es empfiehlt sich also nicht, mit einem alten Brezel-VW nach England zu fahren, vor allem wenn man keine „old person" ist, denn der „Oldtimer" ist ein typischer Pseudo-Anglizismus, erfunden schon bevor die große Anglizismen-Welle die deutschen Strände erreicht hat.

public viewing:
(Wikipedia) → *Im amerikanischen Englisch bezeichnet p.v. die öffentliche Aufbahrung eines Verstorbenen*

Ein amerikanischer Tourist muss schockiert sein, wenn er hierzulande in den Medien und auf Plakatwänden mit „public viewing" konfrontiert wird, das die Ausrichter der Fußballweltmeisterschaft 2006 in Deutschland statt „Freilichtfernsehen" unters Fußballvolk gebracht haben, weil auch sie meinten, Weltoffenheit demonstrieren zu müssen. Hätten sie sich die Mühe gemacht, in einem englischsprachigen Lexikon nachzuschauen, sie hätten gemerkt, dass es den Begriff im britischen Englisch gar nicht gibt und dieser im amerikanischen Englisch die öffentliche Aufbahrung prominenter Verstorbener bedeutet.

rail & fly:
(Langenscheidt) → *to rail = schimpfen, lästern, fluchen*

Wenn man sich über die fortwährenden Verspätungen im Zugverkehr ärgert, wäre diese aus zwei Verben bestehende Aufforderung der Deutschen Bahn sicherlich ein angemessener Spruch; denn er heißt wörtlich übersetzt „schimpf und fliege". Was die Deutsche Bahn jedoch meint, ist „rail & flight", also „Schiene und Flug". Man sollte meinen, Unternehmen wie die Deutsche Bahn sollten ein paar Anglisten auf ihrer Gehaltsliste haben, die sie vor solchen peinlichen Fehlleistungen bewahren. Auch fiel ihr in ihrem „Denglischwahn" nicht mehr ein, dass es für ihr Angebot das treffliche „Zug zum Flug" gäbe.

shooting star:
Concise Oxford English Dict. → *a small, rapidly moving meteor burning up on entering the earth's atmosphere*
Langenscheidt → Sternschnuppe

„Shooting star" ist und bleibt eine Sternschnuppe, die beim Eintritt in die Erdatmosphäre verglüht, auch wenn die Dudenredaktion sie bereits in den Fremdwort-Duden als „Person od. Sache, die schnell an die Spitze gelangt; Senkrechtstarter" aufgenommen hat. Man fragt sich warum uns in unseren Medien dieser Pseudo-Anglizismus aufgeredet wird, wenn es doch den „Senkrechtstarter" gibt, denn zu verglühen wünschen sich die so bezeichneten doch gewiss nicht.

slip:
(Webster's Unabridged Dictionary) → *a woman's undergarment, sleeveless and usually having shoulder straps, extending from above the bust down to the hemline of the outer dress*

Da wäre der deutsche London-Tourist der Düpierte; er müsste sich als Transvestit vorkommen, wenn ihm bei einem Londonbesuch die Unterhosen ausgegangen wären und er im „Harrods" einen „Slip" kaufen wollte, wo ihm als slip ein Damenunterrock präsentiert wird.

Diese Beispiele sind freilich die ärgerlichsten der mehr als 7.400 aus der Sammlung der im aktuellen VDS-Anglizismen-INDEX 2012 verzeichneten Anglizismen der Allgemeinsprache. Doch sie stiften Verwirrung bei denen, die Englisch lernen wollen oder die auf Reisen Englisch sprechen müssen, weil sie entweder falsches Englisch sind oder weil ihre Verwendung in diesen Ländern als instinktlos gelten muss.

Dennoch ist auch der Gebrauch von rund 80 Prozent der dort verzeichneten Anglizismen ein Ärgernis, weil sie existierende gute deutsche Wörter oder ganze Wortfelder verdrängen. Oder gibt es einen vernünftigen Grund, warum ein Laden ein *shop*, ein Ereignis ein *event*, ein Glanzlicht ein *highlight* oder eine Fahrkarte, eine Entrittkarte, ein Flugschein, ein Strafmandat jetzt ein Allerwelts-*Ticket* sein soll? – Ganz zu schweigen von unserer wunderbar anschaulichen Zeitlupe, die nun einer umständlichen *slow motion* weichen soll.

Dieser Beitrag ist eine Überarbeitung des Aufsatzes „Blockbuster und andere Zumutungen" im Anglizismen-INDEX (2008), IFB Verlag Deutsche Sprache (ISBN 978-3-931263-80-5, www.anglizismenindex.de).

4.2 Schluss mit der Engländerei
Eine Polemik

Patrick Keck

„In den letzten Jahrzehnten hat sich das Deutsche allzu widerstandslos als eine Art Dorftrottel unter den Sprachen präsentiert, der nicht richtig in der Lage ist, für aktuelle Gegenstände aus seinem angestammten Wortschatz neue Begriffe zu bilden, und sich statt dessen auf eine Weise, die ein amerikanischer Kommentator als „vorauseilende Unterwürfigkeit" bezeichnete, mit schlaffer, altersfleckiger Hand aus dem weltweit dampfenden englischen Breitopf bedient." Max Goldt

Bereits im Jahr 1899 veröffentlichte der deutsche Germanist und Lehrer Hermann Dunger eine Streitschrift mit dem Titel „Wider die Engländerei in der deutschen Sprache". Erfolg war seinem Buch allerdings nicht beschieden. Es wurde von Kaiser Wilhelm II. auf Betreiben dessen Mutter, Victoria von Sachsen-Coburg und Gotha, der ältesten Tochter von Englands Königin Victoria, verboten. Jenes Thema, das vor über hundert Jahren die Zensoren auf den Plan rief, brennt auch heute noch unter den Nägeln: die Verballhornung der deutschen Sprache durch unnötige Anglizismen. Höchste Zeit also, der Engländerei erneut den Kampf anzusagen. Mediale Sprachverhunzer, effektheischende Reklamefuzzis und globalisierungsversessene Unternehmen stehen am Anfang der Reihe: Sie haben weite Teile des modernen Lebens in ihrem eisernen, anglizismushörigen Griff. Doch auch Politik und Wissenschaft leiden zunehmend an einem offensichtlichen Sprachverlust. Unter dem Mäntelchen der Weltläufigkeit bedienen sie sich lieber eines – nebenbei bemerkt: meist erbärmlichen – Englischs, anstatt auf ein viel naheliegenderes Wunderwerk an Rhythmus, Reichtum der Ausdrucksmöglichkeiten und messerscharfer Präzision zurückzugreifen: die deutsche Sprache.

Für all jene, die darin höchstens eine partielle Sonnenfinsternis erkennen können, hält dieser Beitrag in weiterer Folge zahlreiche Beispiele bereit, die die deutsche Sprache beim Katzbuckeln zeigen. An dieser Stelle ist es wichtig zu betonen, dass ich keineswegs gegen Kreativität, Veränderung und Entwicklung im weitesten Sinne bin. Auch dass „Entwicklung" nicht automatisch eine positive Veränderung in allen Details mit sich bringt, liegt auf der Hand. Jugendliche entwickeln eigene Sprachen, die für so manchen Ästheten an Verblödung grenzen mögen, etwa wenn es in SMS-Sprech heißt, „Omg omg komm kurz on." „Oh mein Gott, oh mein Gott, komm kurz online zum chatten!" Doch was für viele an Wahnsinn grenzt, hat auch seine Sonnenseiten: Wortschatz, Phantasie, und Kreativität sind in den hoch individualisierten Jugendsprachen nachweislich stärker ausgeprägt als noch vor Jahrzehnten, als der schriftliche Austausch per Briefverkehr abgewickelt wurde.

Ihren Anfang nahm diese Entwicklung Mitte des 20. Jahrhunderts mit dem European Recovery Program – kurz: Marshallplan, benannt nach dem damaligen Außenminister und späteren Friedensnobelpreisträger George C. Marshall. Damit schufen die USA in Europa einen Markt, der nicht nur für den Export amerikanischer Güter, sondern auch für den Export der amerikanischen Kultur wie geschaffen war. Rund um den Globus wurden und werden Symbole, Gebräuche, Werte, Normen und Begriffe von den USA in den Rest der Welt exportiert. Dieses Prinzip ist naturgemäß eng an den Weltmachtstatus der USA gebunden und keineswegs ein reziproker Prozess, sondern eine kulturelle Einbahnstraße. Wie heißt es so schön: Wer zahlt, schafft an. „Amerikanisierung" ist nicht mehr und nicht weniger als ein anderer Ausdruck für „Kulturimperialismus US-amerikanischer Prägung". Die weitverbreitete Verwendung von Anglizismen ist der sprachliche Ausdruck eben jener Amerikanisierung, die den deutschsprachigen Raum voll erfasst hat. So orientiert sich heute praktisch die gesamte cineastische Unterhaltungsindustrie an der Starfabrik Hollywood; in jedem Kino dominieren amerikanische Straßenfeger, pardon *Blockbuster*. Im Radio ist hauptsächlich englischsprachige Popmusik zu hören. Die meisten Fernsehserien transportieren den *American Way of Life*. Ganz egal, welchen Sender man einschaltet oder welche Zeitschrift man aufschlägt: Anglizismen bis zum Abwinken, von *Nordic Walking* über *Mountain Biking*, *Houserunning*, *Rafting*, *Kitesurfing*, *Canyoning* und die *Fastfood*-Kultur bis zu *Convenience*-Produkten.

Während es im Zuge der 68er-Bewegung zumindest breiten ideologischen Widerstand gegen die Weltpolitik der Vereinigten Staaten – zumal in Bezug auf den Vietnamkrieg – gab, regte sich gegen das amerikanische Konsumverhalten im deutschsprachigen Raum von Anbeginn der Amerikanisierung bis heute kaum Protest. Hin und wieder hört man schwächliche Stimmen in dieser Richtung, die etwa die Wiener Kaffeehauskultur gegen Starbucks oder McCafé verteidigen wollen, aber im Großen und Ganzen lassen wir uns bereitwillig – und nicht zuletzt auch sprachlich – disneyfizieren, cocakolonisieren und mcdonaldisieren. Imitation macht eben auch vor der Sprache nicht halt, auch nicht vor der deutschen mit ihrer stolzen Geschichte. Während Karl V. noch meinte „Ich spreche Spanisch zu Gott, Italienisch zu den Frauen, Französisch zu den Männern und Deutsch zu meinem Pferd", ist es heute einem deutschen Pferd nicht einmal mehr gegönnt, einen würdigen Namen zu tragen. Stattdessen heißt es *Power Flame*, *Prescious Boy* oder *Rising Star*. Der deutsche Sprachraum hat den letzten Schritt ins sprachliche Absurdistan längst getan. Aber wen kümmert's, in der Mode herrscht schließlich *Summer Feeling*. Speziell deutschsprachige

Modezeitschriften – sorry: *Fashion Magazines* – sind mit englischen Begriffen vollgestopft. Das beginnt mit Berichten von der letzten *Fashion Week*, geht weiter über die *best-dressed* VIPs, den *Pink-Ribbon-Event* und bedeutende Anregungen von *Lifestyle*-Expertinnen bis hin zu Tipps für das *Networking*. Eine Zeitschrift zum Thema Einrichtung heißt „*Home*" – warum, weiß niemand; vielleicht, weil die Macher so gut Englisch können. Jeder *Shooting-Star* läuft mit seinem *XL-Bag* durch die Straßen der *hippsten Cities*. Am *Women's Day* verraten die *Society Ladies* die *Secrets* der *Top-Caterer* und die intimsten Geheimnisse über ihre *Homemade-Buffets*. Wer nicht weiß, wie er sich bei den *Top-Events* des Jahres *dressen* soll, informiert sich vorher beim *Promi-Outfit-Check* über die neuesten *Styling-Trends*.

Nachdem aber ein Feingeist nicht vom Brot allein leben kann, wird in den trendigsten *Locations Relax-Food* oder der *Fusion*-Küche vom Feinsten serviert. Was Frau bei all diesen aufregenden *Occasions* tragen soll, findet sie auf ausgedehnten *Shoppingtouren*: *High-Heels*, Riemchen-*Heels*, *Ankle Booties* oder doch *Overknee-Boots*? Sollen es heute *Babydoll*-Kleidchen, *Car Coats*, *Shift*kleider, *Longshirts* mit *Polka Dots* oder gar ein *Boyfriend-Blazer* in *shiny* Optik sein? Wenn Frau ins Büro geht, verleiht ihr der *Business-Look de Luxe* einen *coolen Touch*. Die Farben? Es ist eigentlich egal, ob das *Outfit* in satten *Plum*-Tönen, in *Bleached Sand* oder *Dusky-Green* gehalten ist. Hauptsache die *Basics* passen zum *trendy Look*. Wer *styling*mäßig noch immer unsicher ist, beschränkt sich zunächst besser aufs *Window Shopping*. Schließlich will niemand als *Fashion Victim* dastehen, zumal es ja durchaus sein könnte, dass man auf dem *Red Carpet* plötzlich einem *Model Scout* gegenübersteht oder gar einer echten *Celebrity*. Und was ist das Wichtigste auf dem Roten Teppich? Natürlich das richtige *Posing*, denn blöd in eine Kamera schauen kann ja jeder. Ist Ihnen eigentlich schon aufgefallen, dass es heute keine Geschäftseröffnungen mehr gibt? Das wäre auch wirklich zu banal. *Store Opening* oder *Shopening* klingt doch gleich viel weltgewandter, noch dazu, wo man dabei meistens auf *Styling*-Ikonen, *Drama-Queens* und andere *Fashionistas* trifft.

Doch nicht nur Mode- und Lifestyle-Journalisten, sondern auch Leitbetriebe wie die Österreichischen Bundesbahnen schießen in ihrem Bemühen, sich modern und weltgewandt zu geben, teilweise weit übers Ziel hinaus. Gleich vorweg: Die folgenden Begriffe sind nicht etwa in der englischen, sondern in der deutschen Version des Netzauftritts der ÖBB zu finden. Das neueste Produkt heißt *Railjet*. Gratulation! Was gibt es sonst noch? *Intercity*, *Eurocity*, *City-Shuttle*, *City Airport Train*, *Online-Ticket*, *Handy-Ticket*, *Webshop*, *Mobile Services*, *Rail Cargo Austria* und eine Anlaufstelle für *Lost & Found*. Sie verstehen nur Bahnhof? Dann beschweren Sie sich doch im *Call Center*! Immerhin muss man sagen, dass auch die ÖBB Mut zum Hybrid beweisen: *Busi-*

ness-Abteile, Presse-*Corner* und ein umfangreiches Angebot an *Snacks* & Getränken sind nur einige wenige Beispiele für das spielerisch-kreative *Wording* der ÖBB. Wer bei all diesen modernen Begriffen Lust darauf bekommen hat, Bahnfahren in Kombination mit *coolen* Veranstaltungen zu genießen, dem sei ein *Event-Ticket* wärmstens ans Herz gelegt. Währenddessen sucht das Nachrichtenmagazin „profil" nach *High Potentials*, die nach einem ausgiebigen *Check gerankt* werden. Die Besten werden schließlich *gecastet*.

Die Hoffnung stirbt zuletzt

Die soeben präsentierten *Highlights* zeigen eines ganz deutlich: Nicht die niedrige Geburtenrate ist Schuld am Bedeutungsschwund des Deutschen, sondern die seltsame Leidenschaft der Deutschen und Österreicher, ihre eigene Sprache verkommen zu lassen. Vereinfachung, Verkürzung und Verballhornung stehen an der Tagesordnung. Das Schrecklichste an der grassierenden Simplifizierungswut ist, dass die vereinfachte Sprache im Gegenzug mit Anglizismen aufgemotzt wird. Dieses unglückselige Phänomen bleibt allerdings keineswegs auf die Wirtschafts- und Alltagskultur beschränkt, sondern ist immer öfter auch bei Behörden sowie politischen und wissenschaftlichen Institutionen zu beobachten. Jene, deren Muttersprache Englisch ist, sind in diesem Szenario eindeutig im Vorteil. Selbst Menschen, die an und für sich gut Englisch sprechen, erreichen in der Zweitsprache niemals das Niveau ihrer Muttersprache. Wer die Feinheiten und Nuancen der Zweitsprache nicht kennt, bleibe lieber auf sicherem Terrain. Dass sich bei der Verwendung einer Zweitsprache die Gedankengänge des Sprechers vereinfachen, ist naheliegend. Wenn Sprache verkümmert und die Sprecher nicht ernst genommen werden, sinkt zwangsläufig sowohl das wissenschaftliche Niveau als auch das kulturelle. Sich nicht dagegen zu wehren, kommt einer Bankrotterklärung gleich. Als versöhnlichen Abschluss möchte ich Ihnen daher an dieser Stelle einige vorbildliche Aktionen präsentieren, die sich keineswegs damit abgefunden haben, diese Bankrotterklärung zu unterschreiben.

Im Bildungsbereich zählen dazu etwa der Deutsche Lehrerverband, der im Jahr 2006 eine schulische Initiative für die deutsche Sprache startete und der Arbeitskreis Deutsch als Wissenschaftssprache (ADAWIS), der „Sieben Thesen zur deutschen Sprache in der Wissenschaft" veröffentlichte. Dass sowohl schulische als auch wissenschaftliche Einrichtungen dringenden Handlungsbedarf für eine Offensive zum Wohl der deutschen Sprache orten, ist ein deutliches Zeichen dafür, woher der Wind weht. Es wird Zeit, dass auch Meinungsbildner reagieren. Doch die Hauptverantwortung dafür, dass die deutsche Sprache lebendig bleibt und laufend bereichert wird, liegt bei jedem Einzelnen von uns. Diese Eigenverantwortung nehmen zahlreiche weitere Initiativen wie der „Verein Deutsche Sprache" oder eben jenes Buch, das Sie soeben in Händen halten, wahr. Die Aktion „Lebendiges Deutsch" sammelte auf ihrer Netzplattform griffige deutsche Begriffe, die an die Stelle hässlicher, komplizierter oder allgemein unverständlicher englischer Wörter treten könnten. Die Zahl der eingelangten Anregungen war teilweise enorm. So wurden beispielsweise als deutsche Alternative für das Lehnwort Brainstorming mehr als 10.000 Vorschläge eingebracht, als treffendste deutsche Entsprechung wurde schließlich „Denkrunde" ausgewählt. Und auch die Empfehlungen für zahllose weitere Begriffe sind teils von bestechender Einfachheit, teils von außergewöhnlicher Schönheit, z. B. Prallkissen statt Airbag, Schnellkost statt Fastfood oder Punktlicht statt Spotlight. Die Aktion „Lebendiges Deutsch" zeigt, dass sich Sprache nicht bloß entwickelt, sondern bewusst gestaltet werden kann. Natürlich lässt sich über Begriffe wie „Prallkissen", „Schnellkost" oder „Punktlicht" trefflich streiten. Braucht man sie? Nicht unbedingt. Doch eines steht fest: Verwenden könnte man sie ohne Weiteres, da sie Konzepte kurz und prägnant beschreiben. Die deutsche Sprache lädt geradezu ein, durch Zusammenfügung unterschiedlicher Wörter wunderbare neue Begriffe zu kreieren.

Ein wahrer Meister der Wortschöpfung ist Martin Walser. Bei ihm werden Menschen zu „Beleidigungsspezialisten" und notorischen „Einemanderneswaszuliebetuenden". Ältere Herren, die sich in junge Damen verlieben, stürzen sich in die nächstbeste „Affärenlächerlichkeit". Die Zeit zwischen der Trennung und dem Wiederzusammensein wird zur „Hinundherzeit". Wenn nichts mehr geht, muss das „Nichtmehrweitermachenkönnen" akzeptiert werden. Alles, was noch nicht zu Papier gebracht wurde, ist das „Nochnichtverwirklichte". Wunderwörter. Wenn es eine Sprache schafft, solche präzisen Feinheiten am laufenden Band hervorzubringen, muss man sie doch einfach lieben. Was meinen Vater Edi Keck und mich selbst betrifft, fand dieses Nichtanderskönnen seinen Ausdruck in der Niederschrift unseres gemeinsamen Buches „Schluss mit der Engländerei". Das großzügige Angebot von Gerhard H. Junker, einen Beitrag für die Jubiläumsausgabe des Anglizismen-Index zu schreiben, habe ich daher mit Freude angenommen. Und ich hatte dabei, wie der Fußballer Andy Möller sagen würde, „vom Feeling her ein gutes Gefühl".

4.2 Die Suche nach dem deutschen Wort
Holger Klatte

Einleitung

Die Argumente für oder gegen das Ersetzen englischer Fremdwörter durch deutsche Entsprechungen sind in den vergangenen Jahren so häufig ausgetauscht worden, dass es manchmal müßig ist, sie immer wieder zu lesen. In vielen Veröffentlichungen, auf Papier oder in Foren im Internet, geht es mittlerweile gar nicht mehr um Sinn oder Unsinn einzelner Fremdwörter oder darum, ob es verständlichere deutsche Ausdrücke für einen Gegenstand oder einen Sachverhalt gibt. Anglizismengegner und -befürworter werfen sich gegenseitig vor, dass sie nicht das Recht hätten einander zu kritisieren. Es entsteht das Gefühl, dass niemand mehr noch ein Ohr für Begründungen hat, wenn kritisiert wird, dass andere die Kritik anderer kritisieren.

Was macht der Anglizismen-INDEX?

Es wird mit diesem Beitrag festgestellt, dass der Anglizismen-INDEX des Vereins Deutsche Sprache e.V. in dieser festgefahrenen Diskussion eine vermittelnde Stellung einnimmt. Der Anglizismen-INDEX macht Vorschläge dafür, wie englische Fremdwörter und "denglische" Bezeichnungen auf Deutsch ausgedrückt werden können. Damit wird gezeigt, dass die deutsche Sprache die Fähigkeit besitzt, für englische Bezeichnungen eigene Begriffe zu entwickeln. Angesichts der zunehmenden Bedeutung des Englischen ist es berechtigt, an dieser Fähigkeit zu zweifeln. Der Anglizismen-INDEX verdeutlicht dieses Ausmaß wie kein anderes Wörterbuch. Die neueste Ausgabe enthält 7.500 Einträge.

Keineswegs kann dem Anglizismen-INDEX entnommen werden, dass das Deutsche auf Fremdwörter verzichten kann. Etwa 20 Prozent der in dieser Liste enthaltenen Einträge werden als ergänzend oder differenzierend eingestuft: *Charter, Dumping-Preis, leasen, Match-Ball, Rowdy*.

Darüber hinaus werden viele Wörter englischen Ursprungs, die es im Deutschen gibt, gar nicht aufgeführt, weil sie nicht mehr als fremd erkannt werden: *Chips, Film, Golf, Sport, Streik*.

Andere als englische Fremdwörter kommen im Anglizismen-INDEX nicht vor. Der Anteil des Wortschatzes aus anderen Sprachen beträgt im Deutschen 30 Prozent, vor allem aus dem Griechischen, Lateinischen und Französischen. Ich muss aber diese Sprachen nicht beherrschen, um die Wörter, die meine Muttersprache daraus entlehnt hat, zu verstehen. So weiß ich, dass in der Bibliothek Bücher stehen, obwohl ich nie Altgriechisch gelernt habe. Ein bestimmter Fremdwortanteil gehört also zu den grundlegenden Eigenschaften einer Sprache und ist ihrer Weiterentwicklung förderlich. Ein Wort als Fremdwort aufzufassen, liegt zu einem guten Teil auch im Ermessen desjenigen, der es einteilt, und welches Wort richtig oder auch nur nützlich ist, bleibt häufig Ansichtssache. Was ist am Einfluss des Englischen also auszusetzen?

Seit einigen Jahrzehnten ist das Deutsche einem in der Sprachgeschichte in dieser Form und in diesem Ausmaß bisher einmaligen Einfluss durch das Englische ausgesetzt. Dies ist bis zu einem gewissen Grad nicht ungewöhnlich, weil Englisch derzeit eine wichtige Fremdsprache ist. Aber der Umfang und die Geschwindigkeit dieses sprachlichen Kontakts überschreitet die Grenzen dessen, was für die Weiterentwicklung einer Sprache und für das Verständnis der Mitglieder einer Sprachgemeinschaft normal und vernünftig ist. Aus diesem Grunde ist jede Bemühung, die auf diese gravierende sprachliche Veränderung hinweist und sie zu bremsen versucht, begrüßenswert.

Viele Einträge im Anglizismen-INDEX klingen zwar "deutsch", lösen jedoch bei den Lesern Verwunderung aus, weil sie sie möglicherweise zum ersten Mal hören: *Klapprechner, Zeithänger, Krafttrunk, Gabelfrühstück, Prallkissen*.

Das Deutsche hat, wie alle anderen Sprachen auch, die Möglichkeit, seinen Wortschatz mit den Mitteln der Wortbildung zu erweitern. Besonders ausgeprägt ist im Deutschen die Möglichkeit der Zusammensetzung von Wörtern. Dabei werden zwei oder mehr allein vorkommende Wortbestandteile zu einem Wort zusammengefügt. Besonders bei deutschen Substantiven wird die Zusammensetzung von Wörtern bevorzugt angewandt und ist uneingeschränkt produktiv. Diese Wortbildungen sind zumeist selbsterklärend und ohne Kontext verständlich.
Der Anglizismen-INDEX macht sich diese Möglichkeit der Wortbildung zu nutze. Es werden Begriffe z. T. neu gebildet, welche innerhalb der Bedeutung ihrer realen Entsprechungen liegen. Diese Begriffe werden von einer Arbeitsgruppe diskutiert, bevor sie vorgeschlagen werden. Nichts anderes haben Sprachkritiker in der Vergangenheit getan, die teilweise erheblichen Einfluss auf die Entwicklung der deutschen Sprache hatten. Es erscheint uns heute unvorstellbar, dass es Wörter wie Zufall (im 14. Jahrhundert für lateinisch accidens), Jahrhundert (für lateinisch saeculum) oder Tatsache (für englisch matter of fact) nicht gegeben haben soll.[1]

Dass einige Vorschläge des Anglizismen-INDEX durchaus akzeptiert werden, zeigen kleinere Erhebungen im Internet: Wurde der "Klapprechner" anfangs oft als Beispiel für eine misslungene Worterfindung abgetan, findet man heute über 20.000 Einträge bei Google. Es lässt sich beobachten, wie sich dieses Wort weiterentwickelt.

Warum werden Fremdwörter verwendet?

Kritik an Fremdwörtern ist im deutschen Sprachraum heutzutage fast ausschließlich Kritik an Wörtern aus dem Englischen oder dem amerikanischen Englisch. Besonders auffällig sind diese gemeinhin in der Werbung und oder bei Produktauszeichnungen, aber auch bestimmte Wortschatzbereiche (z. B. in den Medien, der Betriebswirtschaft, der EDV, im Modegeschäft) neigen dazu, Anglizismen in großer Zahl zu entwickeln und weiterzutragen. Wissenschaftliche Erhebungen dazu sind kaum vorhanden – auch weil methodische Probleme belastbare Aussagen darüber erschweren.[2] Der Einfluss des Englischen verläuft auf zwei Arten:

1. Produkte werden englisch bezeichnet, Werbebotschaften erfolgen auf Englisch.

2. Begriffe werden aus dem englischen Fachwortschatz übernommen.

Bei der ersten Form der Aufnahme ist ausschlaggebend, dass die Person, die einen Gegenstand oder Sachverhalt benennen will, Auswahlmöglichkeiten bei der Benennung oder beim Entwurf eines Werbespruchs hat. Auf welche dieser Möglichkeiten die Wahl fällt, hängt von Bedingungen ab, die bei diesem Kommunikationsprozess eine Rolle spielen. Sie ist abhängig von der Wahl der Zielgruppe, die angesprochen werden soll, oder von der Gruppe, der sich der Sprechende oder Schreibende zugehörig fühlt. Implizit wählt er in dieser Situation also diejenige Variante aus, mit der er glaubt, seine Kommunikationsabsicht am erfolgreichsten vermitteln zu können. Für ihn hat eine bestimmte Variante also einen höheren Wert als andere. Ein Beispiel aus der Fußgängerzone:

> Ein neues Schuhgeschäft bietet hochwertige Markenschuhe an und hat dabei eine gut verdienende Kundschaft ab einem Alter über 40 im Blick. Wie nennt es sich? Zur Auswahl stehen: Hit-Shoes – Schuhladen – Fachgeschäft für Fußmode – Shoes for fun – Schuhe mit Niveau.

Es liegt eine Kommunikationssituation zwischen dem Händler bzw. dem Werbenden und dem Kunden vor. Die Bezeichnungen für das Geschäft sagen im Prinzip das Gleiche aus: Hier werden Schuhe verkauft. Der Schuhverkäufer hat Auswahlmöglichkeiten je nachdem, welche Schwerpunkte er in dieser Kommunikationssituation setzen will. Wählt er eine Bezeichnung, die zum Teil oder vollständig aus Fremdwörtern besteht, dann schreibt er diesen Fremdwörtern bestimmte Merkmale zu, von denen er glaubt, dass sie seine Kunden verstehen und sich sogar besonders angesprochen fühlen.

Wir sehen also, dass es Vorüberlegungen bei der Benennung gibt. Hersteller und Werbende müssen sich voneinander abgrenzen, sie sprechen verschiedene Zielgruppen an, sie möchten allein durch ihre Benennungen Botschaften vermitteln. Und wenn ein Händler seine Schaufensterauslage damit anpreist, dass er "Sale!" daran schreibt, wendet er sich damit an diese bestimmten Gruppen, weil er vor allem eines im Sinn hat: verkaufen! Ihm ist es zunächst einmal gleichgültig, dass auch die deutsche Sprache Möglichkeiten bereithält, dieses Ziel zu erreichen. Überlegungen über den Wert einer Sprache oder darüber, dass die deutsche Sprache Schaden nehmen könnte, stellt er nicht an.

Nun ist es nicht zu vermeiden, dass die Wortwahl auch andere Teilnehmer der Sprachgemeinschaft erreicht, die der Zielgruppe nicht angehören. Hier ist festzustellen, dass jene Nachteile haben, die die gewählte Fremdsprache nicht beherrschen. Dies ist im Allgemeinen der Fall, wenn Fremdwörter nicht ausreichend in die aufnehmende Sprache integriert sind oder wenn der eigene Wortschatz in großem Umfang ersetzt wird.

Die zweite Form der Aufnahme englischer Wörter erfolgt durch die Benennung neuer Sachverhalte oder Vorgänge in einer Sprache, in der dafür kein Begriff vorhanden ist. Häufig werden für ein neues Produkt oder aus dem Fachwortschatz die englischen Bezeichnungen einfach übernommen: *Netbook, Marketing, Mailbox, Chip.*

In den vergangenen Jahrzehnten ist auffällig, dass gerade jene Kommunikationssituationen, in denen hochwertige Inhalte vermittelt werden sollen, in denen für etwas geworben wird, die jung, modern und überlegen klingen sollen, ins Englische wechseln. Es sind die angesehenen Lebensbereiche, die Wissenschaften, die (EDV-)Technik, der Tourismus, der Verkehr, große Teile der Wirtschaft, die Werbung, die Mode und die Popkultur. Dort ist z. T. "schon die Mehrzahl aller sinntragenden Wörter (im Unterschied zu den Funktionswörtern) englisch." (Zimmer 1997, S. 20). Das Deutsche liefert hier nur noch Füllmaterial.

Dürfen Angehörige einer Sprachgemeinschaft erwarten, dass die Alltags-Kommunikation in ihrer Muttersprache erfolgt? Vollständig wohl kaum, die wachsende weltweite Verflechtung aller Lebensbereiche hat natürlich sprachliche Auswirkungen. Aber wenn grundlegende Konventionen innerhalb einer Sprachgemeinschaft einseitig geändert werden, haben diese Benachteiligten mindestens einen Grund sich zu wundern, wenn nicht einen dafür, sich zu beschweren.[3] Denn wenn für sie eines der grundlegendsten Merkmale der Sprache ist, dass sie verbindet und nicht trennt bzw. ausgrenzt, dann ist die Frage nach dem Hintergrund für solche Veränderungen selbstverständlich. Der Anglizismen-INDEX drückt nichts anderes aus, als dass sich die deutsche Sprache in diesen Bereichen weiterentwickeln kann.

Darf man sich über Fremdwortgebrauch beschweren?
Sprache ist etwas, über das wir täglich verfügen. Unser Verständnis der Welt und unser Zugang zu den Dingen werden weitgehend über die Sprache geregelt. In der Muttersprache bringen wir es alle zu einer Gewandtheit, für die wir beim Erlernen einer Fremdsprache viel Aufwand betreiben müssten. Jedes Mitglied einer Sprachgemeinschaft verfügt deswegen über ein bestimmtes Wissen, oft auch nur über bestimmte Vorstellungen, die das Wesen und die Bedeutung seiner Muttersprache betreffen.

Unsere Sprache ist jedoch nicht nur unsere eigene, weil sie das Verkehrsprodukt von Generationen ist. Die Sprache, deren heutige Form Jahrhunderte alt ist, hält bestimmte Weltvorstellungen fest. Nicht zu lernen, wie man sie verbessern kann, wie man an ihr arbeiten kann, ist ein Verlust an Kultur. Ist es deswegen nicht berechtigt, sich über die Weiterentwicklung seiner Sprache Gedanken zu machen?

Denn es sollte klar sein, dass die Beschäftigung mit der Sprache die geistige Entwicklung und das Sprachgefühl fördert, dass sie zu der Einsicht führt, dass neben dem Rezipieren der unterschiedlichen Ausprägungen der Sprache im Alltag die Reflexion derselben gehört. Eine Gesellschaft, die sieht, dass die Sprache von ihren Mitgliedern geschätzt wird, dass sie in vielen Bereichen des Alltags wichtig ist, bildet ein gesundes Verhältnis zu sprachlichen und kulturellen Themen heraus.

Hinzu kommt, dass bestimmte Gruppen innerhalb einer Sprachgemeinschaft größeren Einfluss auf die Entwicklung der Sprache nehmen als andere. Medien (vor allem auch die durch das Internet entstandenen medialen Übertragungsformen), Politik, Werbung, Schule und Wissenschaft prägen eine Sprache. Deswegen ist es sogar geboten Auseinandersetzungen mit "Sprachmächtigen" zu führen, die mehr Einfluss auf eine Sprache ausüben als die Einzelnen, insbesondere dann, wenn sich öffentliche Stellen, Massenmedien oder Unternehmen an uns wenden.

Und sind nicht schon die Beschwerden über den unnötigen Gebrauch von Anglizismen Anlass genug, darüber zu sprechen? Oft wird eine Diskussion über den Sinn und Unsinn eines Wortes in Gang gesetzt. Bleibt die Sprache Thema solcher Diskussionen, wird sie lebendiger, erhält mehr Einfluss, mehr Ansehen. Nicht zu unterschätzen ist übrigens der Buchmarkt, der zu diesem Thema bedient wird. Schriften, die Themen rund um die Sprache behandeln, stehen auf den Verkaufslisten weit oben. Fast mitleidig sehen aber manche Germanisten und Linguisten auf das Lamentieren der Vereine, Stiftungen und Gesellschaften herab, die antreten, um die Sprache vor Veränderungen zu "retten". Manchmal werden sogar "schlimme Folgen" befürchtet, wenn Mitglieder einer Sprachgemeinschaft ohne Germanistikstudium glauben, sich zu ihrer Muttersprache fachlich äußern zu können, nur weil sie diese Sprache beherrschen.[4] Die Wissenschaft versucht, die Sprache, wie sie verwendet wird, zu erklären. Wie diese Sprache sein sollte, will sie unter keinen Umständen mehr sagen. Natürlich ist es richtig, wenn Sprachwissenschaftler fehlerhafte Begründungen von linguistischen Laien korrigieren. Aber wenn sich große Teile der Sprachgemeinschaft um die Zukunft ihrer Sprache sorgen, ist es überheblich, als Antwort nur abzuwinken und auf die Natürlichkeit dieser Entwicklung hinzuweisen.

Deswegen gehört auch das Herausgeben eines "Denglisch"-Wörterbuchs zu den Tätigkeiten, welche sich günstig auf die Entwicklung der deutschen Sprache auswirken können. Die Belege, dass der Index auch genutzt wird, sind zahlreich. Er liegt in mancher Zeitungsredaktion aus, wird manchmal sogar vom Chefredakteur ‚verordnet', um nach einem verständlichen deutschen Wort zu suchen, wenn ein englisches überflüssig zu sein scheint. Auch Menschen mit Deutsch als Muttersprache, die kein Englisch können, besitzen den Anglizismen-INDEX. Er reicht aus, um Anglizismen im Deutschen zu erklären und zu übersetzen. Wer sich also kein deutsch-englisches Wörterbuch kaufen möchte, kommt mit dem INDEX gut durch die Fußgängerzonen in deutschen Städten.

Vor allem aber ist er ein nicht zu unterschätzendes Argument gegenüber Werbenden und Marketingabteilungen, die sehen müssen, dass der Einfluss des Englischen die Gemüter jener bewegt, die möglicherweise zu ihren Kunden gehören.

Fazit

Die Sprachwissenschaft hält es für eine sinnvolle Form der Sprachkritik, auf Leerformeln, Euphemismen und Verschleierungsstrategien zu achten und Sprachformen zu beurteilen. Von dieser Art der Sprachkritik sind die Herausgeber des Anglizismen-INDEX nicht weit entfernt. Ihre Liste englischer Fremdwörter legt ein differenziertes Verhältnis zum Spracheinfluss dar, das jeden Verdacht der Deutschtümelei ausräumen sollte.

Denn Zuneigung zur eigenen Sprache darf man nicht unterbinden, indem man Freunde der deutschen Sprache, die in den Fußgängerzonen nur noch "Sale!" lesen und sich darüber ärgern, den Mund verbietet. Es reicht nicht, die Laien nur auf die Sprachwissenschaft zu verweisen und ihnen die Kompetenz, mitdiskutieren zu können, abzusprechen.

Praktische Ansprüche bekommt der Einsatz des Anglizismen-INDEX, wenn er sich dafür einsetzt, dass Nichtverstehen, Missverständnisse und kommunikative Konflikte, ja Rechtsfälle vermindert oder verhindert werden sollen.

Anmerkungen

1. Weitere Beispiele bei Zimmer (1997, S. 9ff.).

2. Vgl. Brinkmann, (1992), Carstensen (1995), Yang (1990). Solche Untersuchungen dürfen sich nicht auf Wörterbücher beziehen, auch Zeitungstexte liefern kein reales Bild. Ihre Grundlage muss der allgemeine Sprachgebrauch sein, denn der lebhafte Gebrauch englischer Wörter vollzieht sich vor allem in der flüchtigen Sprache der elektronischen Medien, des Gesprochenen usw.

3. Weitergehende Folgen, z. B. gesetzliche Regelungen im Verbraucherschutz bei unverständlichen Warenauszeichnungen oder verschleiernden Werbebotschaften, werden hier nur erwähnt, aber nicht weiter ausgeführt.

4. Hoberg (2002, S. 33).

Literatur

- Anglizismen-Wörterbuch. Der Einfluß des Englischen auf den deutschen Wortschatz nach 1945. Begr. v. Broder Carstensen. Fortgef. v. Ulrich Busse unter Mitarb. v. Regina Schmude. Berlin - New York 2001.

- Brinkmann, B. (Hrsg.), Ein Staat – eine Sprache? Empirische Untersuchungen zum englischen Einfluss auf die Allgemein-, Werbe- und Wirtschaftssprache im Osten und Westen Deutschlands vor und nach der Wende. Frankfurt a.M. 1992.

- Hoberg, Rudolf, Brauch die Öffentlichkeit die Sprachwissenschaft? In: Spitzmüller, Jürgen / Roth, Kersten Sven / Leweling, Beate / Frohning, Dagmar (Hg.), Streitfall Sprache. Sprache als angewandte Linguistik? Mit einer Auswahlbibliographie zur Sprachkritik (1990 bis Frühjahr 2002).

- Yang, Wenliang, Anglizismen im Deutschen, am Beispiel des Nachrichtenmagazins Der Spiegel. Tübingen 1990.

- Zimmer, Dieter E., Deutsch und anders. Die Sprache im Modernisierungsfieber. Reinbeck 1997.

4.3 Über die Sprachloyalität der Deutschen
Heinz-Günter Schmitz

65 Jahre nach Ende des Zweiten Weltkriegs wird an dessen wichtigstes weltpolitisches Ergebnis hierzulande nur selten erinnert: an die militärisch-politische Vormachtstellung und die (damit zusammenhängende) starke wirtschaftliche und kulturelle Einflussnahme der Vereinigten Staaten in Europa, zunächst in West- und nach dem Ende des Kalten Krieges auch in Osteuropa, wobei das besiegte Deutschland, d.h. zunächst die frühe und dann die um die DDR vergrößerte Bundesrepublik, dieser Einflussnahme am stärksten ausgesetzt war und ist. Deutlichster Ausdruck – und unbestechlicher Spiegel – der politischen, wirtschaftlichen und kulturell-mentalen Verhältnisse ist – wie immer – die Sprache: Die sog. Anglizismen haben, wie zahlreiche Forschungsarbeiten zeigen, in allen sozialen, geographischen, sach- und fachbezogenen und kommunikativen Teilbereichen der deutschen Gesamtsprache seit 1945 bis heute immer weiter zugenommen. Ein 2004 erschienenes Spezialwörterbuch[1] offenbart das inzwischen erreichte Ausmaß: Die in der deutschen Gemeinsprache von 1990 bis 1999 festzustellenden neuen Wörter und Wendungen sind schon zu rund 60% aus dem Angloamerikanischen entlehnt oder – als Mischbildungen oder Scheinentlehnungen – mit Hilfe angloamerikanischer Wörter oder Wortbausteine gebildet worden.[2]

Die stete Zunahme der Anglizismen bedeutet zugleich, dass bei immer mehr (neu)entlehnten Begriffen auf die Möglichkeit verzichtet wurde, sie durch eigene (Neu)Wörter (Lehnprägungen) wiederzugeben. Aus dem „mountain bike" wurde nicht mehr das „Bergrad", wie seinerzeit aus dem „pocket book" ohne weiteres das „Taschenbuch" wurde. Hinzu kommt, dass sich immer mehr Anglizismen, vor allem solche, für die es schon gleichbedeutende eigene Wörter gibt, auf deren Kosten ausbreiten oder deren Verwendung einschränken, man denke an „open air", „event", „shop" oder auch den an sich schon „eingebürgerten" älteren Anglizismus „Start" bzw. „starten", der zunehmend auch für „Anfang" und „Beginn" gebraucht wird: „Semesterstart", der Tag „startet mit Sonne". Weiter ist zu beobachten, dass die früher vorhandene Neigung, Anglizismen dem deutschen Laut-, Schreib- und Formensystem anzugleichen (vgl. „cakes" > Keks), sie also (wenn schon nicht durch Lehnprägungen) wenigstens auf diese Weise „einzudeutschen", ebenfalls stark abgenommen hat, was natürlich auch wieder mit der Allgegenwart des Englischen zu tun hat.

Mit der steten Zunahme der Anglizismen (unter weitgehender Beibehaltung ihrer „fremden" Aussprache, Schreibung und Flexion) stellt sich dann zunehmend das von Gebildeten allzuleicht übersehene Problem ihrer Verständlichkeit: Zahlreiche Anglizismen, manchmal sogar häufig verwendete, werden – wie die Forschung zeigt – von vielen Sprachteilnehmern nicht richtig oder gar nicht verstanden.[3] Doch wird dieser bedenkliche Befund von Gesellschaft und Staat ohne weiteres hingenommen (nun schon jahrzehntelang) – im Unterschied zu anderen europäischen Ländern, wo man – zumal im Bereich des öffentlichen Sprachgebrauchs, der Wirtschaft, Werbung oder Warenkennzeichnung – mit Sprachgesetzen und vergleichbaren Maßnahmen das Recht des Bürgers auf eine allgemeinverständliche Sprache sicherstellt.

Dass der amerikanische Einfluss auf die deutsche Sprache (und zugleich auf die gesamte deutsche Kultur) seit 1945 so übermächtig ist und bis heute so wenig Widerstand findet, ist außer auf die totale Kriegsniederlage und die lange Okkupation ganz wesentlich auch darauf zurückzuführen, dass viele der für das kulturelle Profil der Bundesrepublik Verantwortlichen durch die (noch selbsterlebte) zwölfjährige Diktatur in der jüngsten deutschen Geschichte die *gesamte* deutsche Geschichte entwertet und kompromittiert sahen (bzw. zu sehen veranlasst wurden) und demzufolge versuchten, mit jener auch diese zu verdrängen. Die politisch, wirtschaftlich, kulturell und damit auch sprachlich maßgebenden Kreise orientierten sich daher von Anfang an und bis heute ideologisch und kulturell an ihrer Führungsmacht, die ihrerseits diese Orientierung durch ihre Agenten im eigenen Interesse – offen oder verdeckt – immer massiv gefördert hat. In sprachlicher Hinsicht heißt dies eben, dass zumindest die deutschen Führungsschichten die fremde angloamerikanische Sprache deutlich höher einschätzen als die eigene, was sich u. a. daran zeigt, dass man – wie erwähnt – immer seltener die Möglichkeiten der Eindeutschung (sei es durch Lehnprägung, sei es durch Angleichung) nutzt, dass man Anglizismen auf Kosten schon vorhandener deutscher Wörter gebraucht oder sogar in zunehmendem Maße Scheinentlehnungen verwendet (ganz abgesehen von dem oft unnötigen und voreiligen Verzicht auf Deutsch als Wissenschaftssprache, Diplomatensprache usw.). Mit Blick auf die eigene Sprache kann man dieses Sprachverhalten nur als einen Mangel an Sprachtreue, an Sprachloyalität gegenüber der Muttersprache ansehen – ein Mangel, der mittlerweile gerade von den Freunden der deutschen Sprache und Kultur im Ausland, insbesondere von vielen Auslandsgermanisten, beklagt wird, da er längst auch schon die deutsche Sprach- und Kulturpolitik beeinträchtigt und sich auch auf die Stellung und Einschätzung des Deutschen im internationalen Wettbewerb der Sprachen (z. B. in der EU) und auf den Deutschunterricht im Ausland außerordentlich nachteilig auswirkt.

Die „Amerikanisierung" der deutschen Sprache, gegen die seit den 50er Jahren immer wieder einmal einzelne Schriftsteller wie Becher, Klemperer, Weiskopf, Flake, Sieburg, O. M. Graf ebenso mutig wie vergeblich zu Felde zogen[4], wurde dann auch noch dadurch wesentlich begünstigt, dass die „zuständigen" Wissenschaftler, die Linguisten, darin im allgemeinen kein Problem, keine Gefahr sahen, ja dass sie nicht selten – im nachhinein gesehen – (wie andere Intellektuelle auch) geradezu zu Ideologen der Entwicklung wurden, die sie vor Augen hatten. Jedenfalls vollzog die deutsche Nachkriegslinguistik und mit ihr dann auch die Sprachkritik und Sprachpflege unter dem Eindruck der strukturalistischen und funktionalistischen amerikanischen Linguistik seit den 1960er Jahren eine völlige Abkehr von der bisherigen Sprachbetrachtung, die vorwiegend historisch und durchaus auch sprachloyal ausgerichtet war. Diese „strukturalistische Wende" führte nun auch zu einer ganz neuen Beurteilung der sog. Fremdwörter und damit auch der schon damals häufiger werdenden Anglizismen, die man bis dahin im allgemeinen kritisch gesehen hatte und die man in der bisherigen Sprachpflege (und in der Deutschdidaktik) zu vermeiden oder zu ersetzen bestrebt gewesen war.

Die neue, bis heute weithin herrschende Auffassung[5] war nun, dass sämtliche Wörter der Gegenwartssprache, einschließlich aller sog. Fremdwörter, streng synchronisch, d. h. nur nach ihrer aktuellen kommunikativen Funktion, ihrem gegenwärtigen Nutz- und Gebrauchswert für den Sprecher bzw. die Sprachgemeinschaft, zu bewerten seien. Das bedeutete, dass z. B. „Computer" und „Rechner", „sorry" und „Verzeihung", „Ticket" und „Fahrkarte", „Information" und „Auskunft" usw. zunächst einmal grundsätzlich gleichberechtigt und gleichwertig sind. Bei einer etwaigen sprachkritischen Beurteilung und Bewertung dieser Wörter dürfe ihre Geschichte, d. h. ob sie deutscher oder fremder Herkunft seien, nicht die geringste Rolle spielen. Wichtig, „relevant" (so lautete das Modewort) sei nur, ob und inwieweit sie im jeweiligen Verwendungszusammenhang „kommunikativ", „funktionell" und „effizient" seien. Und da könne eben das entlehnte Wort ggf. durchaus kommunikativer, funktioneller und effizienter sein als das heimische. In diesem Zusammenhang wurde sogar der Standpunkt vertreten, dass im Hinblick auf die immer wichtiger werdende internationale Kommunikation und auf Fremdsprachenerwerb und Fremdsprachenunterricht viele sog. Internationalismen (wie „Information", „Television", „Ticket" u. v. a.) einen höheren Gebrauchswert hätten als die entsprechenden einheimischen Wörter und daher diesen vorzuziehen seien – ein Standpunkt, in dem offensichtlich auch nur wieder der „Zeitgeist", in diesem Fall der in der Bundesrepublik weithin herrschende politische Internationalismus zum Ausdruck kommt, d. h. das Streben nach globaler Integration um jeden Preis, auch um den Preis kultureller und sprachlicher Eigenständigkeit und letztlich auch der Sprachloyalität.

Ganz im Gegensatz zu den früheren deutschen Sprachmeistern und Sprachreinigern wie auch den Sprachwissenschaftlern (von Jacob Grimm bis zu Adolf Bach) wird die aus tausendjähriger Geschichte erwachsene sprachliche (und kulturelle) Eigenständigkeit und Unverwechselbarkeit des Deutschen, seine „Individualität" (W. v. Humboldt), seine „kraftvolle Sonderart" (E. Richter) nicht mehr als etwas unbestreitbar Positives und daher unbedingt Schätzens- und Bewahrenswertes angesehen, sondern als etwas Rückständiges, bestenfalls als etwas frei Verfügbares, das man ggf. dem (vermeintlichen) Fortschritt (dem man dienen zu müssen glaubt) zu opfern habe. Man übersieht dabei völlig (was die Sprachmeister immer wussten), dass die Sprache über die Funktion der (vielbemühten) „Kommunikation", über den reinen Nutz- und Gebrauchswert hinaus noch andere Werte, Gefühls- und Traditionswerte etwa, besitzt und erschließt, dass sie ein Identitäts- und Gruppensymbol, eine „Botschaft" (im Sinne McLuhans) sein kann, dass sie der „Spiegel der Nation" (Schiller), ihrer Eigenart und Geschichte ist und daher ein Mittel sein kann, sich seiner Herkunft, seiner Heimat, seines Erbes zu versichern. Man weigert sich auch, die Erkenntnis Weinreichs (und anderer) zur Kenntnis zu nehmen, dass im Bewusstsein der Sprecher einer Sprache, im „synchronen" Sprachbewusstsein durchaus auch ein gewisses sprachgeschichtliches Wissen, ein (wie immer eingeschränktes) Wissen um die (eigen- oder fremdsprachliche) Herkunft sprachlicher Erscheinungen vorhanden ist und dass aufgrund solchen Wissens in bestimmten Kultursituationen und bei bestimmten Sprechergruppen eine betont sprachloyale, ja sprachnationale Haltung entstehen kann, die Sprachgebrauch und Sprachentwicklung nachhaltig beeinflussen kann. Es fehlt daher auch jedes wirkliche Verständnis für aktive Sprachloyalität, für sprachloyale Fremdwortkritik und für sprachreinigende Bestrebungen, gerade auch die der Vergangenheit, die das Deutsche ganz wesentlich mitgeprägt haben. Denn diese waren (und sind) zwar mit ihrer Forderung nach größerer Allgemeinverständlichkeit auch durchaus immer synchronisch ausgerichtet, aber zugleich auch immer (in unterschiedlichem Maße) historisch-patriotisch begründet, d. h. von dem Gedanken geleitet, dass ein einheimisches Wort einem fremden auch deswegen vorzuziehen sei, weil es in der eigenen Sprache und Sprachgeschichte verwurzelt sei.

In der deutschen Sprachgeschichte gibt es bewusste Äußerungen der Sprachloyalität, Bekenntnisse des Stolzes auf die eigene Sprache, auf ihre altehrwürdige Tradition, ihre Eigenständigkeit, ihren Ausdrucksreichtum, ihre Schönheit schon seit althochdeutscher Zeit. Derartige Zeugnisse häufen sich seit der Barockzeit und sind seit der Zeit der Klassik und Romantik kaum noch zu zählen.[6] Aktive und engagierte Sprachloyalität – in der Form eines (wie immer gearteten) Vorgehens gegen fremdsprachliche Einflüsse, die als zu stark und zu gefährlich für die eigene Sprache (auch in deren Funktion als Erkenntnisinstrument) empfunden wurden – begegnet uns ebenfalls in allen Epochen. Als aktive Sprachloyalität kann man wohl schon die vielfältigen und wohlüberlegten Übersetzungen lateinischer Ausdrücke in althochdeutscher Zeit ansehen, denn sie wurden, wie Notker der Deutsche in seinem berühmten (lateinischen) Brief an Bischof Hugo von Sitten betonte, vorgenommen, „weil man in der Muttersprache schneller begreift, was man in einer fremden Sprache kaum oder nicht völlig begreifen kann."[7] Auch später, vor allem in den Epochen übermächtigen französischen Einflusses, haben unzählige Sprachschöpfer (darunter die „Klassiker"), Sprachreiniger, Wissenschaftler, Übersetzer und Sprachfreunde in hingebungsvoller Sprachtreue die Individualität, die Sonderart des Deutschen bewahrt und gestärkt. Es gab zeitweise regelrechte Sprachreinigungsbewegungen, die sich oft über die Sprachreinigung hinaus auch für eine kulturelle, geschichtliche, moralische und sogar religiöse Selbst- und Neubesinnung einsetzten, deren Anfang sie jeweils schon selbst zu repräsentieren glaubten. Die letzte große Sprachreinigungsbewegung in Deutschland war die des Allgemeinen Deutschen Sprachvereins (1885 – 1945). Er hatte einen stark patriotischen, manchmal – zeitbedingt – auch einen sprachnationalistischen Einschlag, vertrat aber insgesamt durchaus einen gemäßigten, keinen radikalen, extremen Purismus, d. h. er ließ die seit langem eingebürgerten, allgemein gebräuchlichen Lehnwörter unangetastet. Dank seiner beharrlichen Spracharbeit konnten schließlich Zehntausende von Fremdwörtern auf allen Lebensgebieten durch Lehnprägungen ersetzt werden, wodurch der Eigencharakter der deutschen Sprache (durch Rückgriff auf ihre Geschichte und Struktur) gestärkt, zum anderen ihre Gemeinverständlichkeit gefördert wurde.

Die Bearbeiter des vorliegenden INDEX setzen – in aller Bescheidenheit – diese jahrhundertalte mächtige Tradition aktiver deutscher Sprachloyalität fort, die ihnen, insgesamt gesehen, aller Ehren wert erscheint. Sie leisten der Sprachgemeinschaft mit dem INDEX einen wichtigen und erwünschten Dienst, der ihnen durch die gegenwärtige sprachkulturelle Notsituation gefordert erscheint, wobei sie bedauern, dass die neudeutsche Linguistik mit ihrer – oben erläuterten – grundsätzlichen Abkehr von sprachloyalen Haltungen und Traditionen der Sprachgemeinschaft diesen Dienst nicht mehr leisten will und kann. Wie ihre vielen berühmten oder auch unbekannten Vorgänger in der deutschen Sprachgeschichte bieten die Bearbeiter des INDEX für die zahllosen unnötigen Fremdwörter ihrer Zeit, die Anglizismen, passende Ersatzwörter an, oft mehrere zur Wahl. Zwar werden Anglizismenverehrer und Linguisten, wie immer, einwenden, dieses oder jenes neu vorgeschlagene Ersatzwort sei mit dem von ihm zu ersetzenden Fremdwort doch nicht vollständig deckungsgleich, doch meinte schon Lessing zu solchen Bedenken (im Hinblick auf neugeprägte Verdeutschungen seiner Zeit): „Was die Leser vors erste bei dem Worte noch nicht denken, mögen sie sich nach und nach dabei zu denken gewöhnen."[8] Und tatsächlich haben ja in der Vergangenheit die Deutschen – im eigenen Interesse – Tausende von Ersatzwörtern angenommen und sich daran gewöhnt. In den vergleichsweise wenigen Fällen, in denen sich bestimmte Anglizismen schon weithin eingebürgert haben, haben die Bearbeiter – mit Blick auf die Integration älterer Anglizismen („shawl" > "Schal") und ganz im Einvernehmen mit vielen (gemäßigten) Sprachpflegern der Vergangenheit – neben einem Ersatzwort auch eine ans deutsche Schreib- und Lautsystem angeglichene Form des Anglizismus (z. B. handy > Händi) vorgeschlagen, um ihn, wenn die Sprachgemeinschaft schon nicht (mehr) auf ihn verzichten will, wenigstens auf diese Weise einzudeutschen.

---

[1] D. Herberg u. a. (Hg.): Neuer Wortschatz. Neologismen der 90er Jahre im Deutschen. Berlin, New York 2004.

[2] Hinzu kommt, daß sich unter den übrigen rund 40% auch noch zahlreiche Lehnprägungen nach amerikanischem Vorbild befinden. Vgl. H.-G. Schmitz: Anglizismen in der deutschen Gegenwartssprache - und ihre Beurteilung in Linguistik und Deutschdidaktik. In: The Role of Language in Culture and Education. Sprache als kulturelle Herausforderung. Hg. v. A. Koskensalo, J. Smeds, R. de Cillia. Berlin 2009, S. 141-169.

[3] Vgl. u. a. A. Effertz / U. Vieth: Das Verständnis wirtschaftsspezifischer Anglizismen [...]. Frankfurt 1996, bes. S. 15 ff., s. auch FAZ vom 13. 9. 2003.

[4] Vgl. dazu Vf.: Amideutsch oder deutsch? – Zur Geschichte und Aktualität der Fremdwortfrage. In: Das Wort. Germanistisches Jahrbuch der GUS. Moskau 2002, S. 135-168, bes. S. 147 ff.

[5] Näheres in dem in Anm. 4 genannten Aufsatz.

[6] Vgl. die Belege bei E. Straßner: Deutsche Sprachkultur. Von der Barbarensprache zur Weltsprache. Tübingen 1995, S. 1 ff.

[7] Vgl. E. Hellgardt: Notkers des Deutschen Brief an Bischof Hugo von Sitten. In: Befund und Bedeutung. Festschrift für H. Fromm. Hg. V. K. Grubmüller u. a. Tübingen 1979, S. 169 - 192, hier S. 173.

[8] G. E. Lessing: Briefe von und an Lessing 1743 - 1770. Hg. v. H. Kiesel u. a. Frankfurt 1987, S. 528 f. (= Lessing - Werke und Briefe, hg. v. W. Bauer u. a., Bd. 11,1); vgl. Th. Matthias Lessing auf den Bahnen des Sprachvereins. In: Wiss. Beihefte der Zeitschrift des Allg. Dt. Sprachvereins. 4. Reihe, Heft 21 (1901), S. 18 ff.

4.4 Die Anglomanie und die Sprachwissenschaft
Franz Stark

Die Kontroverse über Nutzen oder Schaden der Flut von Anglizismen, die uns in der Allgemeinsprache ständig begegnen, hat – nicht zuletzt durch das Wirken des „Vereins Deutsche Sprache (VDS)" – im Lauf des Jahrzehnts immer mehr an öffentlicher Aufmerksamkeit gewonnen. Überraschend ist dabei die gesellschaftliche Verteilung der Standpunkte. Sieht man von dem an Sprachfragen nicht interessierten Teil der Bevölkerung ab, ist es eine Mehrheit in der Gesellschaft, die diese stetige Zunahme an Anglizismen im Sprachgebrauch ablehnt, während sich eine Minderheit, bevorzugt unter den akademischen *Linguisten*, davon unberührt zeigt, „Entwarnung" gibt oder diese Entwicklung als natürlich oder notwendig vereidigt. Die sprachinteressierten Nichtlinguisten, die das Ausmaß des Anglizismengebrauchs kritisieren, gelten ihnen als *Laien*, wenngleich unter diesen viele Wissenschaftler anderer Disziplinen vertreten sind. Das Verstörende für die anglizismenkritischen „Laien" ist, dass es gerade die „Fachleute für Sprache" sind, die sich davon nicht betroffen fühlen, wenn uns tagtäglich in der Werbung, in der Mode, in der Popmusik, in Trendsportarten, im Wirtschafts- und Bankenjargon und sogar in amtlichen Verlautbarungen ein Schwall englischstämmiger Ausdrücke und Phrasen entgegen quillt. Die „Laien" gehen davon aus, dass auch – und gerade – die Linguisten ihre eigene Sprache genauso schätzen und deshalb auch „beschützen" wollen wie sie selbst und ihre Sorge um die Erhaltung des Kulturguts deutsche Sprache teilen.

Die Tatsache, dass sich bei den Besorgten oft eine allzu engstirnige Ablehnung selbst notwendiger und zeitgemäßer Anglizismen beobachten lässt, ist eine andere Sache. Immerhin ist bei den meisten von ihnen die Verbundenheit mit der Sprache, so wie sie sie einst erworben haben (oder auch aus der anspruchsvolleren Literatur kennen) das ausschlaggebende Motiv. Bei einem Teil der Fachlinguisten aber weiß man nicht so genau, wie sie „privat" als Sprachteilhaber fühlen, weil sie sich öffentlich (nur) auf die „Position der Wissenschaft" zurückziehen und bestreiten, dass die – ja nun wirklich nicht übersehbare – Flutwelle der Anglizismen in der deutschen Allgemeinsprache ein Problem bilden könnte.

Der Rückzug eines erheblichen Teils der Fachlinguisten auf das „Wertfreiheits-Postulat" (und nicht selten auf eine weltanschauliche Einstellung, die sie jedoch nicht zur Diskussion stellen) führt dazu, dass zwischen ihnen und den Laien kein „Diskurs" zustande kommt. Das verabsolutierte Credo dieser Linguisten lautet ungefähr so: „Wir wollen (nur) wissen, warum Sprache so funktioniert, wie sie funktioniert. Wir analysieren die Sprechpraxis, die wir vorfinden und versuchen, daraus abstrakte Muster abzuleiten. Die Aufgabe des Wissenschaftlers ist es, die Funktion aller Phänomene – unabhängig von den Einstellungen zu den Phänomenen selbst – zu erklären." So ähnlich beschreibt der Sprachwissenschaftler Jürgen Spitzmüller die Position vieler seiner Kollegen in seiner 2005 veröffentlichten Untersuchung „Metasprachdiskurse. Einstellungen zu Anglizismen und ihrer wissenschaftlichen Rezeption".

Spitzmüller gibt eine in der akademischen Linguistik gängige Auffassung wieder. Ob deren Vertreter die Mehrheit ihres Fachs bilden, lässt sich nicht mit Sicherheit sagen. Es sieht aber danach aus. Vielleicht sind auch manche von ihnen insgeheim gar nicht so überzeugt von einer so begrenzten Sicht auf Sprache, vertreten sie aber zumindest öffentlich. Da mag auch Furcht vor Verlust an Reputation bei Vertretern des (vermeintlichen oder wirklichen) „Mainstreams" der eigenen „Zunft" eine Rolle spielen. Eine Erscheinung, die auch unter uns Journalisten nicht selten anzutreffen ist, wenn es um das Bekenntnis zu bestimmten Meinungen geht! Glücklicherweise gibt es aber auch eine Anzahl akademischer Linguisten, die sich nicht scheuen, die deutsche Sprache als Ganzes, also auch in ihren gesellschaftlichen, politischen, kulturellen und historischen Dimensionen, als Gegenstand ihres Fachs anzusehen. Um nur ein paar Namen zu nennen, etwa Harald Weinrich, Jürgen Trabant, Helmut Glück, Konrad Ehlich und eine Reihe von Mitgliedern im Wissenschaftlichen Beirat des VDS. An sie richtet sich all das nicht, was im Folgenden an Widerspruch gegen eine solcherart verstandene *Linguistik* vorgebracht wird.

Die Auffassung, dass Phänomene unabhängig von der eigenen Einstellung zu dem Phänomen zu analysieren sind, ist selbstverständlich dort richtig, wo die Linguistik sich innerhalb der Grenzen sprachstruktureller Untersuchungen bewegt. Aber verlangt es nicht die Forderung nach einem (auch) *gesellschaftlichen Bezug* von Forschung, dass man sich über diese Grenze hinauswagt?! Dass man sich ein Urteil bildet und argumentativ vertritt? Dass die Sprache und ihr aktueller Zustand als Medium betrachtet wird, das in einen gesellschaftlichen, politischen und kulturellen Kontext eingebettet ist?! Auch wenn man sich dabei in außerwissenschaftliche Gefilde begeben und seine eigenen politisch-weltanschaulichen Grundlagen sichtbar machen und der Diskussion aussetzen muss?

Für ernstzunehmende Anglizismenkritiker – zu denen weder eifernde Deutschtümler noch verknöcherte Gegner jeglichen Sprachwandels zählen – ist (Mutter-)Sprache eben mehr als nur ein System, dessen Funktionen und Regularitäten interessieren. Auch mehr als nur ein Verständigungsmittel, sondern etwas, das gemeinsame Lebenswelten schafft, ein kulturelles Selbstbild einer Gesellschaft wiedergibt und so eine wichtige Grundlage der Einheit und des Zusammenhalts im Gemeinwesen (Nation, Staat) bildet. Etwas, das seine Sprecher selbst noch im Streit miteinander verbindet und Vertrautheit bietet. Denn die Begriffe der Muttersprache sind das gemeinsame Werk vieler Generationen, der Wortschatz ist (bis zu einem gewissen Grad) so etwas wie ihr kulturelles Gedächtnis ihrer Eigenart und ihrer spezifischen Werthaltungen. Kurz: Sprache prägt zwar nicht allein, aber doch auch die ethnisch-kulturelle kollektive *Identität* der Angehörigen der Sprachgemeinschaft.

Allerdings wird dieser Teil der Identität von einer Sprache mitbestimmt, mit der man aufgewachsen ist, wie man sie von den Eltern, in der Schule und „im Leben" kennengelernt hat. Was den Spracherwerb in der Schule angeht, bewirken die Unterschiede, die zwischen dem Deutsch- und Geschichtsunterricht der 1950er oder 1960er Jahre und dem der 1980er und 1990er Jahre bestehen, auch Unterschiede in der Vorstellung von „richtigem" oder „gutem" Deutsch. Es ist ein oft anzutreffender Irrtum, dass der große englische Einfluss auf den deutschen Wortschatz schon mit dem Kriegsende 1945 und der darauf folgenden Besetzung Westdeutschlands begonnen habe. Bis um 1970 wurde noch häufig z. B. nach deutschen Entsprechungen (Lehnübersetzungen, Lehnübertragungen und Lehnschöpfungen) für neu auftauchende englische Begriffe gesucht. Beispiele sind etwa „Kalter Krieg" (< cold war), „Luftbrücke" (< airlift/big lift), „Gehirnwäsche" (< brainwashing), „Selbstbedienung" (self-service) oder „Atomwaffensperrvertrag" (< non-proliferation-treaty).

Zu den Gründen dafür, warum es dann in den 1970er und 1980er Jahren immer seltener geschah, zählt sicher auch der allgemeine Bewusstseinswandel im Gefolge der sog. „1968er-Revolution". Sowohl eine bis dahin übliche Leistungsorientierung in der schulischen Bildung und eine auf breiterer literarischer Kenntnis beruhende Spracherziehung wie auch die Vorstellung einer eigenen nationalen und kulturellen deutschen Identität verloren stark an Geltung, ja gerieten geradezu in Misskredit. Heute 20- bis 40-jährige haben deshalb ein anderes Bild von deutscher Sprache als heute 50- bis 70-jährige. Letztere haben noch einen weitgehend anglizismenfreien und von vertiefteren Literatur- und Geschichtskenntnissen sowie von einem anderen (nicht primär anwendungsorientierten) Bildungsbegriff bestimmten Spracherwerb erlebt. Deshalb ist der Anteil derer, die sich durch den wachsenden Einfluss des Englischen in ihrer kulturellen Identität bedroht fühlen, in der zweiten Altersgruppe auch größer. Diese altersbezogene Relativierung bedeutet aber keineswegs, die heutige Flut der Anglizismen pauschal gutzuheißen.

Es sind aber nicht nur die Nachwirkungen der 1968er-Bewegung, was die große Öffnung für alles Anglo-Amerikanische bewirkte. Die Existenz des Privatfernsehens (seit 1984), dessen Programme in hohem Maße von (wenn auch synchronisierten) amerikanischen Filmen und Serien leben, verschaffte amerikanischen Schauplätzen, Figuren, Produkten und der amerikanischen Lebensart Leitkultur-Charakter. Die Dominanz englischsprachiger Rock- und Popsongs im Radio wiederum erzeugte eine Dauerpräsenz dieser Sprache. Die massenhafte Verbreitung des Computers und schließlich die Globalisierung der Weltwirtschaft machten englische Begriffe und Englisch überhaupt zu *Prestigeobjekten.*

Es geht deshalb in der gesellschaftlichen Kontroverse um die Anglizismen nicht nur um rein Sprachliches, auch nicht einmal nur um Identität, sondern auch um den politischen, wirtschaftlichen und kulturellen Status einer Sprachgemeinschaft im internationalen Kräftespiel. Zwischen Anglizismen und Anglisierung der Begriffs- und Gedankenwelt besteht ja sehr wahrscheinlich ein enger Zusammenhang. Ist dieser Prozess neben einem sozusagen „natürlichen" Ablauf nicht zum Teil auch steuerbar? Und wenn ja, wem nützt das vor allem, wessen Interessen werden damit bedient? Wird Deutschland mit seiner langen Bildungs-, Kultur- und Wissenschaftstradition in der weltweit entstehenden „Wissensgesellschaft" international wirklich mehr geschätzt – oder doch weniger, wenn es seine Sprache und sein Erscheinungsbild so stark anglisiert? Für eine Beurteilung der gegenwärtigen Anglizismenwelle spielen *außerlinguistische* Überlegungen eine viel größere Rolle, auch wenn deren Ergebnisse weniger leicht abzusichern sind als sprachstrukturelle Aussagen der Linguistik. Wohl aber lassen sich starke Plausibilitätsgründe für sie anführen.

Man kann über Vorzüge und Nachteile des Gebrauchs von Anglizismen durchaus reden und auch streiten – egal, ob als „Laie" oder als Linguist. Beide scheinen sich aber mit dem notwendigen „Diskurs" schwer zu tun. Ein Teil der Anglizismengegner nimmt die Ergebnisse der Sprachwissenschaft nicht zur Kenntnis, schenkt ihr in dem begrenzten Bereich, in dem sie verlässliche Fakten liefern kann, kein Gehör. Ein Teil der Linguisten wiederum lehnt es ab, auf „laienhafte" Argumente einzugehen und zieht sich auf seine für unangreifbar gehaltene sprachwissenschaftliche Position zurück (die im Übrigen noch vor zwei Jahrzehnten der Auffassung der „Laien" viel näher stand).

Sucht man nach einer *unabhängigen* Haltung zwischen diesen Positionen eines gegenseitigen Nichtverstehens, bleibt nur, die häufigsten Argumente beider Seiten fair und im Detail zu betrachten. Das soll in diesem Beitrag wenigstens kursorisch geschehen (mehr Details in: Stark 2009). Der Beitrag erhebt jedoch nicht – das sei ausdrücklich betont – wissenschaftlich-linguistischen Anspruch, auch wenn er die wichtigsten Argumente dieser Disziplin berücksichtigt. Es sind die Überlegungen eines linguistisch interessierten *Journalisten,* der sich dabei auch die Freiheit zur berufsspezifischen Arbeits- und Ausdrucksweise vorbehält. Etwa Zitate verkürzt wiederzugeben (ohne ihre Aussage zu verändern) oder aus einer großen Menge von Fakten repräsentativ auszuwählen. Getragen ist die Darstellung von zwei Überzeugungen: Erstens, dass die gesellschaftliche Kontroverse um die Anglizismen durch eine bessere Kenntnis der Befunde der Linguistik mehr Sachlichkeit und Substanz gewinnen könnte; zweitens, dass sie sich mit linguistischen Mitteln allein gar nicht entscheiden lässt!

Aber auch eine offene Diskussion der kontroversen Positionen muss von einigen Grundtatsachen ausgehen. So haben sich in den letzten vier oder fünf Jahrzehnten in weiten Teilen der Welt die Lebensverhältnisse so stark verändert, dass dies eben auch Auswirkung auf die Sprache(n) zeigt. Stichworte für die Veränderung sind: die Präsenz elektronischer Medien, digitale Kommunikationspraktiken, Entwicklung hin zu einer „Netz-Gesellschaft" (Haarmann 2002). Die ökonomische Globalisierung schließlich bringt, ob wir das wünschen oder nicht, eine zunehmende Angleichung von Lebensstilen und Kulturen mit sich – und diese begünstigen zugleich die weitere Zunahme der Globalisierung. Der vor allem von diesen jüngsten technischen Innovationen ausgelöste sozioökonomische und soziokulturelle Wandel macht auch vor der *Sprache* nicht Halt. Eine elektronische Nachricht (SMS) oder eine E-Mail wird in einem anderen Sprachstil verfasst als ein Brief. Überhaupt hat diese „elektronische Medialisierung" unseres Lebens die Anteile von Wort und Bild in der Kommunikation deutlich hin zur bildhaften Zeichengebung verschoben. So werden zum Beispiel in E-Mails immer häufiger Gefühlszustände nicht durch entsprechende Worte, sondern durch „Emoticons" ausgedrückt. Was die (zumindest schriftliche) Sprachenvielfalt beeinträchtigt, ist die Begrenztheit der Tastatur des Computers. Auf ihr ist weder ausreichend Platz, um die vielleicht einhundert (oder mehr) unterschiedlichen Schrift- und diakritischen Zeichen der größeren (Alphabet-)Sprachen zu berücksichtigen, noch werden für kleinere Sprachen überhaupt die erforderlichen Zeichen vorgesehen. All das begünstigt die verbreitetste Sprache und deren Zeichenvorrat, das Englische.

Englisch ist heute zugleich Grundlage der Globalisierung wie auch deren Motor. Und welche Rolle dafür das machtpolitische, militärische und wirtschaftliche Gewicht der einzigen Supermacht USA spielt, muss nicht eigens ausgeführt werden. In diesem Zusammenhang ist nicht zu unterschätzen, wie stark auch die zunehmende *Einsprachigkeit* selbst gebildeter Angelsachsen diese Entwicklung des Englischen zu einer Welteinheitssprache fördert. Wer mit ihnen kommunizieren will, muss dies in ihrer Sprache tun. Wozu dann noch andere Fremdsprachen lernen, wenn die eine auch genügt?! Und warum für neue Sachen noch Begriffe aus eigenem Sprachmaterial formen, wenn man – vermeintlich zeitgeistgemäß – gleich einen Anglizismus dafür übernehmen oder neu bilden kann?!

Dennoch: Die vom sozioökonomischen Wandel erzeugten Bedingungen sind in Rechnung zu stellen, wenn man über Möglichkeiten zur Erhaltung von Status und Stellung der eigenen Sprache nachdenkt. Der Bedarf an Englisch, den die neuen Informationstechniken und die globale Wirtschaft erzeugt haben, lässt sich nicht einfach ignorieren. Englische Ausdrücke im Deutschen grundsätzlich zu verwerfen, weil sie „fremd" sind, Sprachpurismus also, wäre gerade in solchen Zeiten absurd. Denn ein Teil von ihnen liefert zweifellos ergänzende oder spezialisierende Begriffe, die wir in der globalen Informationsgesellschaft benötigen. Die kontinuierliche Anpassung eines Wortschatzes an neue Gegebenheiten ist notwendig und natürlich.

Eine konstruktive Anglizismenkritik negiert die Weiterentwicklung des Wortschatzes nicht, sondern prüft die einzelnen Fälle auf ihre Berechtigung und Notwendigkeit. Das versucht der vorliegende Anglizismen-INDEX des VDS, indem er rund 20 Prozent der 7500 aufgeführten Lexeme als „ergänzend" oder „differenzierend" einstuft. Dies sind Anglizismen, die Bezeichnungslücken im Deutschen schließen bzw. eine andere Konnotation als ihre existierende deutsche lexikalische Entsprechung besitzen. Allerdings unterscheidet der Index nicht nach der *Gebrauchsfrequenz* der Lexeme, so dass sich auch sehr selten verwendete Ausdrücke quasi „gleichwertig" neben ständig gebrauchten finden. Die Zahl wirklich „verdrängend" wirkender Anglizismen ist sicher kleiner als die im Index verbleibenden rund 80 Prozent. Die Aufnahme auch sehr selten gebrauchter Anglizismen hängt wohl mit der Absicht der Herausgeber zusammen, für *alle* von ihnen gefundenen Belege eine Verstehenshilfe oder einen Vorschlag für eine zumindest lexikalische deutsche Entsprechung zu unterbreiten. Vielleicht können sich die Herausgeber des Index dafür entscheiden, in künftigen Ausgaben eine Unterteilung in Teil A mit Wörtern hoher Frequenz und einen Teil B mit Wörtern geringer Frequenz vorzunehmen, wobei für Letztere die Entscheidung: verdrängend oder nicht, unnötig würde.

Was viele Kritiker eines Gebrauchs *überflüssiger* Anglizismen beunruhigt, ist nicht nur, dass sie sie als Störung ihres Sprachgefühls oder als teilweise unverständlich empfinden, sondern ihre Sorge um die Zukunft für die Kultursprache Deutsch. Dürften doch die vielen Anglizismen auch als *Katalysator* für eine noch weitere Ausbreitung des Englischen in inländische Kommunikationsbereiche dienen (wie vielfach jetzt schon als Konzernsprache, Wissenschaftssprache und Unterrichtssprache einzelner Universitätsstudiengänge). Würde Englisch, so fragen sie besorgt, im deutschen Sprachgebiet womöglich einmal den Status einer offiziellen *Zweitsprache* neben der Muttersprache erlangen, so dass Deutsch zur Sprache privater Kommunikation absinkt, in wichtigen Domänen und in anspruchsvollen Diskursen jedoch nur noch Englisch verwendet wird? Und: Würde ein so rascher und so weitreichender Sprachwandel nicht auch unser kulturelles Selbstbild, unsere kollektive

Identität, ganz in Richtung auf eine anglo-amerikanisch geprägte „Leitkultur" verschieben?

Für wie ernst man diese Befürchtungen nehmen mag, sie existieren und sie haben im größeren Teil der Öffentlichkeit, quer durch alle Bevölkerungsschichten, zu einer immer stärker werdenden Kritik am aktuellen Ausmaß des Anglizismengebrauchs geführt. Diejenigen *Linguisten*, die eine Anglizismenkritik grundsätzlich zurückweisen, begründen ihre Haltung mit zwei zentralen Feststellungen. Die *erste* besagt: Die Aufnahme (selbst in großem Umfang) von Anglizismen würde keinesfalls die deutsche Sprachstruktur (Grammatik) stören oder gar beschädigen. Vielmehr ließen sich die allermeisten Anglizismen – schon wegen der genetischen Verwandtschaft beider Sprachen – mühelos in den deutschen Sprachbau einpassen. Bei dieser Feststellung richten sie den Blick auf die Morphologie und Syntax der deutschen Sprache. Die *zweite* Behauptung, die auf die Semantik (unter Einbeziehung der Pragmatik) zielt, lautet: Auch die Veränderung des Wortschatzes sei unproblematisch. Denn eine Ersetzung bisher gebrauchter deutscher Wörter durch Anglizismen könne man nicht einfach als Verdrängung und damit als Verarmung des deutschen Wortschatzes interpretieren. Jeder aktuelle Sprachzustand sei ein Nebeneinander von Altem und Neuem. Das Verschwinden indigener deutscher Wörter und ihr Ersatz durch Anglizismen oder englisch-deutsche Hybridbildungen machten die Sprache zwar anders, aber nicht ärmer.

Treffen diese Behauptungen zu? Die *erste* weitgehend ja! Dazu nur ein paar Stichpunkte (ausführlich siehe: Stark 2009): Weder der Zwang, englischen Substantiven im Deutschen ein Genus und eine Pluralform zuzuweisen, noch sie mit Deklinationsendungen versehen zu müssen, führt beim deutschen Sprecher zu einer Verunsicherung. Gleiches gilt für Adjektive, solange sie prädikativ gebraucht werden („Der Typ ist cool"). Auch bei vielen attributiv verwendeten Adjektiven ist das der Fall („Der coole Typ"). Allerdings gibt es eine Handvoll Adjektive – und gerade sehr häufig benutzte – die sich im Deutschen einer attributiven Verwendung widersetzen („gay, happy, light" etc.) und ebenso wenig lassen sie sich steigern. In den meisten Fällen lässt sich diese Schwierigkeit – ein wenig unelegant – umgehen („Training light", „noch mehr happy"). Auch für verbale Anglizismen gilt, dass sich bei Infinitiven in der Regel deutsche Endungen anfügen lassen. Bei finiten Verbformen allerdings existiert wiederum eine Handvoll, bei denen das nicht geht („faken", aber nicht: „er *fakt"). Ebenso sind Formen des Partizip Perfekts ausgeschlossen („*gebackupt", „*upgebackt"). Kurzum: Die Anpassung an die deutsche *Morphologie* ist in einigen Fällen nicht möglich, doch zu einer Verunsicherung im deutschen Grammatikgebrauch führt das nicht.

Auch die Unterschiede im *Syntax*system des Englischen und Deutschen werden in der Regel durch verschiedene Techniken bewältigt, so dass kein „Filser-Deutsch", also kein ungrammatischer Satz, entsteht. Etwa dadurch, dass englische Syntagmen innerhalb einer Satzfolge oder auch eines Einzelsatzes durch Interpunktion bzw. Sprechpausen erkennbar abgetrennt oder in geschriebenen Texten in Anführungszeichen gesetzt werden. Einige kleinere Störungen lassen sich beobachten, etwa wenn ein bisher intransitiv gebrauchtes deutsches Verb ein transitives englisches auch transitiv verwendet („mit jemanden kommunizieren/etwas kommunizieren"). Oder wenn die im Englischen weitverbreitete Getrenntschreibung eigentlich zusammengehöriger Komposita bei gleicher Verfahrensweise im Deutschen das Verständnis syntaktischer Bezüge erschwert. Aber zu einer generellen Störung syntaktischer Strukturen des Deutschen führt das nicht.

Es trifft also weitgehend zu, dass selbst eine breite Aufnahme von Anglizismen nicht die von manchen Sprachkritikern befürchtete Beschädigung der deutschen Morphologie und Syntax bewirkt. Hier liegt nicht das Problem! Und es würde den Diskurs zwischen Linguisten und nichtlinguistischen Kritikern sicher erleichtern, wenn die Letzteren diese Befunde zur Kenntnis nähmen.

Aber trifft die „Entwarnung" der Linguisten auch für die *zweite* Behauptung zu, also da, wo es um die *Semantik* geht? Macht es die deutsche Sprache „nur anders, aber nicht ärmer", wenn Anglizismen an die Stelle längst bestehender deutscher Wörter treten, ohne dass sie einen echten konnotativen Mehrwert haben? Gibt es gar keine „überflüssigen Anglizismen" – einfach deshalb, weil sie sonst ja nicht verwendet würden? Also auch, wenn der einzige „Mehrwert" darin besteht, dass ein Ausdruck eben englisch und nicht deutsch ist. Wer so argumentiert, akzeptiert jedes beliebige Motiv für die Verwendung eines Anglizismus: von Wichtigtuerei über Geringschätzung (und oft unzulänglicher Kenntnis) des Reichtums der eigenen Sprache bis hin zur bewussten Tarnung oder Vortäuschung eines Sachverhalts. Darf man allein den Nutzwert eines Anglizismus (welchen Motiven seine Verwendung einem Kommunikationsziel auch dient) immer über den Gefühls- und Traditionswert eines verfügbaren gleichwertigen Begriffs der eigenen Sprache setzen?

Die Antwort ist nein! Denn es ist kaum zu bestreiten, dass sich die in einer Sprache ausgedrückte Gedankenwelt verändern kann, wenn erhebliche Teile des bisherigen Wortschatzes durch Ausdrücke aus einer anderen Sprache ersetzt werden. (Ein klassisches Beispiel dafür bietet der Wandel in der Begriffs- und Gedankenwelt, der sich durch den Umbau des germanisch-heidnischen in den althochdeutsch-christlichen Wortschatz vollzog – ein Wandel, den wir heute natürlich begrüßen.) Die in einer Einzelsprache vorhandenen Wörter und bildhaften Wendungen bestimmen die Art und Weise mit, in der wir die äußere und innere Welt erfassen und geistig ordnen – die jeweilige „Weltansicht" also, wie Wilhelm von Humboldt es ausgedrückt hat. Seine Einsicht wurde im 20. Jahrhundert von den Amerikanern Sapir und Whorf wieder aufgenommen und (nach der Entdeckung einzelner Fehlinterpretationen der untersuchten Vernakularsprachen) von vielen wieder verworfen. In jüngster Zeit hat die Whorf'sche Theorie jedoch wieder stärkere Unterstützung in der Linguistik, vor allem unter Psycholinguisten, gefunden (vergl. Levinson 2003 und Evans/Levinson 2009).

Das komplexe Gebiet der Semantik und des Zusammenhangs von Sprache und Gedankenwelt müsste ausführlicher erörtert werden, als es in diesem kurzen Aufsatz geschehen kann. Nur soviel: Natürlich wird die „Weltansicht" nicht durch lexikalisch austauschbare Bezeichnungen konkreter Objekte verändert. Bei der Klassifizierung der gegenständlichen Welt spielen unterschiedliche kulturelle Erfahrungen kaum eine Rolle. Die unterschiedliche Bezeichnung der Hand, des Fußes, der Nase oder des Wassers, der Luft, des Baums oder des Regens oder der Tür, der Treppe, des Tisches oder auch eines Fahrrads oder Automobils in einer anderen Sprache rufen (sofern wir diese Sprache verstehen) in unserem Geist dieselbe Vorstellung (Konzept) hervor.

Aber: Gilt dies auch für viele *abstrakte* Begriffe? Ausdrücke, mit denen wir etwas nicht Sichtbares, etwas Ideelles, eine geistige Vorstellung bezeichnen und vielleicht zugleich positiv oder negativ bewerten? Etwa Begriffe wie „Freiheit, Gerechtigkeit, Gemeinschaft, soziale Sicherheit, Verstand, Bildung" oder die berühmte deutsche „Gemütlichkeit", die in englischen Wörterbüchern nur – und nie ganz zutreffend – paraphrasiert wird. Nehmen wir den Begriff „Bildung". Wenn man im Deutschen jemanden als „gebildet" bezeichnet, gibt weder das engl. „educated" noch das frz. „cultivé" das Gemeinte voll wieder. Abstrakten Begriffen liegen in den einzelnen Sprachen häufig nicht die gleichen Bedeutungsvorstellungen bzw. Konzepte zugrunde wie ihren Entsprechungen im Wörterbuch einer anderen Sprache. Sie beruhen nicht oder zumindest nicht genau auf der gleichen Sicht der Dinge. Vielmehr beruhen sie auf historisch-kulturellen Entwicklungen, die in die Sprache eingegangen sind und ihr einen individuellen Charakter verleihen.

Noch deutlicher wird die Kultur- und Mentalitätsabhängigkeit von sprachlichen Ausdrücken im Fall der *Metaphern*, der figürlichen Redeweise. Eine typische deutsche Zusammensetzung aus jüngerer Zeit ist das „Waldsterben". Es ist ein emotional aufgeladenes Wort, das den besonderen Stellenwert des Waldes im deutschen Empfinden spätestens seit der Romantik widerspiegelt. Ein Gut, das über seine natürliche Existenz und Nützlichkeit hinaus gefühlsmäßig so hoch bewertet wird, dass es sogar „sterben" kann, was sonst nur Menschen können. Die romanischen Völker teilen diese Waldverehrung oder -verherrlichung nicht, weshalb dieser Vorgang dort mit viel sachlicheren Ausdrücken bezeichnet wird. Oder nehmen wir die englische Verwendung des deutschen Lehnworts „angst", das dort einen speziellen Bezug zu deutschen Ängsten hat, wenn sie als übertrieben empfunden werden. In allen Sprachen werden ständig Begriffe, Metaphern und feste Redewendungen gebraucht, die in besonderem Maße das Historisch-Kulturelle an einer gewachsenen Sprache ausdrücken. Oder wie es Stephen Levinson, der Direktor des Max-Planck-Instituts für Psycholinguistik ausdrückt: „Es ist die Kultur, die den Großteil der Konzeptpakete liefert, die in einer bestimmten Sprache codiert sind. Der Inhalt von Sprache und viel von ihrer Form sind weitgehend das Ergebnis kultureller Tradition."

Wenn man diese Auffassung teilt – und der Autor dieser Zeilen tut es – dann kann ein Übermaß an Anglizismenverwendung gewiss die im Deutschen mögliche Gedankenwelt der angloamerikanischen immer ähnlicher machen. Ob man das bedauert oder begrüßt, ob man es als Verlust oder Gewinn empfindet, ist freilich eine persönliche Entscheidung.

Die Kontroverse um das notwendige und vertretbare Maß an Anglizismen lässt sich nicht durch rein linguistische Kriterien entscheiden. Für die meisten Sprachteilhaber spielen *außerlinguistische* Überlegungen eine viel größere Rolle. Sie akzeptieren es nicht, dass das, was zum spezifischen Kulturerbe einer einzelnen Sprache bzw. Sprachgemeinschaft gehört, ausgeklammert wird. Und ein politisch bewusster Sprachteilhaber befürchtet auch nicht ohne Grund mögliche Folgen für die internationale Stellung und das Gewicht der Sprachgemeinschaft als Wirtschafts- und Wissenschaftsstandort.

Auf solche Überlegungen nicht einzugehen, weil sie *außerlinguistisch* sind, bleibt einer Sprachwissenschaft, die sich nur „strukturell" und „wertfrei" versteht, selbstverständlich unbenommen. Aber sie muss es sich dann auch gefallen lassen, dass man ihr die Zuständigkeit in Bezug auf die Anglizismenkontroverse als Ganzes abspricht. Die Kontroverse um den akzeptablen Umfang der Anglizismenverwendung ist auch eine weltanschauliche, ein Wertekonflikt. Und diesen kann weder die Linguistik noch eine andere Wissenschaft entscheiden. Man kann lediglich für den eigenen Standpunkt werben und den anderen zu überzeugen versuchen.

Für unser praktisches Verhalten könnte dies bedeuten: Englische Sprache und Anglizismen als Kommunikationsinstrumente der globalen Wirtschaft, der internationalen Politik und des weltweiten Wissenschaftsaustauschs sind eine Tatsache. Diese Einsicht bedingt aber nicht die gleichzeitige Übernahme unnötiger Begriffe in alle anderen Sprach-, Denk- und Kulturbereiche. Wenn wir das Kulturerbe „deutsche Sprache" erhalten wollen, müssen wir zu einer vernünftigen Einstellung gegenüber Anglizismen und dem Einfluss des Englischen finden. Und das bedeutet, im eigenen Sprachverhalten jeweils konkret *abzuwägen*, wo die Bedürfnisse einer zunehmend globalisierten „Netz-Gesellschaft" die Verwendung des Englischen oder englischer Benennungen tatsächlich erfordern und wo wir – im Interesse der Erhaltung der vertrauten und identitätsstiftenden eigenen Sprache – darauf verzichten sollten.

Verwendete Literatur

Haarmann, Harald (2002): Englisch, Network Society und europäische Identität. Eine sprachökologische Standortbestimmung. In: Hoberg, Rudolf (Hrsg.): Deutsch-Englisch-Europäisch. Mannheim: Duden-Verlag.

Levinson, Stephen (2003): Language and Mind. Let's get the issues straight! *Online* unter: http://coreservice.mpdl.mpg.de/8080/ir/item/ escidocs67079/ components/Component / escidoc: 9. Ferner: Evans, N. / Levinson, St. (2009): The Myth of Language Universals. Language diversity and its importance for cognitive science.
Online: Evans-08042008_preprint.doc.

Onysko, Alexander (2007): Anglicisms in German. Borrowing, Lexical Productivity, and Written Codeswitching. Berlin/New York: de Gruyter.

Spitzmüller, Jürgen (2005): Metasprachdiskurse. Einstellungen zu Anglizismen und ihre wissenschaftliche Rezeption. Berlin/New York: de Gruyter.

Stark, Franz (2009): Wie viel Englisch verkraftet die deutsche Sprache? Paderborn: IFB Verlag Deutsche Sprache.

Trabant, Jürgen (2008): Über das Ende der Sprache. In: Messling, M./ Tintemann, U. (Hrsg.): Der Mensch ist nur Mensch durch seine Sprache. München: Wilhelm Fink.

Deutsch ins Grundgesetz

Haben auch Sie die Nase voll von „midsummer-sales" und anderen „top-events"? Geht auch Ihnen die zunehmende Verenglischung von Wissenschaft und Wirtschaft und die Missachtung der meistgesprochenen europäischen Muttersprache in den Organen der EU gewaltig auf die Nerven? Dann unterstützen Sie den Verein Deutsche Sprache e. V.

Das Finanzamt Dortmund-Hörde hat den VDS mit Bescheid vom 15.8.2012 als gemeinnützig anerkannt; Beiträge und Spenden sind steuerlich absetzbar. Er ist parteipolitisch neutral und kämpft für mehr Deutschunterricht in der Schule, für eine bessere Stellung des Deutschen in der EU und ganz besonders für die Aufnahme von Deutsch als Landessprache in das Grundgesetz. Zu seinen Mitgliedern zählen weltweit mehr als 35.000 z. T. sehr prominente Menschen aus allen Schichten der Bevölkerung.

☐ Ich will etwas für die deutsche Sprache tun und trete deshalb dem Verein Deutsche Sprache e.V. bei. Dafür erhalte ich vier Mal im Jahr die Mitgliederzeitschrift „Sprachnachrichten" und kann das Sprach-Netzwerk des VDS nutzen.

Ich bitte um Einzug des Jahresbeitrages von 30,- € von meinem Konto

Nr.: ....   BLZ ....

bei ....

Name, Vorname: ....

Anschrift: ....

....

per Post oder Fax an:
Verein Deutsche Sprache e. V.
Postfach 10 41 28
D-44041 DORTMUND
Fax: +49 (0) 231 89 48 521
www.vds-ev.de

Wir fördern die deutsche Sprache!

- … weil Deutsch in Gefahr ist, seine Stellung als Wissenschafts- und Kultursprache zu verlieren.
- … weil Deutsch als Mutter- oder als Fremdsprache 120 Millionen Menschen auf der Welt miteinander verbindet.
- … weil Deutsch eine lebendige und reiche Sprache ist, in der alle Sachverhalte der Welt ausdrückbar sind.

Helfen Sie uns dabei als Mitglied im VDS, dem weltweiten Netz für die deutsche Sprache! Der gemeinnützige Verein Deutsche Sprache e.V. hat derzeit 35.000 Mitglieder in 110 Ländern. Er ist die größte Organisation für die deutsche Sprache auf der Welt.

☐ Ich will etwas für die deutsche Sprache tun und trete deshalb dem Verein Deutsche Sprache e.V. bei. Dafür erhalte ich vier Mal im Jahr die Mitgliederzeitschrift „Sprachnachrichten" und kann das Sprach-Netzwerk des VDS nutzen.

Ich bitte um Einzug des Jahresbeitrages von 30,- € von meinem Konto

Nr.: ....bei ....

BLZ ....

Name und Vorname

Anschrift

Datum/Unterschrift

per Post oder Fax an:
Verein Deutsche Sprache e. V. I Postfach 10 41 28 I D-44041 DORTMUND
Fax: +49 (0) 231 89 48 521
www.vds-ev.de

Sprachkreis Deutsch
Bubenberg-Gesellschaft 3000 Bern

Für gutes Deutsch, achtsamen Umgang mit Anglizismen und sprachrichtige, einheitliche Rechtschreibung.

www.sprachkreis-deutsch.ch
info@sprachkreis-deutsch.ch
Tel./Fax +41 32 331 01 19

Konto 30-36930-7
IBAN CH20 0900 0000 3003 6930 7
Sprachkreis Deutsch, CH-3000 Bern

Andere Netzangebote des SKD
www.schweizer-sprachberatung.ch
www.anglizismen-sprachberatung.ch
www.sok.ch

WIENER SPRACHBLÄTTER

Vierteljahresschrift für gutes Deutsch und abendländische Sprachkultur

Die Wiener Sprachblätter erscheinen seit über 60 Jahren; im Inhalt sind sie populärwissenschaftlich und in der Form gut lesbar.

Die Verfasser sind hochrangige Wissenschafter gleichermaßen wie Freunde der deutschen Sprache – sie bilden eine Leserfamilie. Wir freuen uns über jeden Leser und über alle, die etwas dazu beitragen!

Eine Auswahl der Themen:
Beiträge zur deutschen Sprache und Dichtung • Fragen der Rechtschreibung • des Stils • der Wortwahl Verdeutschung von Anglizismen • Mundarten • Buchbesprechungen • Nasenstüber • Druck- und Schreibschriften aus früheren Jahrhunderten • Die Entwicklung des Deutschen • Deutsch im Verhältnis zu anderen Sprachen • deutsche Ortsnamen • Sprachegedächtnisorte • deutsche Sprachinseln • Leserbriefe u.v.a.

Umfang 4 x 24 Seiten A4
Jahrespreis 2013 – einschließlich Porto
€ 21,50 (Österreich)
€ 25,50 (andere Staaten)

kostenfreie Probehefte bei:
**Verein Muttersprache,
Fuhrmannsgasse 18A,
A-1080 Wien (Österreich)**
Fernruf: 0043-1-405 98 07, E-Post: prohaska@muttersprache.at
Internetseite: www. muttersprache.at

März 2013: O. Soukop: Das grammatische Geschlecht bei der Übernahme von Fremdwörtern • A. M. Pfleger: Ungehobene Schätze. Das Werk Gerhart Hauptmanns • Österreichische Sprachgedächtnisorte: Wien-Döbling • P. Kraft: Denkanstöße – Gertrud Fussenegger auf der Bühne und im Vortrag • D. Goldstein: Sprache und Nation • F. Rader: Entfremdung von der deutschen Muttersprache – Probleme mit fremden Muttersprachen • L. Hinz: Bericht aus Berlin ...

Wilhelm Schmidt
Deutsche Sprachkunde
Ein Handbuch für Lehrer und Studierende mit einer Einführung in die Probleme des sprachkundlichen Unterrichts

365 Seiten, 19,90 Euro
ISBN 978-3-931263-77-5

„Fazit: Empfehlenswert auch für jene, die glauben, ihre Sprache ließe sich durch Englisch verbessern."
(Sächsische Zeitung)

„Die vorliegende, mehr als 300 Seiten umfassende Studie ist ohne Frage etwas Besonderes. Zum einen, weil es sich um die Neuauflage der zum ersten Mal 1982 in der ehemaligen DDR erschienenen Arbeit des bekannten Linguisten Wilhelm Schmidt handelt: zum anderen, weil dieses außergewöhnliche Handbuch einen bedeutenden Beitrag zur Sprachkunde darstellt und somit verdient neu aufgelegt wurde. (...) Die moderne Gestaltung trägt ebenfalls dazu bei, dass ‚der Schmidt' in neuem Glanz erstrahlt."
(Estudio Filológicos Alemanes)

Gerhard Illgner
Die deutsche Sprachverwirrung
Lächerlich und ärgerlich: Das neue Kauderwelsch

136 Seiten, 12,00 Euro
ISBN 978-3-931263-38-6

„Die Lektüre dieses Buches hat mir viel Vergnügen bereitet und manchen lauten Lacher entlocken können. (...) Die von Ihnen zusammengetragenen Fälle sind eine wahre Fundgrube negativer Beispiele. Ich werde Ihr Buch weiterempfehlen."
(Leserkritik)

„Ich finde: Hier handelt es sich um eine Kampfschrift gegen die Verwahrlosung der deutschen Sprache. Der Verfasser, als einstiger Presse- und Rundfunkmann eingestandenermaßen ein ‚Nestbeschmutzer', illustriert an unzähligen Beispielen, wie schludrig und gedankenlos – dafür überaus ‚trendy' – hierzulande mit der Sprache umgegangen wird."
(Petra Lettermann)

Michel Brûlé
Die englische Verdrengung
Anglaid: Eine Polemik aus Kanada über eine Herrschaftssprache
Übersetzung aus dem Französischen:
Kurt Gawlitta
181 Seiten, 14,20 Euro
ISBN 978-3-931263-95-9

„(...) Der Hendryk M. Broder Kanadas. (...)"
(Prof. Dr. Walter Krämer in Sprachnachrichten)

„Es gibt neutrale Sachbücher, parteiische Polemiken und politische Kampfschreiben. Dieses Buch von Michel Brûlé ist alles drei. (...)"
(Nord West Zeitung)

„(...) Deshalb wird, wer diesen Text nach Lust und Laune zur Hand nimmt, ihm nicht nur einigen Unterhaltungswert, sondern auch überraschende, sprachpolitisch fruchtbare Aspekte abgewinnen. (...)"
(Prof. Hermann H. Dieter in Sprachnachrichten)

Weitere Bücher des
IFB Verlags Deutsche Sprache
finden Sie im Netz unter
www.ifb-verlag.de!